叶世荪 著

沪语古韵

上海方言中的古代汉语成分探究

上海社会科学院出版社
SHANGHAI ACADEMY OF SOCIAL SCIENCES PRESS

序言

上海人说上海话天经地义。上海话的来源既包括早年本土居民口语的延续，也包括外邦系族语言的融入，还有各时代不少顺应潮流的创新；当然，其中最多的是对民族共同语——汉语言的传承。

中华文化数千年得以延绵不绝的一个重要原因，是拥有接递关系明晰、遍布华夏大地的主流语言文字。从文字记录角度看，上海话中的绝大部分是与现代汉语相同的，另有不少部分能在古代汉语中找到对应关系。这一部分文字或主流语言传入吴地、沪地后产生了一些音义上的变异，使之具有了方言的特征；或者是传播过程中其自身因故出现了变化，反而是传至吴、沪的字词保留了原来的音义，也就是保留在上海话中的古代汉语。另一方面，上海本地流传的古代吴越语言因为用汉字记录的缘故，不少也渐渐被主流语言接受，成为今天的上海话能在古代汉语中找到对应关系的另一种例证。考查、探究这部分与古代汉语有对应关系的上海方言词，不仅有利于正本清源，弄明白上海话中那些令人疑惑的字词的渊源，对明确上海话在中华民族共同语中的定位，进而提升上海人的文化自信应该也是有益的。

笔者在上海生活近六十年,希望为上海方言的学习研究贡献自己的绵薄之力。自 2015 年始,陆续在《新民晚报·上海闲话》刊载了一些在这方面的探索体会,并受到了几任编辑及有关专家的指点、教诲,深感荣幸。本书的宗旨是在自己学习探索的基础上,作些资料线索的发掘、提供,为专家学者的深入考证起到抛砖引玉的作用。欢迎大家不吝指教。

叶世荪

2020 年 12 月

Preface

Although it seems only natural that Shanghai people speak Shanghainese, the dialect has a long history and many hidden stories about its evolution that are worth exploring. Shanghainese that people speak today has many origins: continuations of the local language from old time, assimilations from foreign languages, and innovations created throughout the time, in addition, of course, the biggest part of it is inheritance of Chinese language, which is the national common language.

One of the important reasons why Chinese culture has been lasting for thousands of years is the fact that the languages used in vast China(from the official language Mandarin to minor dialects) all have common roots. With the common roots, we can correspond words from different regional dialects back to the common Chinese language*.

---

* Common Chinese language or the mainstream Chinese language is nowadays referred as "Modern Chinese" or "Simplified Chinese" (i.e. Mandarin). It is referred as "Old Chinese" before the May Fourth Movement in 1919.

Looking into the written records, the majority of Shanghainese vocabulary can be easily found in Modern Chinese and plenty of the rest can be traced back to Old Chinese. On one hand, the vocabulary comes from either phonological or morphological changes when the common language travelled to region Wu and Hu(Shanghai). On the other hand, Shanghainese as a dialect was exposed to and accepted by the common language and hence was also recorded in Old Chinese.

Discovering and understanding the correspondences between Shanghainese and Old Chinese not only clarifies the language's confusing origins and reveals its remarkable presence among the nation's common language, but also enhances cultural confidence for the Shanghai people.

Living in Shanghai for over 60 years, I try to contribute to the study and research in Shanghainese dialect. Since 2015, I have had the pleasure of writing in the dedicated column in the paper *Xinmin Evening News* and collecting precious feedback from the editors, readers and subject matter experts. The book is hereby published in the hope of assembling information, enhancing knowledge and supporting further studies in the field.

Ye Shisun

December, 2020

(trans. by Ye Jianing)

目　录

序言　　　　　　　　　　　I

Preface　　　　　　　　　III

p

跟仔和尚买箉笪	001
浜头买得"叫浜瓜"	002
背脊骨浪拉胡琴	003
水流激射即是"滮"	004
锢使不泄谓之"鈉"	005
义有不同"擘"和"脈"	006
去汁曰滗逼取汁	007
壁角落头立壁角	008

p'

薄薄剞来浅浅铺	010
沐浴汤水赶头潽	011
当心开水蟦出来	012

乒乒乓乓说"閛"字	013
大腿小腿均为"髀"	014
脱头落掉"錾"或"襻"	016
上海洴饭有讲究	017
松松垮垮"奶靹肉"	018

b

层层叠叠"坒"与"陛"	020
龌龊得像"鐾刀布"	021
垺了地浪孵小鸡	022
一字排开"排门板"	023
瓶甏罐头中的"甏"	024
片字翻转是个"爿"	026
东洋大海起垺尘	027
"睞侬白眼"蕴古韵	028
骏马鳖然而若㲋	029
"别"字别意存沪语	031

i

t

水滴日久阶沿穿	033
勿大灵光叫"醰醑"	034
替罪羔羊"垫刀头"	035
雅俗相间"鸾"难觅	036
莫将肫肝误作"膪"	037
家禽去势唤作"毃"	038
杕橄榄核杕弹子	040
辨别味道"嗒"或"嚓"	041
一沰胭脂一沰粉	042
夜掇香橐沐露华	043
"咬掜摘打"即撒泼	044

t'

做人勿好太踶躅	046
脱毛退皮"毟""褪""妭"	047
一根肚肠拖到底	048
流里流气"小敨卵"	049
意外获利挮便宜	050
两腕引长谓之"庹"	052

d

汏头、汏浴、汏衣裳	054
成列成行即为"埭"	055
沪语用"钿"少用"钱"	057
十八姐妮跺踏板	058
活络原来是"骰子"	059
异曲同工"钝""腯""邓"	060
针线生活"靪"与"纡"	062
卵不成鸟谓之"殰"	063
"跪踏板"变"跪擦板"	064
上海话里"喥"搭"踱"	065

k

过人、过饭、过衣裳	067
"介""价"音同义不同	068
急于显摆"勿赅宝"	069
衣有褶皱谓之"裍"	070
事在两难曰"尴尬"	071
凹凸不平就是"巩"	073
吴谚谓掌耳为捆	074
破损开裂曰"劙破"	075

以水激荡称作"潲"	076
环视应为"睒睒睒"	077
清浊不同"佮"和"亢"	078
勿穿衣裳赤膊䑛	079

k'

鸟窠狗窠搭草窠	081
揩手、揩面、揩台布	082
"囥""抗""伉""亢"皆收藏	083
香烟缸㲎㲎清爽	084
美食细辨"㽎""鲓""爝"	085
音义各异"抲"和"搭"	087
睏痴懵懂睏扁头	088

g

山顶斩树窑下跍	090
木匠镴子镴木头	091
饮食过饱饻逆气	092
终须戤得硬脾头	094
跍头缩颈跔一把	095
脾气固执"艮""㹞""顽"	096

ts

用锥"剚"和用话"䚟"	098
觉得好就点个赞	099
软管挤物称作"挍"	100
转来屋里兜一转	101
磨刀斨稻到田中	103
牙齿挲齐讲闲话	104

ts'

载饭入盂者曰"樄"	107
鲳鱼、鳊鱼、槎鳊鱼	108
小偷、镩手、"三只手"	109

tɕ

伸出筷子"搛""敆""掎"	111
得寸进尺脚脚荐	112
沪上蜘蛛称"蠽蛛"	114
污渍脏痕叫"迹泿"	115

tɕ'

表示不正"笡""扯""趄"	117

iii

可口生鲜说䲡蟹 118

新做墙面黑枪篱 119

贴肉切削曰"榝皮" 120

跛足瘸腿称"跷脚" 121

从"撬边"讲到"矫缏" 123

话好话㑶侪是伊 124

揪牢牛头勿吃草 125

象牙筷浪扳皱丝 126

粥茶酒水也说"吃" 127

蛐蟮修龙天来上 129

dz

"捐""捷""撵""拨"扛东西 131

抖抖索索讲"颔颅" 132

甘蔗吃剩一䱜䱜 134

f

"夯箕""畚箕"有区别 136

v

镬焦锅巴即饭糍 138

勿字生出"覅""甮""䏲" 139

s

看为"睃""眝"勿是"渚" 141

推搡击打唤作"搜" 142

饭米糁要吃清爽 143

螺蛳唰唰酒过过 144

z

全、都、俱、皆请用"侪" 146

瀺唾、涎唾和馋唾 147

嘴馋贪吃讲馋獠 148

舌头门枪猪赚头 149

胡言乱语赵谈春 151

积攒集存"受""穇""筹" 152

项肉俗名槽头肉 153

精细烹饪"煠""涪""瀹" 154

吃麻栗子捶栗暴 155

g

乖巧聪明说"僻傐" 157

"轩格格"与"轩跂刺" 158

揭开掀起"揿""枊""拵" 159

肿块、淋巴、齈疡榔 161

整只蹄髈一顿揎 162

血尖、薜尖、瞙历尖 163

z

"寻相骂"与"寻相打" 165

细思极恐废"嚼蛆" 166

h

以俗替本"龥"变"歪" 168

蟹黄读作 huang 或 wang 169

五癙六肿打相打 170

吽根吽攀说"墻"字 171

为国君削瓜者华 173

一命而偻再而伛 174

心头愁虑曰䐈斯 175

狠天狠地擤鼻涕 176

冷脱糕饼爊一爊 177

昏图读出切脚语 178

霍闪催雷雷催雨 179

沐浴、洗澡即"潠浴" 180

帝自屏罅觇昭仪 182

长伸两脚眠一寤 183

fi

郎唱山歌亮胡咙 184

摢粥摢饭量多少 185

厘清"鶁鷊"快勿出 186

"下饭"未必自甬来 187

急駒拉駒頼頋相 188

体温升高发寒热 189

合扑转来掼一跤 191

沪语"核""榔"本不同 192

"滑汰"沿用两千年 193

沪语"活络"用处多 194

镬铲、镬灶、镬底陀 196

猇猢屁股坐勿定 197

m

老酒洏洏享乐惠 198

小了米米一沰沰	199
"眯眯眼"即"眯觑眼"	200
早秋迷露难成霜	202
同符合体"艸茻茻"	203
"面皮""面汤"易误读	204
此"焗头"非那"霉头"	205
晒脱一眼"霉黰气"	206
晚爷晚娘"慢""蛮""霉"	208
细品"奣叫"和"冒野"	209
滥爆粗口骂山门	210
凑合无隙曰胗缝	211
有馅无馅皆馒头	212
墨黑、漆黑、墨漆黑	213
末甲、压末、压末甲	214
"物事"读 me 勿读 we	215
求得风静吃麦糗	216
古词钩沉说"僆傻"	217

n

揭揭揍揍百病消	219

n.

腻心八腊腻滞气	221
勿管伊三七念一	222
螺蛳底臀饶头大	223
今"绒线"非古"绒线"	224
糯米团子韧吊吊	226
朝来网得鲞鳎鱼	227
更加"肉麻"称"肉痛"	228
"日逐"意为每一天	229
日脚欲落备灯烛	230
"入舍布袋"指招婿	231

ŋ

揿牢牛头牙草根	233
"眼热""眼痒"即眼红	234
器物缺损皆曰"齾"	235
颐起头来看啥点？	236

l

哩啰声自辘轳来	238
新潮旧时各种"撸"	239

猫咪脚爪攦一记	240	"开场白"和"落场势"	266
勿吃"拉丝"说"癞飁"	241	杂乱无序即"碌乱"	267
浪声、浪向"浪""誏""哴"	243	拧、绞、折、捎均为"捩"	268
未可轻易"浪"代"哴"	244	貌不周正力极人	269
粗大笨重曰"躴躿"	245		
"看冷铺"或"看冷破"	247	**无声母**	
殊途同归言"累堆"	248	"冶客"原是风尘客	271
可以、能干即"来三"	250	"一家门"和"一家头"	272
出身不雅数"烂污"	251	闯祸只要一歇歇	273
老酒实在是"醪酒"	252	表示重复"咦""夷""又"	275
吭没血色白皪皪	253	弗怕掀个冻疮瘪	276
"街""巷""衖""弄"里中道	254	勍了一只凹癗宕	277
弄松、渶淞、渶淞雨	255	谦礼之辞"意勿过"	278
衣裳拿来繗两针	257	出恭之物"恶""屙""污"	279
追根溯源谈"灵光"	258	襆巾、襆身、襆袋袋	280
邻舍好么赕金宝	259	沪语把"爹"叫作"爷"	282
辣辣韇韇辣辣韇韇	260	相迎、躲避均可"迓"	283
跌得倒要蹾得起	261	"坏分""坏钞"都破财	284
一块礔砖搭张瓦	262	旺火引出"炀""烊""焕"	285
茄子、落苏、昆仑瓜	263	相对"阴沟"是"阳沟"	287
衣衫褴褛说"禄蕨"	265	黄六本应是"隍鹿"	288

蛇吃鳗鲡腿长短 289	俗谓手爬物曰㧗 299
嫌弃鄙视曰"嫌鄙" 290	"哑子"原应是"痖子" 300
"现世报"与"现世宝" 291	沪上缝针叫"引线" 301
沪语"回头"含义多 293	勿冷勿热温吞水 302
拗断、拗分、拗造型 294	自家种菜味"恶糯" 304
方便简餐"奥灶面" 295	
历来风筝称"鹞子" 296	参考书目 305
搝取扯予本不同 298	笔画索引 309

p

跟仔和尚买篦笡

篦笡,读若"比机"(bi ji),也写作"篦箕""编筭"等,是旧时的一种梳头用具,普通话叫作"篦子",也可以简称作"篦"。"篦笡"是它曾经的复称,其中"笡"字就是保存在上海话中的古语词,在《现代汉语词典》中已不再收录。

"笡"的原形就是梳子图形的象形文字,加上竹字头的义符,即点明了其材质的属性。和普通的梳子不同,篦笡的梳齿排列十分紧密。古人用它主要是挠痒,以及篦取头发中的虱子或虱卵。清代朱骏声《说文通训定声》中,对笡字的解释是:"苏俗谓之编筭也"。就是说,在清代中晚期,篦笡的称谓就多留存在江南吴侬软语中了。

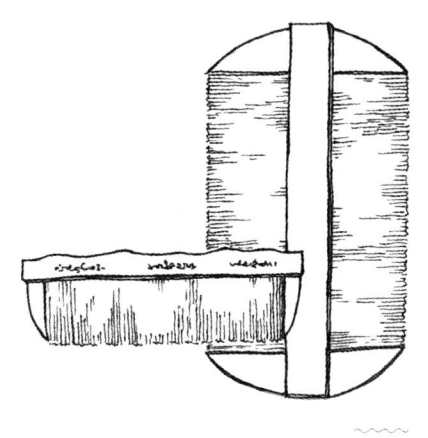

传说"篦笡"创制于春秋,之后曾作为妇女重要的发饰,其材质也不再仅限于竹子。唐代薛昭蕴有《女冠子》词:"求仙去也,翠钿金篦尽舍";五代十国时期花蕊夫人的《宫词》:"罗衫玉带最风流,斜插银篦慢裹头"。其中提到的篦笡,就分别是用金银做的。考究的篦笡,还要胶

篦笡

漆打磨、雕画烫嵌,俨然变身精致的工艺品。清代时,吴地的苏州织造局每年都要定制高档的梅木梁象牙篦箅进贡朝廷。篦箅重要如是,其名称在当地被代代留存下来便理所当然。民国时期王煦华选编的《吴歌已集》中有歌云:"癞子八,买把篦箕凑在头上刮也刮,刮得血刺刺",还有上海俗语"跟仔和尚买篦箅";这都是讥讽找错了对象。

依笔者所见,在二十世纪六七十年代,篦箅还是上海人家中不难觅到的器物。只是那时它的作用早就不是"取虮虱",而只是拿来去头屑。之后,各种洗发、护发化学用品迭出,新颖的头饰也层出不穷,篦箅的用武之地迭次丧失,想必终将逐渐尘封为真正的古董。

浜头买得"叫浜瓜"

上海人称河为"浜":方浜、戬浜、诸安浜、陆家浜,这些地名、路名原来都是河流的名称;而古人则把小河或小河湾称为"浜"。明代李诩《戒庵老人漫笔》:"绝潢断港谓之浜";清代刊印的《崇明县志》:"半港曰浜"。这种河沟分叉形成的"浜",非常方便停泊行船。宋代《集韵》:"浜,安船沟也,纳舟者曰浜。"

这个"浜"字在河湖港汊纵横交错的江南地界,一直是一个经常挂在人们嘴边的词语。明代冯梦龙收集民歌小调的《山歌》里就多有提及:"结识私情隔条浜,湾湾走转两三更";"嫁出囡儿哭出子个浜,掉子村中恍后生";"一条浜,两条浜,第三条浜里断船行"。小时候还常听到一首戏谑的儿歌:"老头浜,修棕绷,一修修到肇嘉浜"。至今,与"浜"字有关的上海方言词还有"河浜"(小河)、"浜头"(河沟边)、"浜滩"(小河滩)、"拷浜"(清空沟壑捕鱼)、"蹚浜"(蹚泥过河)等。

行船顺浜靠岸,除了方便船客船家上下,也方便物流运转、商贾贸易。有一种上海郊区特产的西瓜,因为瓜农常用船只装运,循河流送往市区销售,直接就被叫成"浜瓜",就是从"浜"里上来的瓜。曾经最为上海人津津乐道的要数"三林浜瓜",这种西瓜皮薄味甜、瓤黄汁多,它的外形还有点像过去的马铃,所以也叫"马铃浜瓜"。也有人认为它的皮极脆易崩裂,应称之为"崩瓜"。上海话"浜""崩"同音,但"浜瓜"有记载的历史似乎更久些。清代道光年间顾禄《清嘉录》写立秋吃瓜习俗:"有等乡人,小艇载瓜,往来于河港叫卖者,俗称'叫浜瓜'。""浜瓜"当是"叫浜瓜"的简称。

背脊骨浪拉胡琴

汉语双音节词多由单音节词组合而成,因此,其词素位置时有变换,不同的流传便保存了不同的形态。沪语中许多与普通话词语词素相反的例子有:称"客人"为"人客","热闹"为"闹热","腐乳"为"乳腐",等等;这个"背脊"也是一例。北方人说"脊背""脊梁骨",上海人说"背脊""背脊骨",也叫"背梁脊骨"。在上海人的概念中,"背脊"既指人的脊椎,也泛指人的背部。说"背脊浪痒",意思是后背发痒;说"拨别人戳背脊"意为让人在背后说闲话;歇后语"背脊骨浪拉胡琴——挨伊勿着",意喻够不到、轮不上。

把脊背称作"背脊"是有历史可考的。早在南北朝时期,北魏贾思勰《齐民要术》一书中讲到饲养牛马驴骡说:"髀骨欲得出俊骨上",注曰:"出背脊骨上也"。如果说魏晋南北朝时期中外文化糅杂,汉字使用不甚规范和稳定的话,那么后世的许多用例依然有案可稽。宋代《朱子语类》:"故于卦之三四爻发虎尾义,便是阴去蹑他阳背脊后处";宋代普济《五灯会元》:"踏一步,踏断释迦老子背脊骨";清代刘省三《跻春台·双冤报》:"四肢疼痛入肺腑,定是打断背脊骨";民国时唐枢语言学专著《蜀籁》里也有"抵倒背脊骨"的句子。

此外,上海人也用"背心"一词,但与普通话"背心"仅指无袖上衣不同,上海话"背心"也可以用来表示背部、背脊。《吴歌乙集》:"癫痫癫得强横,背心上掼只洋箱";《山歌》:"走肿子个脚底,擢痛子个背心"。其中"背心"说的都是背部。

水流激射即是"滮"

滮,音"彪"(biao),《广韵》:"皮彪切";也写作淲、彪、瀌。古汉语中"滮"有两重解释。一是河水名称。古代在今陕西西安市西北有条河流,名字就叫滮池。《诗·小雅·白华》曰:"滮池北流,浸彼稻田。啸歌伤怀,念彼硕人。"

滮的另一重解释是水流。三国魏时张揖编撰的《广雅·释训》:"滮,流也。"清代朱骏声《说文通训定声》:"滮,水流貌,从水,彪省声,字亦作淲。"《梁书·张缵传》有"滮滮长迈,漫漫回翔"句;宋濂《游钟山记》:"涧水滮滮,流玄武湖";杜濬《送王阮亭》:"秋风何习习,秋雨何滮滮"。其中的"滮滮"都是形容水流的样子。

然而在上海话中,这个"滮"有独特的用途,解释为液体从窄小的孔道里急速射出。例如,"水管里水溅了出来",意为水从管子里喷了出来;"汤包里个油水溅了伊面孔浪",是指吃包子时牙咬的压力使得包子里的汁水溅到别人脸上;"手里拿把溅水枪",即手上拿着射水的玩具枪。长篇叙事吴歌《五姑娘》:"船前头浪起就像六人头车水水头彪",形容浪花溅起的水流很急。笔名为"巴人"的王任叔在《牛市》中写道:"他于是用刀子向牛的喉头刺进去,看它的一溜鲜血直瀝(溅)出来。"描写的就是牛血从创口快速喷射出来的样子。除了上海话之外,贵州等南方一些地方的方言里也有这样的用例。

锢使不泄谓之"鋋"

鋋,音近"丙"(bing),是至今使用频率仍然很高的上海话古语词。"鋋"的基本含义是用力使物紧固。《康熙字典》注释为:"谓坚固也,音柄。"譬如,上海人会说:"用扳头鋋紧螺丝帽。"

"鋋"在上海话中,更多的是用来引指相持和忍耐。章炳麟《新方言》说:"今人谓锢使不泄为鋋住"。2003年11月3日,《新民晚报》有篇关于动迁的报道说:"老沈没有满足,他想屏一屏,再跟动迁组讨价还价。"另外,早年上海有出独角戏《水淹七军》,其中有段对白也用到该词:"实在我是勿能动了,走都不能走,迸能一迸,进仔两分钟。"还有更早,出版于1935年的《上海俗语图说》介绍上海当时有句俗语叫"死蛇迸":"言人不声不响,三拳打不出个闷屁,他不抵抗,也不屈服,只用一副镇静功夫,不惜时间,与人作长期的穷迸包。"上述的"屏"和"迸",都是"鋋"的借字俗表,意思就是相持、坚持、忍受。

上海话中还有许多由此衍生出来的词语:"鋋包",表示较劲、坚持不作让步;"鍋功",形容忍耐的能力;"鍋气",指在水中或其他场合憋住不呼吸;"鍋牢",忍住、坚持既有状态不变;"鍋僵",意为陷入僵局;"鍋一鍋",即忍一下、熬一下;"鍋气功",指运气发功似的闷憋状态。此外,《上海闲话》有介绍,在棋牌等博弈中,碰到前一局双方执和或出现同样大小的牌色,须在下一局博出胜负时,棋戏中称为"鍋盘",牌戏称为"鍋宝"。其中,都能感受到所谓"锢使不泄"的意味。

(原载 2019 年 7 月 8 日《新民晚报》)

义有不同 "擘" 和 "脈"

如果把普通话"掰开看看"翻译成上海话,那这个"掰"字就得换掉。因为上海话中没有"bai"这个音。刚好,"掰"在现代汉语中还有个异体字"擘";而"擘"在古代也可念作"ba"(入声),这就和上海话对上号了。将此换入,便是标准的上海话表达:"擘开看看"。

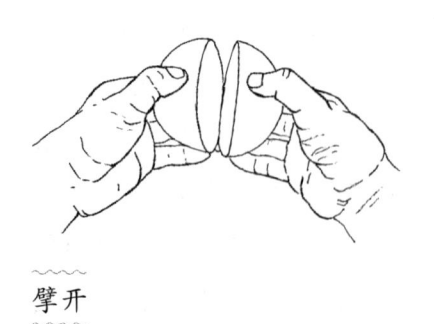

擘,在古汉语中是个多音多义词。据《康熙字典》所列,比较集中的注音是:"博厄切,音蘗"。今天,用上海话读博、厄两字,依然可以合成切出"ba"(入声)这个音。除了读音,上海话中"擘"的字义也是承自古义。"擘"的原意之一,就是分开、剖开、一分为二,和现代汉语中扒、剥、分、拨等动词,在意境上是有不同的。汉代《史记》说:"既至王前,专诸擘鱼,因以匕首刺王僚";刺客专诸要掰开鱼的肚子才能取出藏在里面的匕首。另如唐代白居易《秦

擘开

中吟》：" 果擘洞庭橘，脍切天池鳞"；李白《西岳云台歌送丹丘子》："巨灵咆哮擘两山，洪波喷箭射东海"；宋代《太平广记》里有则故事说："老人乃从驴口鼻边，以两手擘开，三娘子从皮中跳出"；明代宋濂《秦士录》："邻牛方斗不可擘，拳其脊，折扑地"。从中都可体会出该词意味。纪晓岚《阅微草堂笔记》里讲一个类似小人国的故事："纸裂一罅，有两小手擘之。"就是把窗户纸的缝隙掰开。现在上海人还习惯把睡醒起床说成"擘开眼睛"；"眼睛擘开就要铜钿"，意思是一睁眼就要钱。小说《四马路》介绍上海饮食文化时说："天一亮，拨开眼皮，他们就会上酒楼食府去吃早点"；这里的"拨"，其实就是"擘"。

与"擘"相近的另一个上海话古语词是"脈"，音同上海话"拍"（入声）；《集韵》："匹麦切，分也"。和"擘"在读音上的区别是"擘"不送气而"脈"送气。在词义上，前者多是被掰开，而后者偏重描述主动行为的叉开、张开。上海话把舞蹈或武术动作中的纵横劈叉，分别称作"脈一字开"和"脈八字开"。胡祖德《沪谚外编》有诗云："踏布司务武艺精，两脚脈成八字形。"上海话还有句熟语叫"脈手脈脚"，意思是四肢叉开，手脚伸展。许宝华等在 1985 年写的《上海方言的熟语》中给出的例句说："做功课勿要脈手脈脚，影响旁边个人"。

去汁曰滗 逼取汁

滗，是个依然可以在《现代汉语词典》里看到的词语，意思是挡住渣滓或泡着的东西，把汤汁、液体倒出来。

章炳麟在《新方言·释言》中说："古无滗字"，不知其所称之"古"从何算起。我们看到，自汉代开始这个"滗"字就屡见不鲜。东汉《通俗文》:"去汁曰滗,俗音壁";三国魏《博雅》:"滗,盝也";南朝《玉篇》:"滗,笮去汁也";宋代《广韵》《集韵》也都注有"滗"字;明代《吴音奇字》:"滗,音笔,有水之物滗沥出也";《康熙字典》也明确记载:"潷,一曰去汁也,或作滗,亦作泌"。

历代文人在使用时多有异体字、假借字倒是常见现象。明代话本小说集《型世言》:"劳氏每日只煮粥,先饆几碗于阮大吃,好等他田里做生活";清代小说《黄绣球》:"黄绣球忙又另开了一个西瓜,逼了一碗瓜汁送去";民国十九年《嘉定县续志·方言》:"俗谓去汁曰泌"。其中的"饆""逼""泌",应该都是"滗"的借音字。此外,还可以见到潷、泡、洍、漉、渌、濫、盝等字。

"滗"在普通话中,还是常可见到的,不过多限用于书面语。例如把醒酒器称作滗酒器;有一种过滤方法叫作倾滗过滤法;水处理 SBR 工艺中的关键设备叫"滗析器"等。而上海人则更多用于口语、用于日常生活。譬如滗药、滗渣、滗滗干、滗清爽、水滗脱点。总之是通过压榨、遮挡、过滤等动作,把物体含有的水分弄干;如王念孙疏证:"滗之言逼,谓逼取其汁也。"

壁角落头立壁角

2019 年底,教育部《中小学教师实施教育惩戒规则》交付意见征询,引出了关于"立壁角"的旧话重提。

这个"壁角"当然是上海话的常用词,其中的"角"读若"谷"(入声),也有写成"壁角落""壁角落头";在各种沪语文献和吴语工具书中不难看见。《简明吴方言词典》注释"壁角":"两堵墙相接而成凹角的附近地方。"《吴歌丙集》:"吃福橘,剥橘壳,橘壳丢拉壁角落。"

上海人关于"壁角"的最深记忆,要数这个"立壁角"。"立壁角"就是被喝令站在墙角一隅,成为众目睽睽的审视对象;这对顽皮好动又调皮捣蛋的孩童,不啻一种刚性的、无害肉体的惩罚。就上几代的上海人而言,这种惩罚不仅来自课堂上的老师,可能更多的是来自家长。2013年3月13日《新民晚报》的一篇文章中,作者陈甬沪回忆说:"(母亲)罚我立壁角两个小时";小说《繁花》:"阿宝爸爸一把夺过(信)来,捏成一团,大发雷霆,让阿宝立壁角一个钟头"。

无论是"壁角"还是"立壁角",由于认定和选择的标准不同,均未被普通话列为固定词组,但早在宋代以前,这个词就得到了广泛应用。南北朝时的神怪小说集《幽明录》:"汝可以大瓮着壁角中,我当为觅物也。"另一本《异苑》:"谢晦在荆州,壁角间有一赤鬼,长可三尺。"唐代《博异记》写某人在寻找失联哥哥的途中遇鬼,害怕得"立于壁角中",幸而躲过伤害。这些例句都把"壁角"当作隐匿处使用。更早在孔子《论语》中,也有立于壁前的说法:"人而不为周南、召南,其尤正墙面而立也与。"这是用来形容以物障目、孤陋寡闻,和现今上海话中类似面壁思过的"立壁角"用法略有不同。

p'

薄薄剻来浅浅铺

剻，是反映上海人注重美食、精于烹制的一个古词，《集韵》："篇迷切，音批，割也"；上海话也读若"批"，意思是用锋利的薄刀，将食物斜切成薄片。早在魏晋时期，《开蒙要训》中"锼刮剻挏"诸词就都被归入"雕镌刻镂"一类精准使用刀具的词汇。《汉语方言概要》《上海方言词典》等书中也收有该词。"剻"字自古便有许多同义词或假借词：批、匕、剠、刐、䃻、掀、披、片等。

《史记·刺客列传》中，燕太子丹的老师鞠武问："奈何以见陵之怨，欲批其逆鳞哉！"意思是要谋反强秦。话语中，要翻转那层层相叠的龙鳞，是砍不得、割不得的，只能顺其斜势，横运利刃，所以就要用这个"批（剻）"字。

清代有段竹枝词："薄薄匕来浅浅铺，厨头娘子费功夫。春风只解开花意，吹出梅兰碗底图。"是形容厨娘薄削的刀工太好，切好的食物放在盘子里都经不起一阵微风。《上海闲话》另载一段同样揶揄店家吝啬食材的旧儿歌："计馥姐，薄匕刀，匕个肉来薄希枭。树阴底下风寥寥，一吹吹到徐家桥。"歌中的"匕刀"，是用来斜切、剖剻的专用刀具，而不是泥水匠砌墙用的批刀。其中的"匕"应该就是拿来借代"剻"的。

"剠"和"刐"为"刀""刂"互换的异体字，《集韵》："攀縻切，音披，刀析也，剥也"。唐代高僧释慧琳《一切经音义》中有多处对"剠"及"刐"字的注释:"皮亦剥也,经文从刀作刞字,俗字也";"刞析,即皮剥之谓,析犹分析肢解也,字书并无从刀作刞字,盖俗用字者也";"刞,上音披,俗字。手执利刀剥取牛,皮与肉相离名为刞剥也"。可见,那时"刞(刞)"的意思主要指剥牛皮。

此外,"㱿"字《集韵》《韵会》均注为"析也,开肉也";"挩"字《集韵》注为"剖肉也"。相信都是"剫"的假借。

食物(尤其是肉食)切成薄薄的形状,便于烧煮和进食,口感鲜嫩,还能保持更多养分。但是先人造字时,其食物的供给水准和客观的烹饪条件,可能还不足以满足讲究刀功火候的美食追求。相信这个"切成薄片"的意味,是后来的使用中衍化、丰富字义的结果。

沐浴汤水赶头潽

汉语的量词,要比英语这样的外语丰富许多,而在汉语之中,感觉上海话又甚于北方话。具有从古汉语保留下来或借用过来的诸多独特的量词,是上海方言词汇的一个重要特征;"潽"就是其中的一个。

潽,读若"铺"(pu),《集韵》:"颇五切,音普,水也";在上海话中指一次被使用的那么些量的水。《上海闲话》说"相当于遍"。例如泡茶,就有头潽、二潽的叫法。小说《四马路》中说:"这碧螺春头一潽口味还嫌淡,第二潽的口味更纯"。过去公共澡堂洗澡,也有"头潽汤水"的讲究。2014年3月2日,《劳动报》有篇回忆老上海的文章说:"家住大沽路的许老伯早早吃了午饭,来到昌化路上的西海浴室洗澡,赶浴池的头潽水"。日常生活中,我们用清水漂洗衣物时,也会说:"要多过几潽水"。烹调时,把食料放在沸水里过一下,叫"出潽水"。从池到盆到锅到杯,这潽水究竟是多少,实在是个变量。

该词含义的逻辑意义大概是这样的:被水浸没至满(溢),即为一潽;浸没几次或几遍,即为几潽。这个"几潽",至于究竟是更换了浸物的水(如泡茶),还是被浸的物(如澡堂水中的人),似乎并不重要。

除去度量水,"潽"有时也用于其他场合。2014 年 2 月 16 日,《新民晚报》有篇讲述食品安全的文章:"时下请侬吃饭,等于请侬吃药。油未必头潽,往往几潽之余,甚至地沟油,不知第几潽"。

需要说明的是,"潽"还常被用作动词,指液体满溢出来。这主要是因为原来专门表示满溢的"䈇"(pu)已成生僻字,出于方便而假借。甚至有人还借用其他字作为相关量词,以便腾出这个"潽"来作动词。例如明代《戒庵老人漫笔》:"雨一阵为一破"。"潽"和"破"在上海话中同音。

当心开水䈇出来

在古代,有一个专门用来形容液体过满、溢出容器的字,它的写法是把"䈇"字中的"米"改成"孛",念"pu"。《集韵》:"薄没切";《说文解字》:"炊釜溢也";《玉篇》:"釜汤溢"。也许是由于字形过繁,后人多以其谐音改写为"潽""铺""浦"等。例如明代《山歌》:"汤婆子听得,眼泪直铺";清代段玉裁在其《说文解字注》中说:"今江苏俗谓火盛水沸溢出为铺";同时代山东安丘县人王筠在《说文句读》中也说:"段氏谓俗语作铺,吾乡亦然"。当然,这也说明起码在清代,这个词的使用范围还是蛮广的。

上海话至今依然常用该词,只是大多改用"潽"字代替,包括《上海方言词典》《上海话大词典》《简明吴方言词典》等的记载。日常使用也是如此。例如上海人说"粥潽了""牛奶潽了",上海农谚有"寒水枯,春水潽"的说法,用的都是这个"潽"。王安忆《寻找上海》描写寺庙浴佛大会:"功德箱里的银钱铜板往口外四潽,潽了一地",形容钱像水一样溢出功德箱。甚至还有一个上海熟语"搨搨潽",是用来形容荷载太多或过度肥胖的:"车子装来搨搨潽"(车辆超载);"浑身搨搨潽,腰身也呒没"(一身赘肉,全无腰肢)。此外,上海人说"气得阿潽阿潽",是否也是为了显示怒火满腔、恨恼外溢的样子?

有人认为用这个三点水的"潽"字没有理据,因为其所指并不限于液体。其实当初以"鬲"为义符造字时,就是和蒸煮、和水有关。既然那个笔画繁多、不便于记忆也难以书写的字已经被替代了那么多年,生米早就煮成熟饭,约定已然变为俗成,使用这个也算兼顾了音义的"潽"字未尝不可。相对验明其正身而言,设法在汉字中保留这些仅在方言里流通的词汇可能更为重要。

乓乓乓乓说"閛"字

閛,上海话读若"胖"(pang),《集韵》:"披耕切,阖扉声"。"閛"的原意是关门。汉代扬雄《法言》云:"开之廓然见四海,闭之閛然不睹其里";"閛然"就是关门的声貌。至今上海人依然把关门叫作"閛门"。

"閛"也可解作重拍:"閛台子"(拍桌子)、"閛急令牌"(出急招)、"閛台踢凳"(扔家具撒气),这都是些重手重脚弄出的动静。《吴歌乙集》有首反映姑嫂不和的民歌唱道:"看见姑娘归来哉,閛台踢凳骂出来。"生动形象,如情景再现。"閛"还有两个东西放在一起比较、对照的意味。说"账閛勿拢",是账目轧不平的意思;说"閛僵",是指陷入双方相持不让的困局;说"閛顶",是至多、到顶、与终极情况对比的意思。此外,麻将台上争张做局、拍桌叫牌,就叫作"閛和"(多写作"碰和")。沪上雀友依然津津乐道的各种麻将术语里,还频频出现"閛"字:"清混閛""閛閛胡""上閛下自摸"。这里,既有拍打动作的声响,也有比对归类的效果。

"閛"有时被写作"搒"。"搒"是与"閛"音义相近的另一个古汉语词。也有关门和拍打的意思。《说文解字》:"搒,掩也";《吴下方言考》:"吴谚谓掩门而不拴曰搒";《广韵》:"搒:笞打"。但"搒"是个多音多义字,还解释为划船、摇橹。所指的"笞打"与"重拍"也有较大差别。《周书》:"搒讯数百,卒无异辞";《后汉书》:"各言官无见财,皆当民出,搒掠割剥,疆令充足"。说的都是用刑拷打,比之拍打严重多了。另外,"掩门而不拴"也和上海话中的"閛门"意有不同。上海较早流行弹簧锁。那司必灵锁舌灵活,关门有声必至上扣落拴。因之,上海人说"门閛上哦?"一般就是问锁上门没有,而绝不仅仅是虚掩。

现在书面记载中更多的是用"碰"来替代"閛"。而在上海话中,"碰"字本身另有音义,无法涵盖全部上述"閛"的含义。即便被借用,上海话口语中所保留的,还应是那个古语词"閛"。

(原载 2015 年 8 月 23 日《新民晚报》)

大腿小腿均为"髈"

上海话中另一个读若"胖"(pang)的古语词是"髈",也写作"膀"。

《玉篇》说:"髈,股也,胁也";望文知义,肯定是个和肢体有关的词。清代余国光《补正俗字编》说:"脚腿曰髈,此吴语"。

在上海话中,"髈"通常指大腿,即"股",但有时也指小腿,或用"脚髈"泛指腿部。《现代汉语词典》中,除将"髈"字注为"膀"的异体字外,还认为在方言中该字仅指大腿,这起码不甚适用于上海话。沪上俗语说:"髈酸腿软",就是泛指腿脚酸软,未必专指大腿。还有耳熟能详的熟语"夹忙头里髈牵筋"。清代小说《何典》:"那刘打鬼正想要跑,不料夹忙头里髈牵筋起来,弄得爬滩弗动,寸步难移。"书中注曰:"夹忙头里髈牵筋:指事情在进行中突然发生意外。髈牵筋:小腿抽筋。"晚清艳情小说《续海上繁华梦》:"少太太与那些路上的人俱吓得浑身发抖,我连小髈都摇动起来"。1930 年编印的《嘉定县续志》说:"俗谓股为大髈,胫为小髈。"足见此"髈"指腿可大可小,殊能通用。至于《玉篇》所说的"胁"的部位,应在腋下至腰上,当不在上海人所说的"髈"的范围内。

《南开语言学刊》2011 年有篇题为《汉语义位"腿""脚"比较研究》的文章,较为详细地描述了各地方言对髈的使用:"'髈'只见于除金华外的吴方言,上海和杭州在表示普通话'腿'义位时用'脚髈',崇明和苏州用'髈'。在表示'大腿'义时,温州用'脚肚髈',宁波、杭州、上海用'大脚髈',崇明和苏州用'大髈',丹阳用'大髈髈'。在表示'小腿'义时,宁波、杭州、上海有'小脚髈'的说法,上海、苏州和崇明说'小髈',丹阳说'小髈髈'。"经作者多方考证,堪作参考。

此外,上海人把猪肘子称为"蹄髈",这个人体部位名称可否和猪通用不知道,但"走油蹄髈""冰糖蹄髈""水晶蹄髈""酱蹄髈"都可算是本帮名菜。老上海人还把人的两胯之间的裆部叫作"髈豁裆"或"髈豁朗裆"。《吴歌己集》有歌云:"妮姐河里汏衣裳,螺蛳沿到髈豁裆。"

当然,现在很少有人再用这个"髈"字了。"蹄髈"被写作"蹄膀",

"髂牵筋"被改为"脚抽筋"。为求广纳而趋同,在趋同过程中必然有所扬弃和忘却。这本是语言进化、发展的客观规律。

(原载 2015 年 9 月 13 日《新民晚报》)

脱头落掉"鋬"或"襻"

鋬,上海话音近"配",《五音集韵》注为"普患切",与普通话的读音略有不同。《现代汉语词典》把它归为方言用词,指器物侧边用手提拿的部分。

爵、匜、盉、兕觥

"鋬"最早是指青铜器单边侧旁供提握的把手。例如常见的盉、匜、斝、爵、兕觥等,都是"前有流,后有鋬"。一般来说,青铜器双侧都有的把手,叫"耳";横贯于器物上方,让人提拎的叫"提梁"。此外,"鋬"大多都是闭合的环形。如果只是伸在侧旁的一根把手,那就叫"柄"。但是,"鋬"到了上海人嘴里,就不那么严格了。提梁常被称作"拎鋬",例如篮鋬、桶鋬、壶鋬等。因之,《现代汉语词典》《上海方言词典》等也就直接将"鋬"注释为"提梁"。"鋬"在古代"鋬"还有个异体字"鈑";《集韵》注曰:"普患切,音攀,器系,与鋬同。"对于金字边那个"卝"字,《集韵》也有注释:"卝即扳字,披班切,与攀同。挽也,引也,援也。"观其字形,也明显有从"提梁"象形而来的迹象。

有句上海熟语叫作"脱头落襻",意思是有缺损、不规整,引申为丢三落四、办事粗心。也可以将此写作"脱头落鋬"(如《简明吴方言词典》)。只是其中用来借喻的"头""襻"或"鋬"各有所指,不尽相同罢了。"脱头落襻"的"头"和"襻",是指衣物上的纽扣和纽襻。旧时的纽和襻都是另外做好再缝上衣服的。穿衣服少了纽扣、断了纽襻,就是一副落拓不羁的样子。而"脱头落鋬"的"头",是指器物盖子上的突起物,上海话叫"勃罗头",是方便开启盖子的东西。不论陶瓷或金属器具,盖子缺损,把手脱落,都是不合礼仪、难言严谨的。两种写法音同义近,用途一致,可谓异曲同工。

(原载 2017 年 4 月 16 日《新民晚报》)

上海渰饭有讲究

用开水浸泡干饭,使之变成像粥似的稀饭,上海人称之为"泡饭"。这个泡饭,当是上海饮食习惯给人最深的印象之一。仔细考察,这种将干饭煮成稀饭的做法有两种:用开水浸泡或沸水略滚一下的,叫"泡饭",也叫"饭泡粥";加入水后较长时间回炉重煮的,叫作"渰粥",也叫"饭渰粥"。

"饭泡粥"的米粒依然分明,相对硬实;网络上这样解释泡饭:"江

褚半农

南一带（尤其是上海）的一种常见的食物，多用来当早饭。与粥不同，非但全无粥的那种黏糊和缠绵，反而条理清晰。"比饭泡粥更加简单的吃法，是直接用开水冲泡盛在碗里的饭，都可以不用锅子。这和粥之间已经几无关系，上海人叫作"茶淘饭"；把开水换作汤，就叫"汤淘饭"。《吴歌戊集》："情阿哥哥问我吃格啥个菜，我末吃格油氽黄豆茶浇饭（浇读如逃）。"日式的"茶泡饭"和韩式的"酱汤泡饭"也都有这种特征。

而"饭氽粥"则米烂黏稠，更像稀饭。顺便说一下，上海人把直接用米煮成的粥，叫作"米烧粥"，以区别于"饭泡粥"或"饭氽粥"。

说起来，这个"泡饭"和"氽粥"也都是有历史的。泡饭原写作"滮饭"。南宋周煇《清波杂志》记载："（高宗）向自相州渡大河，荒野中寒甚，烧柴，借半破瓷盂，温汤，滮饭茅檐下，与汪伯彦同食"。这里的"滮饭"，就是今天说的泡饭。《集韵》："滮，披教切，音泡，渍也"；印于清代光绪时的《黄岩县志》注："滚水渍物曰滮"。氽粥的"氽"，则应为"爨"。2015年3月10日《文汇报》刊有褚半农老师的考证文章，说："爨是炊、烧之意，爨粥、饭爨粥，就是将饭再烧成粥。"《广韵》："爨，七乱切"；《周礼·夏官·挈壶氏》："及冬，则以火爨鼎水，而沸之，而沃之"；《左传·宣公十五年》："敝邑易子而食，析骸而爨"。说的都是烧煮的意思。

（原载 2018 年 9 月 2 日《新民晚报》）

松松垮垮"奶䐛肉"

上海人称不结实的肥肉为"䐛肉"。䐛，上海话读若"扑"（po，入声）。《广韵》："䐛，从匹各声，音粕，面大貌，俗作奤"，就是说"䐛"还有个写作"奤"的异体字。

"覅"原来只是形容人脸大、肥硕,未必就是不结实。《列子·仲尼》:"见南郭子,果若欺覅焉。"说的是列子一行见到南郭子,其果真是一个貌充心虚之人;"欺覅"就是用来虚张声势的大脸。然而,也许正是这次形容内在、内心空虚的记录,成了"覅"字命运发生历史性改变的端倪;上海话里,"覅"就是虚胖、伪壮、假健的代名词。

汉代扬雄《方言》里记录了一个与"覅"近音近义的字:"泡,盛也,江淮之间曰泡";郭璞注曰:"泡,肥,洪张貌"。今天安徽安庆称肥肉盛则谓之"泡肉",湖南长沙说人胖为"一身泡肉",河北人把说大话称为"说的都是泡话",还有北京人说的"泡泡囊囊"、成都人说的"泡泡肉"等,都是由此传承的。相信这个"泡"和"覅"之间也定有渊源。

"覅"字已经收入《上海话大词典》《上海方言词典》等工具书。日常上海话常用之组成的词语如:"覅肉",指松弛、不结实的肥肉;说"一身覅肉,好去减肥咪!"是劝胖人减肥。再如:"奶覅肉",指母猪腹部松软晃荡的肉;"买回一块奶覅肉",指不会买菜的人把不能吃的猪婆肚买来了;也用来讥讽人身上的赘肉。又如:"懒覅",肥胖者多懒得动弹,故以懒与覅相叠,意即懒惰、不勤奋、缺乏动感;"吙没想到碰着只懒覅鬼!"意为没料到碰到个懒鬼。还如:"大覅势",指魁伟肥硕的大个子,多用于奚落脑满肠肥、大而无用的家伙;"覅势介大,一眼吙青头",是说对方块头蛮大,但做事一点儿都不稳当。有人认为,"覅势"应写作"覅尸",本身就有骂人的意味。此外,一些农村地方的詈辞中,也能听到这个覅字。如"发覅泥螺""大奅覅"等,都是辱骂胖子的意思。

b

层层叠叠"坒"与"陛"

坒,也写作毗、毘;读若"比"(bì),也被认为是上海话特有的量词。《上海方言词典》的解释也说是:"量词,用于层状的东西"。

"坒"原来的意思是毗邻、相连。晋代左思《吴都赋》:"士女伫眙,商贾骈坒";唐代李善注引《淮南子》曰:"坒,相连也";《康熙字典》:"又配合也,一曰比肩"。说的都是在一个平面上,相互挨着、连着、跟着、贴着。至今《辞海》《现代汉语词典》等工具书仍然收录该字,标其音为"bì",注其义为"毗邻,相连",且并未列为方言词。

但是上海话拿来用作量词时,主要用来表示上下纵向的层、叠、摞,而不是其原义表示的横向的列、排、波次等概念。最典型的,就是形容砖墙逐层砌筑,叫"一坒一坒"(即一层一层)。胡祖德《沪谚外编》有诗句云:"龙华塔,七层高;七坒窗咾七坒门。"还有人用来形容汉堡包的构成:一坒素菜、一坒牛肉、一坒蛋饼,也是一个比较容易理解的例子。

然而,"坒"字古代同"陛",而"陛"的本义是指帝王宫殿的台阶。《说文解字》释为:"升高阶也";《玉篇》:"天子阶也"。汉代贾谊在《治安策》里有借用"陛"字的详述:"人主之尊譬如堂,群臣如陛,众庶如地。故陛九级上,廉远地,则堂高;陛亡级,廉近地,则堂卑。"那很显然是纵向的、立体的、层层相叠的意思,只不过是用作名词。因此,上海话中的这个量词应该是"陛",而不是"坒"。

(原载 2017 年 6 月 18 日《新民晚报》)

龌龊得像"鎞刀布"

鎞,读若"比"(bi),明代《字汇补》注曰:"音避,治刀使利也"。"鎞"更早的时候写作"鏎",宋代《集韵》:"鏎,蒲计切,音薜,治刀使利"。组字构件的变化有时是为了让不同的字义有所分工。在后来的文献或工具书中,"鏎"仅释为犁耳,一种装在铧上的铁板,而表示摩擦大多用"鎞"。冯梦龙《笑府·刺俗》:"急趋入取厨下刀,于石上一再鎞"。

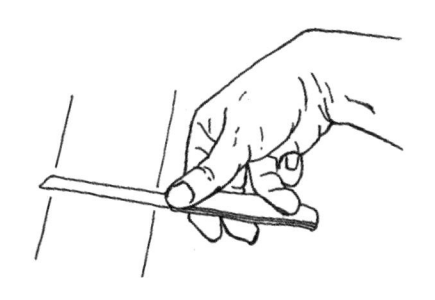

鎞刀

如上所述,"鎞"的原义,是把刀在布、皮、石头甚至缸沿等上面反复摩擦,使刀口锋利。原来上海滩上的理发师,都备有一条长长的鎞刀布,或熟皮或帆布;给顾客刮脸剃须前,总要拿剃刀在上面唰唰刮蹭几下,其作用有点像现在家用的金属磨刀棒。因为"鎞刀布"总会留下油腻、锈浊的污垢,有些家庭主妇会夸张地拿来比喻脏衣服:"衣裳龌龊得像个鎞刀布!"上海人也会借用这个"鎞"形容其他刮、擦、磨、顺的动作。例如,擦燃火柴叫"鎞自来火";在砚台边缘刮顺毛笔蘸上的多余墨汁,叫"鎞墨",就是普通话说的"抿笔";在砖石或其他硬物上擦去鞋底或鞋帮上沾染的污物,叫"鎞鞋子"或"鎞鞋爿";睡梦中磨牙齿,叫"鎞牙齿"。

另有一个同音字："纂",是编织的意思;也写作同件异构的"辮"。《说文解字》注曰："纂谓之罿,罿谓之罬,罬谓之罜。捕鸟覆车也。从糸,辟声。博戹切"。这里的"罿""罬""罜",都是捕鸟的网。二十世纪六七十年代,还常听见上海人把若干股细绳子编织成宽扁的带子叫"纂带子",把女孩子编辫子称作"纂辫子"。"头发纂起来清爽相",意思是把头发梳成辫子感觉清新干净。

只是现在已经很少还有女孩留辫子,把梳辫子说成纂辫子的就更少了。同样,现代的卫生观念和消费观念,也让鐾刀布从理发店慢慢消失。打火机、电子点火器及各种自动发火装置的大行其道,使得人们日常取火点燃再也不需要鐾火柴了。失却了使用环境,这样多少年来保存在上海人口中的"鐾"和"纂",不知道还可以生存多久。

匍了地浪孵小鸡

"匍"在现代汉语中只作为联绵词和"匐"连用,不能拆开。"匍匐"的意思是贴地爬行。在上海话中,"匍"读若"补"(bu),形容人蹲着或趴在地上。《说文解字》:"匍,手行也。从勹甫声,簿乎切"。这个"勹"就是从人弯腰、手触地的图画象形而来的,《说文解字》:勹"象人曲形"。评弹《种子迷》中有句台词:"人匍下来,面孔贴了墙头上,侧耳静听";这里的"匍",是蹲下的意思。讲"匍了地浪捉蟋蟀",是趴着的意思。《何典》:"脚跟头哺一个开眼乌龟",乌龟的常规动作就是"趴",四脚着地;刘半农注释此句时说:"哺,伏也,应是匍字。"1973年由浙江人民出版社出版的《汉语常用字典》后附"浙江常用方言字",用了个增旁字"踊",以示与联绵词"匍匐"中的"匍"相区别。

和这个"匍"字容易混淆的是"孵"字。"孵"的原义是指卵生动物特别是禽鸟的孵化;《集韵》:"芳无切,音孚,孵化也,育也。"但在上海话中,却偏偏分不出两者的读音,都读若"bu";譬如,"孵窠""孵小鸡""赖孵鸡""孵鸡兽头"。这种把以清擦音为声母的"孵"(fu)读成以浊塞音为声母的"匍"(bu)的现象,是方言中古轻唇音仍然读为重唇音的反映。读音的含混,加重了语言记录时用字的散乱。有学者罗列方言中借代"孵"的字有:逋、哺、捕、伏、護、蔍、布、菢、抱,等等。

在上海话里,读音相同的"匍"和"孵"还是有其不同语境的。相对蹲、趴这些让人不甚舒坦的动作而言,"孵"更接近卧、踞、席地而坐等安稳的姿态。也正是因为这个原因,上海人把表示长时间且较为舒适地滞留某处称作"孵茶馆"(待在茶馆里喝茶)、"孵混堂"(公共浴室里洗澡聊天)、"孵太阳"(晒太阳)、"孵空调"(在空调环境享受清凉)、"孵豆芽"(宅在家里不出门)。2003年8月31日《文汇报》在报道沪上通宵书店营业的新闻时说:"看来,半夜孵书店还是要有点体力的",用的也是这个"孵"。

一字排开"排门板"

上海人对"排门板"并不陌生,过去沿街店铺开门前或打烊后,都用一块块宽约两三尺的铺板依次镶嵌排开在门面外边,以作遮蔽。

这种"排门板"据说早在商业发达的宋代就已常见,表现汴京繁华景象的《清明上河图》中便可找到它的踪迹;之后的许多文艺作品中,也不乏对其的描写。俞万春《荡寇志》:"只见姚莲峰正在收店面上排门";吴趼人《二十年目睹之怪现状》:"我店里的排门是天亮就开,卸下来倚在街上";朱瘦菊《歇浦潮》:"晰子敲了半天门,才见排门板上的一扇洞门开了";郁达夫《出奔》:"豆腐店的老头在排门小窗里看见了我,就马上叫我进去"。

因为曾经在闹市中举目皆是、人尽皆知,"排门板"也被上海人拿来用作比喻,嘲讽一些大大咧咧、招人眼球的角色,或形容体格魁梧但行动木讷的人。譬如,"看伊模子大来像排门板",意思是揶揄其人个子高大。2004年2月12日,《解放日报》上有篇文章说:"体积庞大的高层建筑一字排开,远远望去,就像一块排门板。"这是用来形容楼房密实、呆板、缺乏特色。

和"排门板"的使用一样,以"排门(板)"作比喻的情况也自古有之。宋代龙衮著《江南野录》,说南唐行将覆灭时,"(宋军)王师围急,乃招百姓老弱能披执者,谓之排门军。"就是说,后主李煜最后把能勉强穿上铠甲的百姓都弄到阵前,像排门板似的杵着充数。这件事陆游在《南唐书·后主本纪》中也有记录:"至是又大蒐境内,自老弱外,皆募为卒,号排门军。"无独有偶,更早后晋时刘昫等著的《旧唐书》,记有唐代官吏白履忠的自白陈词:"往岁契丹入寇,家家尽署排门夫,履忠特以读少书籍,县司放免,至今惶愧。"说明在唐朝与契丹打仗时,也有过临时征召寻常百姓,以"排门板"状假充军士的情况。这些都是借用"排门板"的生动比喻。

瓶甏罐头中的"甏"

甏,上海话读若"邦"(bang)。一种常用的陶制容器;如咸菜甏、酱油甏、甏头老酒。迟至二十世纪六七十年代,上海马路上还可以看到名为"缸甏店"的商铺。明代字典《字汇》上说:"甏,瓶瓮。薄孟切"。

"甏"长什么样子呢?《上海方言词典》说:小口的瓮;《崇明方言词典》说:大口的坛子。事实上,甏的种类很多。除了存放东西,多用来沤制、酿制食物。按照制作工艺的要求,大口小口,各种样式都有。只是为了方便搬运操作,体积不会很大。上海熟语说"揿了甏里",就是形容像泡制食料一样逼迫人就范;"饭瓜生了甏里",是指事处蹊跷,进退两难;"买缸甏看油水,买嫁妆看漆水",意思是缸甏质量好不好,要看其上的釉色匀不匀,结婚家具好不好,要看它的油漆是不是有光彩。

说到"甏"与其他陶制容器的区别,上海人只不过在其整体大小概念上,有一个粗略的划分。最小的叫"钵斗"或"坛",大点的叫"甏",更大的叫"缸"。统称这类坛坛罐罐,就叫作"瓶甏罐头"。通常"缸"和"甏"两者不能互换。五石缸、七石缸,还有司马光砸掉的那个,都叫"缸",而不能叫甏"。搞混了,就要犯上海人常说的"缸里缠到甏里"(张冠李戴)的错误。徐复老先生校议《吴下方言考》说:"俗谓大缸曰甏",这起码在上海话里是值得商榷的。

此外,甏还可以作为量词。如说"一甏醋""三甏酒",等等。《吴下方言考》中"甏"字释例说:"智永禅师有秃笔头数十甏",就是将其作为量词在用。

另一个与"甏"字的构造、读音一致的字,是"聾",即"聋聾"的"聾"。"聾"字的出典未详,应该是个增旁字。"聋聾"就是聋子,失聪者。上海话说"聋聾个耳朵",比喻只是摆摆样子;说"拨聋聾听到",比喻不可能发生的事情。2014年出版的沪语小说《繁花》,也还在用这个"聋"字,说阿宝的大伯"闷头吃饭,像聋聋,天吃星"。

(原载2016年3月6日《新民晚报》)

片字翻转是个"爿"

爿,读若上海话"办"。在上海话中既作名词,也作量词。

作名词表示剖开的碎片,多用于表示劈开成片的木柴,上海人称之为"柴爿"。王安忆在《寻找上海》一书中,描写倒卖玻璃丝袜的老孙:"老孙墨炭一样黑,柴爿一样瘦地归来了",活灵活现一副骨瘦嶙峋的形象。上海的弄堂口、小巷内,还曾有过一种流动设摊的馄饨小贩。因为他们所用的燃料,是随处可以捡拾的柴爿,人们便称之为"柴爿馄饨"。

此外,"爿"也用来称呼呈片状的东西。这个片状,大可以指区域,上海郊县有把东面或西面的整个区域称作"东半爿"或"西半爿";小可以指瓦片等,上海话瓦片就叫作"瓦爿"。《中国民间文学集成(上海卷)》有句歌谣说:"千年瓦爿会翻身,除非神仙来帮我";"瓦爿翻身"在上海话中用来比喻无法改变的状态、无法办到的事情。上海有一种长扁粗硬的面饼叫作"瓦爿饼",过去有句形容富人落魄的俗语:"大少爷落难,瓦爿饼当饭。"上海人还把人的脑袋、头颅叫作"头爿",把头顶及其周围的皮肤叫作"头爿皮"。"头爿皮撬",就是不服气;"头爿皮发痒",就是讨打、自找惩罚。"爿"还可以指破损成片状的东西。如碗爿、缸爿、拖鞋爿(穿鞋不拔起鞋跟)、拖一爿挂一爿(衣着破烂),等等。

用作量词时,一是相当于普通话中的"片":一爿田,一爿天;一是相当于普通话中的"家":一爿商店,一爿工厂。

说到"爿"的出处,有认为是由古汉字"木"拆分而来,所谓"左半为爿,右半为片",两两并拢正好一个木字。古文字学家孙海波则参照古文字可以正反互写的规律,认为"片、爿当是一字"。也有人从"爿"原本是"墙(牆)"字义符的角度,推测"爿"是"墙"的初文。还有认为是古代"床(牀)"字的象形省略等。厘清源头固然重要,但更重要的是关注其现实使用。事出有因而查无实据的情况是经常遇到的,方言尤其如此。

(原载 2018 年 7 月 22 日《新民晚报》)

东洋大海起埲尘

在雾霾、细微颗粒物、PM2.5 这类词语普及之前,上海人习惯把灰尘、烟尘、泥尘等统称为"埲尘"。埲,上海话读若"bong",清代章炳麟《新方言》:"浙江谓尘垢狼藉为埲"。宋代文学家王禹偁有诗云:"常风有鹽南,日夕尘塕埲";清代康熙时期名臣曹寅也有诗句:"黄尘埲塕马蹄劚,五月谁披白苎衫"。

上海俗语说:"东洋大海起埲尘"(比喻不可能发生的事),农谚说:"东南阵,湿湿泥埲尘"(形容雨量很小),指的都是飞灰扬尘。薛理勇把上海人习惯说的"起埲头"引为"埲"字词义延伸,是非常可信的。你看:云烟突起、声势惑人,确实和某件商品突然热销、买家人头攒动、交易高潮迭起的景象有几分神似。2015 年 2 月 27 日,《劳动报》就报道说:"申城新春黄金销售起埲头"。

这个"埲"还可以用作量词:一埲烟,一埲火,一埲灰。不过,这里要注意与也是量词的另一个上海话同音字"蓬"区别开来。"蓬"作量词,用于形容长在一起或聚在一起的细杆丝状物和绒状物,如"一蓬草""一蓬头发"等,之间当有细微区别。

　　许多保留在方言里的古语词,因未被认真规范,出现各种假借俗字的情况并不鲜见。"埲"字早在古代就有众多身形,宋代的《广韵》记作"埲":"蒲蠓切,音莑,尘起貌";在《集韵》里,除了"埲",更有多个异体字;明代《字汇》《吴音奇字》记作"塳";冯梦龙《山歌》中用"篷":"我虽无奢篷尘落在你眼里";1933年的《吴县志》及1940年《中国语文》所载的《本地"俗语"手拾》中均作"蓬"。这个让上海人下笔选择时颇费周章的"埲"字,曾经也被《现代汉语词典》收录过,读若"běng",注为:"灰尘堆积貌,如灰尘埲塎";1999年修订的第5版,作为"陈旧的而且较少使用的词语"被删除了。

"睬侬白眼" 蕴古韵

　　二三十年前,我们这一辈年轻的时候,常会听到"睬侬白眼"或"睬伊白眼"这样的话;意思是不搭理你或他,表示看不起、十分嫌弃对方。细细想来,这句话充满了传统汉语的古色古香。

　　首先是它的句式,这是古汉语介词短语倒装的模式。加上被省略的主语"我",直译的话就是:我用白眼来理睬你。语意很明显,就是以不屑一顾的白眼对待你、正眼都不愿看你一下。这种倒装句古代文献中随处可见,例如诸葛亮《出师表》"咨臣以当世之事"句,司马迁《史记·陈涉世家》"祭以尉首"句,都属此类。

　　然后是"白眼"一词。上海人口中的"白眼"和北方人说的"白眼狼"不同,完全没有忘恩负义的意味。该词典出《晋书·阮籍传》:"籍能为青白眼,见礼俗之士以白眼对之。母终,嵇喜来吊,籍作白眼,喜不怿而退。"说三国时期魏国诗人阮籍有把黑眼珠子藏起来的本事,碰到不愿搭理的人就只给人家白眼看,"睬伊白眼"！甚至不顾那个人是来吊唁他母亲的,譬如文中说的嵇康的哥哥嵇喜。

这个我辈年轻时就熟悉的"白眼"在上海人中间并未走远,2008年12月10日《新民晚报》载文提到:"售票员一个白眼伤了老人自尊"。"白眼"在上海话里还有各种组词:"斜白眼"(斜视)、"翻白眼"(绝望状)、"洋白眼"(眼白多过眼黑);熟语:"借铜钿眉花眼笑,讨铜钿恶声白眼""男也懒,女也懒,落雨落雪翻白眼"等。这个表示色彩的形容词"白",有时还可以活用为动词,例如说"白了我一眼","眼睛白过去覅白勿回来";小说《小店员》:"有几次南通阿姨对他白眼睛,叫他识相点"。而这种活用,也是古汉语的特点,例如那句脍炙人口的"春风又绿江南岸"中的"绿"字。杜甫《丹青引》:"途穷反遭俗眼白,世上未有如公贫",其中的"白"也用作动词。

是否可以这样认为:对包括方言在内的中华语言文字的细品细赏以及溯源探究,是达成和坚持文化自信的基础。

(原载 2020 年 9 月 20 日《新民晚报》)

骏马蹩然而若凫

这个"蹩",普通话一般不用,《现代汉语词典》中无论是字,还是词组,都被标注为方言用词,而它在上海话中倒是个常用词。

上海话"蹩"读"bie"(入声),原义是扭伤了脚。《广韵》:"蹩,蹩躠,旅行貌,一曰跛也。蒲结切"。明代刘基《郁离子·梦骑》说:"马见青而风,嘶而驰,駇然而骧,蹩然而若凫。""蹩然而若凫",是形容壮硕彪悍的骏马,像野鸭那样摇摆瘸拐走路的样子。《吴歌甲集》有童谣:"大眼睛,捉蜻蜓,蜻蜓捉勿着,蹩折仔只脚。"后来也用来形容其他部位的扭伤或损伤。俗话说:"勥硬撑,硬撑要蹩筋。"小说《繁花》介绍说:"弄堂里爷叔阿爹,头颈蹩筋,落枕漏肩风,小毛弄过多少次"。

关于"蹩",最让人耳熟能详的是上海话中的经典用词之一:"蹩脚"。扭伤了脚,一瘸一拐的,形象自然打折扣分。于是,各种不好:质量劣、本事差、品行不端、失意潦倒,都可叫作蹩脚。上海人说"豪了头浪,蹩了脚浪",表示蹩脚是个约定成俗的固定搭配。清末民初的《清稗类钞》这样定义"蹩脚":"佗傺无聊,落拓不得志也。义与京语之没乐儿相似,犹文言之落魄也。"鲁迅在与胡风的书信中关于果戈里《死魂灵》的翻译写道:"我这回的译本,虽然也蹩脚,却可以比日译本好一点。"当然,这里"蹩脚"是用来自谦。

鲁迅

"蹩"在古汉语里也作"躄",《集韵》:"必益切,人不能行也。"司马迁在《史记》里写平原君杀了嘲笑跛脚的爱妾,用的就是"躄"字:"民家有躄者,槃散行汲。"清代王应奎的《柳南随笔》将两字当作词组用:"先生晚年极喜出游,芒鞋竹杖,蹩躄里巷间。"

此外,"蹩"还有其他词组:"蹩躃""蹩蹙"等,现在都不再见用了;倒是另一些新的词组,仍在上海话中广泛使用。譬如"蹩脚货"(品质差的东西)、"蹩牢"(卡住)、"蹩十"(最差的牌点)、"蹩进蹩出"(脚步凌乱),以及上述例句中的"蹩筋"(伤筋)、"蹩折"(折断)等。

"别"字别意存沪语

别,上海话读若"bie"(入声),是个现代汉语常用字,在普通话里有多重释义,组成的词语在《汉语大词典》中超过一百个。然而,就是这个"别"字,却有一个古语释义,留在了吴下一隅的上海话中,即"别"所含有的转动、转变、掉转、扭转的含义。

东汉经学大师郑玄为《诗经》"象弭鱼眼"作注笺时说:"弭,弓末弭者",就是弓朝相反的方向弯曲的意思。"弭"就是"别"的古字。唐代诗人杜牧《牧陪昭应卢郎中在江西宣州佐今吏部沈公幕罢》云:"玉裂歌声断,霞飘舞带收。泥情斜拂印,别脸小低头。"可见,"别"字这个回转的意味,在古代是存在的。

元末明初《水浒传》:"婆子看女儿时,也别了脸";明末《初刻拍案惊奇》:"赛儿……别转头暗笑";清末《海上花列传》:"赵朴斋听这等话好不耐烦,自别过头";著名作家茅盾的《子夜》:"四小姐很想别转了脸走过,可是张素素拉住了她";沪上独角戏《七十二家房客》台词:"二房东一看苗头勿对,别转身体就逃"。这层词义就这样一代代被保存下来。此外,上海话常说的"别转屁股就跑"(掉头离开)、"别过头来"(转过脸来)、"脑子别勿转"(脑筋转不过弯),用的也都是这个已在普通话中不用了的意思。

在使用中,这层意思的"别"常和"撇"字相混。《隋唐演义》第十六回说:"越公撇转头来,只见还有两个美人",这里应该用"别"字。而《海上花列传》第三十七回说的"耐个脚跌坏仔,我个脚别脱仔!"倒应改作"撇"。

还有老上海人把"别过头去"的"别",念成"xie"(入声)。《吴下方言考》以为即是"捷"字,云:"《韩诗》:'戢,捷也',捷其书嚼于左;案:捷,回头向后也。今吴谚谓回头向后曰'捷转头'。"究竟是将"别"念成了"xie"(入声),还是有诸如"捷"这样的另外一词,有待进一步考证。1997年出版的《上海方言词典》、2007年出版的《上海话大词典》,也都将"捷"借作此用。

(原载2017年2月5日《新民晚报》)

t

水渧日久阶沿穿

水往下滴是一种常见的自然现象：雨打芭蕉，露润房檐，汗滴禾下，泉落崖边。因此，自古以来形容这些现象的汉字就有许多。譬如滴、渧、捋、瀑、沥、漓、浚，等等。经过岁月变迁，其中有些已逐渐尘封不用，有些则沉淀于坊间方言俚语中；上海话中还在使用的"渧"和"捋"，就属于后面这种情况。

渧，《集韵》注为："丁计切，音帝"，《埤苍》注为："瀑漓也，一曰滴水"；上海话也读若"帝"，也是表示水或其他液体一点点下落。上海俗语说"绳锯石头断，水渧阶沿穿"，和普通话"滴水穿石""铁杵磨成针"的意思一样。"渧"和"滴"音义相近，后来慢慢同化。清代段玉裁在注释《埤苍》时已断定："渧字读去声，即滴字也"；《现代汉语词典》里也只录"滴"而不收"渧"了。

但在上海人口中，这还是两个不同的字。在读音上，"滴"为入声而"渧"为去声；在词性上，"滴"可作量词，譬如一滴水、两滴眼泪，而"渧"只当动词用；在习惯上，说"落落渧""淌淌渧"，说"滴滴落落"，都是固定搭配，不可互换。2009年9月2日，《新民晚报》上有篇文章说："热水器漏水，屋里淌淌滴"；如果"滴"按照上海人习惯念入声，此处读起来就有些别扭。

捋，《集韵》："劣成切，音律，去滓汁曰捋"；该字上海话读若"律"（入声)，更多的是写作"沥"。也是滴漏、淌水的意思，且和"渧"一样，一定是让其自然滤干,否则就叫作"滗"。2020 年 5 月 2 日《新民晚报》有篇写上海菜烧法的文章,说到烹制"三鲜烤麸"时,特地说明:烤麸扯碎后要"焯煮沥(搌)干,不能滗干"。可见这"搌(沥)"和"滗"是很有区别的。至于为什么"搌"在上海人口中未被和其音义相近的"沥""瀝"完全替代,原因也许是只有它念上海人熟悉的入声。

勿大灵光叫"醰醪"

说欠佳、不好的东西,常能在上海人口中听到"dai lao"一词。《上海方言词典》写作"丹老"(注明为借音字),《上海话大词典》写作"呆佬",《自学上海话》写作"单牢",《上海闲话》写作"丹佬",且对其有一番勉力说圆的阐述。笔者以为,该词的原形应当为"醰醪",意思承自形容浊酒的"箪醪"或"单醪"。

一般认为,古代"单"与"箪"通。春秋战国时代有广为流传的"箪醪投川""箪醪劳师"的故事。战国时的《吕氏春秋》说:"古之良将,人遗之单醪,输之于川,与士卒从下流饮之"。这和唐代李善所说的"昔良将之用兵也,人有馈一箪之醪,投河,令众迎流而饮之"是一回事。那个盛酒的"箪",当是水瓢,而非通常所指的竹篓。竹编的容器是不适合存放液体的,否则便会"竹篮打水一场空"。

"醪"是一种带糟、带渣滓的浊酒。春秋战国时酿酒技术有限,以之犒劳军人无可厚非。汉唐以后，醪酒已不再算是佳饮了，好酒须称"醇醪""香醪""芳醪"，连包装都不讲究的一瓢"箪醪"就更是拿不出手、不登大雅之堂了。唐代《玄怪录》中写崔书生倾慕、迎候女神说："敢具单醪，以俟憩息。"意思是自谦备下了不成样的薄酒，让你停下歇歇脚。也是唐代留下的独孤及《水西馆泛舟送王员外》诗："单醪敢献酢，曲沼荷经过。"同样是用"单醪"表达不成敬意的心情。至此，除了仍有军旅中"投川劳师"的意味外，"箪醪"几已成为欠佳、差劲、劣质的代称。正是在这一背景下，明代梅膺祚编撰正俗兼收的字典《字汇》时，收录了民间创制的"醰酄"一词："醰，都艰切，音单；酄，郎刀切，音劳。醰酄，浊酒也。"

现在"醰酄"两字已然少见。《汉语大词典》有"醰"字，释为浊酒，不好的酒。《中华字海》有"酄"字，释为"醪"的异体字。但在上海话中依然可以听到"醰酄"的说法，只是写法如上所列，各不相同。

（原载 2019 年 12 月 22 日《新民晚报》）

替罪羔羊"垫刀头"

做替罪羊、代人受过，上海话叫作"垫刀头"。"伊拉几个侪逃脱，只好拿伊垫刀头"，意思是真正有责任的几个人都跑了，只好拿留下的那个顶罪。那么问题来了：其间的"刀头"究竟是什么呢？

《上海掌故辞典》说："刀头指刀下之物，即砧板上的肉。"这还不是一般的肉，是当作祭品用的整块熟猪肉。清代《遵义府志·风俗》讲敬财神的议程："四官爷，财神也，……祀之钱马香烛，酒一瓶，列四杯，肉一方，谓之刀头。"说起来，这个"刀头"在四川蜀方言里可以找到更多见证。民国十年《新修合川县志·风俗》："肉一方曰刀头。"民国二十年

《灌县志·礼俗纪》："刀头,还愿赛神之肉也。"清代刘省三话本小说集《跻春台》中有一篇叫《吃得亏》,里面孙公瞒祝草人"背时鬼"祸害王囚:"今日里我与你讲个相好,具美酒摆刀头与你犒劳。有王囚他家富多财多宝,你何不到那去过活终朝。"这个刀头是用来贿赂"背时鬼"的。清代杨学述有竹枝词云:"楚语吴音半错讹,各乡场市客人多。日中一集匆匆散,烧酒刀头马上驮。"说的也是祭奠先祖的扫墓活动。中国现代作家沙汀在小说《煎饼》中写道:"不要扯了,话说对了头,牛肉都做得刀头。"意思是只要言语到家、打动人心,什么事都好商量,即便是按例不作祭品的牛肉拿来当刀头也无妨。直到现在,四川中东部有些地区,在祭奠亡者的仪式上,还会将猪肉或熏制的腊肉放在瓷碗里,供奉在灵柩前;以前有些穷苦人家也会用豆腐代替猪肉,这些都叫作"刀头"。

沙汀

由此可见,上海话"垫刀头"确可理解为肉下的砧板,陪着刀头或者代替刀头挨刀。

(原载 2019 年 7 月 28 日《新民晚报》)

雅俗相间"骛"难觅

《汉语大词典》对"骛"字的释义有二:一是遥远;二是同骂人话的

"屌"。表示遥远是源自《说文解字》的雅义:"鸢窵,深也。"杜甫乐府诗《渼陂行》:"半陂以南纯浸山,动影鸢窵冲融间";宋代周邦彦《倒犯》词:"淮左旧游,记送行人,归来山路鸢";清代纪晓岚《阅微草堂笔记》:"滇中尚为膏腴地,距省鸢远"。总之,雅致到非文言文而鲜见之。骂人话则属于低俗之语。

然而在大雅大俗之间,上海话对"鸢"曾有个中性的用法,就是泛指飞鸟。"鸢窠"即鸟窝,"鸢角里"即鸟不拉屎的偏僻之处。中华人民共和国成立前刊印的一些上海话教材里,可以见到很多此类用法。1910年由基督教上海教会中文研究所所长戴维斯编著的《生活方言练习》中,就有这样的句子:"伊拉从勿曾看见一只牛咾羊咾猪猡搭之鸢鸟","从前有鸢鸟咾野兽个大相战"。1923年由上海租界官方译员派克编写的《上海方言课本》里说:"我顶欢喜鸢,拉我未成人之前就养过一只芙蓉。"1939年另一本由天主教修士蒲君南撰写的《上海方言课本》中,列有许多和"鸢"有关的词语:打鸢、打鸢个、打鸢照会、鹭鸶鸢,等等;还有一些有关的练习例句:"开脱之好几枪,一只(鸟)打勿着,鸢毛也拔勿着一根","人生拉为做,鸢生拉为飞"。像这样反复出现在课本中的情形,说明其当时使用的广泛。

虽说上海话中"鸢"曾是泛指的鸟,但现在人们最熟悉的也许只是那个小小的麻雀——"麻鸢"或"麻将鸢"。而且,"学坏容易学好难",这个"麻将鸢"似乎也已沦落低俗境地,大多所指不雅。也可能就是因此,那个曾经中性的"鸢"在上海话中也渐行渐远,鸢远难觅了。

(原载 2020 年 6 月 14 日《新民晚报》)

莫将肫肝误作"膯"

膯,是指禽类的嗉囊,也用来表示肚子饱胀。上海话读作"deng",

在《现代汉语词典》中已经找不到"膁"字了。

嗉囊是禽类消化器官的一部分,位于食道的下部,像个袋子,用于储存食物。过去精明的上海阿姨们在菜场买活的家禽时,总要查验一番"有膁呒膁",以免有些黑心的商贩猛塞糠谷骗取分量。上海俗语形容徒有其表、没有内涵时会说:"毛衣好看,膁里无食。"

有些书籍把嗉囊和胃混为一谈,把"膁"解释为鸡鸭的胃,那是不准确的。上海话称禽类的胃为"肫"(zen),或称"肫肝"。"肫"在古语中也读"章伦切",而不读"deng"。此外,"肫"长在禽鸟的腹腔内,可以拿来食用;而"膁"是不能吃的。旧时,上海弄堂里经常能听到收购"鸡肫皮甲鱼壳"的吆喝声。那"鸡肫皮",就是只长在鸡肫里面的一层厚厚的内膜,可以用作中药材。上海人精巧细致,物事指向分明。鸡鸭禽类的胃叫"肫肝",猪的胃叫"肚子",牛的胃叫"百页";那"膁"和"肫"自然也不能相混。此外,这个"肫"字还在现代汉语中使用,不能算作上海话中保存的古汉语。

"膁"的另一重释义,就是指吃得太多,把肚子撑住了。《上海轶事大观》中说:"食物过饱曰膁"。古籍《类编》《广韵》《集韵》等都以为"吴人谓饱曰膁"。同样表示饱食的另一个上海话古语词是"饂",也读作"deng",与"膁"同音。清代范寅在《越谚》中说:"饂,伤于多食而不消化"。上海话说"饂牢了""吃饂了""胃里饂饂叫",有时都用这个字。不过,"饂"只表示饱胀,不用以指嗉囊。

(原载 2016 年 1 月 10 日《新民晚报》)

家禽去势唤作"骟"

骟,上海话也读作"deng",《广韵》:"骟,去畜势,出《字林》,都昆切"；就是阉割雄性家禽或家畜的睾丸。阉割过的鸡、猪、牛，分别叫作骟鸡、骟猪、骟牛。阉割的目的，有的是阻止其繁殖，有的是促使其生长壮实。上海人最熟悉的，可能就是"骟鸡"。据说，童子鸡经阉割长大之后，既不打鸣，也不争斗，变得温和且容易长肉，其肉质细腻甚至超过母鸡，口味肥美异常，大不同于普通的肉鸡。上海旧习俗到春节要吃骟鸡。二十世纪五六十年代，上海市区居民家里还允许养鸡，因此，街上常能见到专事骟鸡的手艺人。一柄小刀，从雏鸡的肋间刺入，三旋两转，小公鸡腹内的睾丸便被除去。据悉，当年有这门技术的师傅，都在上海东南沿海一带的泥城、彭镇等郊区。宋代梅尧臣《重送袁世弼》诗云："骟鸡肥脆聊供膳，筥酒甘浓可荐杯。"可见，骟鸡在宋代已是官宦桌上的美味佳肴。2013年1月21日，《新民晚报》曾刊登一篇报道：《上海"骟鸡"要回来了》。说上海家禽协会已表示，今后将大力发展骟鸡产业，挽救这一老祖宗传下来的技术，让更多市民享口福。但估计骟鸡是长不过饲料鸡的。

从阉割的含义衍伸出去，"骟"也用作詈辞。清代李玉《清忠谱》："童贯这骟狗，作恶异常"，这是咒骂太监；《何典》："将青胖大头鬼押赴市曹，剥皮骟卵子"，那是指宫刑；《上海闲话》的例句："侬再老茄，当心我骟脱你！"是以人身伤害相威胁。

清代郝懿行《证俗文》列各种阉割："凡牡而去势者，曰净猫、善狗、镦鸡、阉猪、羯羊、犗牛、骟马"，其中用的是"镦"字。其实金字旁的"镦"另有词义。郝懿行是山东栖霞人氏，拿"镦"代替"骟"解作阉割，应属假借并非惯例。而《洗牌年代》里写作"盹鸡"，曰"意即能令鸡瞌睡忘事"，更是戏谑说法。

杕橄榄核杕弹子

有个表示撞击、扔掷、敲打意义的词:"杕",上海话读若"定"(ding)。老上海人记忆犹新的孩童时游戏:杕橄榄核、杕弹子,都要用到这个"杕"。杕橄榄核时,在地上画出一方格,将橄榄核放在格中,游戏者轮流用另一枚橄榄核由上向下,瞄准撞击方格中的橄榄核,撞出方格为胜;有点像飞机高空投弹。杕弹子游戏基本雷同,只是把玩具由橄榄核换成俗称"弹子"的玻璃小球。此外,上海人说的"杕洋钉"(敲钉子),也应该是这个"杕"。

《说文解字》:"杕,撞也。从木丁声";清代段玉裁注《通俗文》曰:"撞出曰杕,谓以此物撞彼物使出也"。唐代《敦煌变文集》有云:"便杕喜鼓,便与成亲";宋代《新唐书》:"三度征兵马,傍道杕腾腾"。前者表示敲锣打鼓,后者形容马蹄击踏大道。1933年《灌县志》:"杕,以瓦砾击远也,读若定。"

顺便说一下,击打的"打"字,原本也以"丁"为音符,读若"杕"。宋代《唐韵》《集韵》及元代《韵会》都注为"都挺切,音顶";清代范寅《越谚》:"打,(音)订,持瓦石击人之谓。"还有学者指出《说文解字》最初的版本只有"杕"并无"打",现在看到的《说文解字》里的"打",是宋代徐铉增订该书时加上去的,甚至认为"打"只是混用了偏旁的结果。唐代敦煌《大目乾连冥间救母变文》中,就把"钉"写成"打":"四十九道长打(钉),打(钉)在铁床之上"。段玉裁在《说文解字注》中注释"杕"字说:"'杕'俗作'打'"。比他略晚的朱骏声在《说文通训定声》中也说:"杕即丁字之转注,因丁为借义所专,别制此字,字亦作'椁',俗又作'打'"。

可见,念"ding"的字是撞击敲打之始。

现今"打"字已另立门户,承接敲击含义的大统;而杘钉子之"杘",多作"钉";杘橄榄核之"杘",则被讹作"钉"或"盯"了。

辨别味道"嗒"或"嚃"

沪语中有个表示品尝的动词,读作上海话"答"(入声),常被写成"嗒"。元代李好古的名剧《张生煮海》描写那大虫"把水一嗒,那潭就干了一寸";《西游记》有"脚儿斜斜,舌儿嗒嗒"的描述。上海人说"嗒味道"(尝试口味)、"嗒一口"(吃一口)、"拨眼苦头侬嗒嗒"(给你吃点苦头),应该都是这个"嗒"。曾经脍炙人口的《天龙八部》中,段誉将断肠散"当即慨然吞下,嗒了嗒滋味,笑道:'味道甜咪咪的,……'";那善用吴语的金庸在此用的也是这个"嗒"。

"嗒"和品尝相联系,最早见于南北朝时期的《玉篇》:"嗒,舐也"。更早出现在成书于战国末期的《庄子·齐物论》时还念作"榻"(ta):"仰天而嘘,嗒然似丧其耦";"嗒然"表示忘怀、懊丧。魏晋南北朝是新造汉字和通假汉字大量涌现的时期,因此有理由相信"嗒"是通过其音符、义符的便利,成为读若"答"(入声)表品尝的词的。那么更早的本字是哪一个呢?

金庸

东汉许慎《说文解字》里没有"嗒",却有一个"噬"字:"噬,口满食,从口,窡声";《广韵》注为"丁滑切"。清代胡文英《吴下方言考》也注有该字,只是把其中的"口"从左边移到了下边,释为"辨口味也。今吴人于口中寻味作声曰噬"。后来徐复进而再作校议说:"食时有味,以舌鼓动有声曰噬嗒;既啖食,口舌必动而有声,故知为嗒嘴之本字也。"你看,丰腴席间,置食舌尖,啧啧试味,细细品鉴,好一幅声情结合享用美食的画面!

时至今日,"噬"已然成为生僻字,兼有音形表象的"嗒"当然更有利于方言记录。

一沰胭脂一沰粉

"沰"和"涿"这两个在现代汉语工具书里已难见到的字,上海话的读音都近"笃"(入声),意思和普通话"滴"有点相似,既作动词,也作量词。《集韵》:"沰,滴也,当各切";《字汇补》:"透各切,音橐,雨貌,今吴语读端母,非透母";《康熙字典》:"涿亦省作沰"。上海人说"沰了雨头里",意即淋在雨中。这时的"沰"当作动词用,其释义和普通话"淋"相同;当然,上海人也说"淋雨""淋湿""淋了雨头里"等。

"沰"另有一个假借字"涿",也是当动词用的。《说文解字》:"涿,流下滴也";《吴下方言考》:"涿,物渍水既出而流滴不止也,吴中谓受水而流滴曰涿涿然,滞也";段玉裁注《周礼·秋官·壶涿氏》曰:"壶,瓦鼓也,涿,击之也;击瓦鼓之声如滴然,故曰壶涿,音如笃,又作沰,音当各反"。由此,击鼓的动作又衍生为声音的记录;"滴沰(涿)"变成了象声词。清代梁章钜《农候杂占·火占》中有"上火不落,下火滴沰"的句子,这里的"滴沰"就是雨声。还有人认为,这也是上海人所说的"的笃板"(快板、响板)的由来。

"沰"作量词时,多用于描述液体或糊状的物质,有一点、一滴、一小摊的意思。常听到的如:一沰墨,一沰糨糊,一沰烂泥。上海熟语有:"小囝吐馋唾,一沰还一沰"(等量回敬),"财主穷来一沰酱"(受不了穷困),"一沰胭脂一沰粉"(化妆不匀),等等。作量词时,"沰"还被写成"氜"。《辞海》注释"氜"为:吴方言,音"dū",犹滴,如一氜墨。在上海话中,"氜"另有用法,且其亦非普遍熟识的常用字,窃以为可以不必借用。

夜掇香棻沐露华

"掇"是个多音多义的古汉字,其本意是用手采拾。《诗·国风·周南·芣苢》:"采采芣苢,薄言掇之",就是歌咏采摘芣苢的样子。

"掇"保留在普通话和北方方言中读音是"duō"和"zhuō",而在上海话中还有个读音念作"de"(入声),即《广韵·末韵》所注的"丁拾切"。在释义上,上海话主要用来表示双手端、拿的动作:"掇张凳子"(端把椅子)、"小菜掇到台子上"(菜肴上桌)。明代李诩《戒庵老人漫笔》:"捧谓之掇";《璜泾志稿》:"执物当两手曰掇";《常昭合志稿》:"两手举器曰掇,凡可掇之器即名为掇"。薛理勇《上海闲话》进一步解释:"器物的耳是为方便提取而设计的,可讲作掇或掇鋬"。

在使用中,"掇"不如"端"和"捧"庄重、正式,又不像"拿"和"提"那样具有可以随便用单手完成之意,还是别有一番特定语境的。宋代杨万里《移瑞香花斛》:"夜掇香棻沐露华,画移翠斛馥窗纱";明代传奇《琥珀匙》:"开门打户,添汤挽水,般碗掇盏,烧火剥葱";《喻世明言》:"(陈

薛理勇

大郎)便把椅儿掇近了婆子身边,向他诉出心腹";还有清代小说《野叟曝言》中,更是多次用到这个"掇":掇罐火酒、掇出稀饭、掇了热锅、掇洗澡水。

此外,"掇"字保留在普通话和北方方言中的其他数十种释义和词语,只有个别偶尔被上海话应用。例如,"撺掇"(怂恿),上海俗语说"撺掇两面来相骂,蹲辣当中做好人",意思是挑唆吵架后假扮好人调停。《上海方言词典》还将"掇臀捧屁"(谄媚拍马),也作为成语收录。这个"掇臀捧屁"的意思,在清代讽刺小说《常言道》里有完整的描述:"(钱士命)若是要撒屁,下身重大,两腿粗胖,也需要这两个往两边把他阔臀掇起,然后待他把屁慢慢的放出来。""掇"字的意味生动而明确。

"咬捩擿打"即撒泼

有句形容泼妇厮打撒野、指齿并用的上海熟语,叫"咬捩擿打"。句里四种发狠行为中的两个,是用手指来完成的动作,即"捩"和"擿"。

"擿"在古代是一个多音多义字,上海话读若"滴"(入声);《集韵》:"丁历切,音的"。清代《吴下方言考》:"《列子·黄帝篇》:'指擿无痟痒'。擿,两指拈肤也。吴中谓以指擩人肤而提之曰'擿'。"通俗地说,"擿"就是用手指或指甲掐拧对方一丁点儿皮肉,和"捩"所形容的揪拧不一样。相较而言,"㧐"通常是气势汹汹的公然施暴,而"摘"则多为不动声色的暗中阴损。1928 年刊印的赵元任《现代吴语研究》,把两者区别为无意加害的"的(摘)",和有加害之意的"力(㧐)"。可能在赵老先生的意识中,纤纤指甲的杀伤力毕竟有限。

除了赵元任的"的"而外,"摘"字也被写作"掐""扚""趷""刟"等。这当中的"掐"是明显的增旁字,最早见于元末明初韩奕的《易牙遗意》。"扚"的原义为"疾击";"趷"的原义为"触";而明代《吴音奇字》以"刟"为"扚"的同义字:"音的,以手断物",音义相符,只是认可度和使用度不及"摘"字。

"摘"也用来表示用手指紧掐或折断细物。例如,上海人把掐去豆芽菜的根须,叫作"摘豆芽";把摘取植物嫩芽,叫作"摘菜心""摘嫩头";说"豇豆摘摘短",意思就是用手把豇豆折成小段。上述《易牙遗意》里的"掐"也是这么用的:"(将饼剂)掐为小块"。民间还有一种中医治病的方法,叫"摘痧"。摘痧的原理和刮痧相同,只是不用铜钱等物,而用手指在患者脖子、胸背等处揪拽掐拧。

t'

做人勿好太跢踢

"跢踢"在上海话中是一个固定的词组,读若"替它"(ti ta);最初是形容人走路的声音。清代胡文英在注释《玉篇》"跢踢"时说:"跢踢,俱行路声;人行则前足声若跢,后足声若踢也。吴中谓缓行拖履声曰跢踢。"宋代《太平广记》记载唐代崔涯的一首《嘲妓》诗:"布袍披袄火烧毡,纸补筌篌麻接弦。更着一双皮屦子,纥梯纥榻出门前。""纥梯纥榻"就是"梯榻(跢踢)"加上词缀当作象声词来用的,和现在上海话中的象声词"跢里踢拉"用法一样。

由缓行拖履引申出来,"跢踢"也表示办事拖拉。说"老李做事体跢踢,一眼勿爽气",意思是批评老李办事不利索。又由不利索、不精神转而表示人的穿着不整齐,外观不整洁。"伊身浪吰没一件像样衣裳,跢踢得来!"甚而至于,用"跢踢"形容肮脏、邋遢,不修边幅。这时,除了指人,也可以指房屋等场所。例如,"房间弄得来跢跢踢踢!"意思是说屋子里脏乱不堪。到这时,这个"跢踢"已经和原来的象声词离得蛮远了。于是,有人认为,形容肮脏的"跢踢",应为"涕搨",说是有些人卫生习惯不良,鼻涕拖得老长。这"涕搨"即为"鼻涕搨搨"的省略说法。

"跢踢"一词现在上海话中,主要是用来指人的行为不绅士、不上品,有悖公德和常伦。责备或批评某人跢踢,是一种很严重的贬损,有憎恶、鄙视、不齿于众的感觉;当然,也差不多包括了该词上述拖拉、肮脏等各种意味。"涕塌"不妨看作其另一种写法；此外，还有将此写作"添拖""体忕""体泰""添他"等形式的。

普通话中有不少读音类似的词组，例如踢踏（舞步）、踢跶（跳跃）、踢蹋（糟蹋）、踢达（错过）等，和上海话中的"跶蹋"明显不是一回事。

脱毛退皮 "毻""褪""牅"

这个"毻"字，上海话读若"突"（tu），专指鸟兽脱毛。《康熙字典》："汤卧切，解也，谓鸟兽解毛羽也。"南北朝庾信《至老子庙应诏》有诗句云："毻毛新鹄小，盘根古树低"；两晋郭璞著名的《江赋》中，描述晨鹄天鸡各种鸟类时说："产毻积羽，往来勃碣"。上海话把富有经验的人意外被骗，称作"老鸟毻毛"。该字在《现代汉语词典》中已难找到，使用时多代之以"褪"。

褪，普通话发音为"tuì"。褪羽毛、褪衣服、褪颜色，都用这个"褪"。但在上海话中，"毻"和"褪"还是有习惯俗成的分工的。"褪"主要是作脱落、掉落讲，读若上海话"佘"（teng）。把"褪"读作"teng"是有依据的，元代《韵会》注之为："土困切，吞去声，卸衣也，花谢也"；《汉语常用字典》所附的《浙江常用方言字》注为："脱恩合音，脱落，把挂着或套着的东西拿下来"。可见，如果腰带没系好，裤子便会"褪"（teng）下来，而不是"褪"（tuì）下来或"毻"（tu）下来。比较容易和这个"褪"混淆的，是火字旁的"煺"字。煺，读若上海话"退"；指用沸水浸烫已宰杀的禽畜，然后去毛。《集韵》："通回切，音推；以汤除毛"。《现代汉语词典》仍可查到"煺"字，音义和上海话所使用的也基本一致。

另一个意思相近的字是"牅"。牅，读若上海话"探"。主要用来指蛇、蝉、虾、蜥蜴等成长过程中的蜕皮、蜕壳现象：蛇皱皮，虾皱壳；也指人的表皮、头发脱落：皱头发，晒皱皮；还用来泛指其他的表皮破损、剥落。《齐民要术·种蒜》："早出者，皮赤科坚，可以远行，晚则皮皱而易碎。""皱"也被写作蜕、脱、探等。

在实际使用上，氉、褪、皱三字常见替换互混的情况。例如，《上海方言词典》："蜕毛＝落毛＝氉毛"。"皱"有时也被注音为"脱"或"吞"或"绰"；《何典》将"褪"注音为"吐"，等等。但在老上海习惯里，各自的基本搭配，还是有所不同的。

一根肚肠拖到底

上海话中，有个读若"踏"（ta）音的字，用得十分广泛。分别可以用来表示：耷拉、自然下垂的样子，跟随在后面的样子，以及趁机捞取、获利、占便宜揩油的样子，等等。该词曾被倪海曙在刊于1940年《中国语文》第八期上的《本地俗语手拾》一文中，写作"扏"。提手旁象形指事，"太"字谐音；但其出典不考，颇有生造嫌疑，之后也鲜见使用。还有人将此写作"跶"。"跶"在古代是个多音字，读音之一，就是"tā"；意思是把鞋子后帮踩在脚下，然后拖着走。词语跶拉、跶鞋、跶履都作此解。杜甫《短歌行赠王郎司直》中的"欲向何门跶珠履？仲宣楼头春色深"，也是用肆意徜徉的步履，比喻投拜朱门、受到赏识的状况。《说文解字》释其义为："进足有所撷取也"，与趁机获利的含义也似有关。

释义上关系最紧密的，感觉应是那个"拖"字。许多书籍，都直接将其写作拖："舌头拖下来"（长舌耷拉）、"拖鼻涕"（邋遢鬼）、"拖了后头"（跟在后面）、"拖分"（捞钱）、"拖进"（跟着混入）、"油水拖足"（占尽好处)、"拖牙须堂客"(泼辣的男人婆)、"一根肚肠拖到底"(直肠子、实心眼)等,不一而足。"拖"本身就有牵拉下来、落在后面、动手扯拽等含义。唯一不匹配的是普通话读"tuō",现在的上海话读"tu"。查古代韵书发现,"他""拖"古时同音。"他"为讬何切、汤河切;"拖"为讬何切、汤何切、唐何切。编于明代的《正韵》直接注"他"为:"音拖"。因之,"扶""跥",还原为"拖"是可信的,只是需要把"拖"在上海话中的另一个读音"tu"(如拖奋、拖拉机),与之区别开来就可以了。钱乃荣主编的《上海话大词典》中,用的也是"拖",并为其注曰:"拖,一般读 tu,读 tɑ 是古音读法。"

流里流气"小敨卵"

上海人把轻浮、不稳重的行为和做派称作"tou",就是《上海方言词典》说的"做事等不踏实,打扮等爱赶时髦,好出风头"。字当写作"敨"。"敨"在宋代丁度编撰的《集韵》中,注音为"他口切";上海话读若"透"。

"敨"的原义,是把包着、卷着、裹着的东西打开或展开;后来又引申为抖搂、掸松。例如,上海人习惯起床后的第一件事,是"敨一敨被头",就是把睡了一夜之后,已然裹卷着的被子抖搂开。另一件当家人早晨要做的事,是把被单拿到阳台外面"敨敨清爽"。按照这层含义,"敨"应该是紧凑、约束、规整、严密的反义词。这样说来,如果用它来形容人的行为举止不稳重、无拘束、hold 不住、轻飘浮夸,倒也说得通。

这种轻狂放浪、自以为是的样子,上海人也称其为"敨乱"。《上海俗语图说》云:"凡鲁莽灭裂之人,上海话叫作敨乱"。那些沾此习气的毛头小伙子,就被称作"小敨卵"。2003 年出版的《上海话流行语》就把

"小敲卵"注释为:"流里流气、冒冒失失的小青年"。也有用别的字代替"敲"的情况。小说《亭子间嫂嫂》里有这样的描写:"一付抖五抖六的样子,袖子管一掼,脚一顿",其中"抖"就是"敲"。而典雅的程乃珊在《上海探戈》中直接把"小敲卵"写成了"小透漏":"几个连盲公镜上的洋文招牌都舍不得撕下的小透漏"。此外,还有"敲乱兮兮""敲五敲六"等熟语,都是寻常在上海话中可以听到的。

程乃珊

意外获利搨便宜

搨,《集韵》:"讬合切,音塔",上海话读若"塌"(入声),有时也直接用借音字写作"塌"。在现代汉语中,"搨"只作为"拓"的异体字,表示在钟鼎碑碣等器物上蒙上纸,用拓包蘸墨椎印出其文字或图案;而在上海话中,"搨"从古汉字保留下来的含义远不止此。

一是用来表示涂、擦、抹。张爱玲在《红玫瑰与白玫瑰》中描写娇蕊要振保帮忙涂抹花生酱:"这样罢,你给我面包塌一点,你不会给我太多的。要是我自己,也许一下子意志坚强起来,塌得太少的!"《何典》:"那伙强盗已一拥进房,各人搨得花嘴花脸,手里拿着雪亮的鬼头刀。"这和拓印时蘸墨染纸的意蕴很相近,即《集韵》所释的"冒也,搴也"。

二是表示贴、粘、黏,可看作拓和涂动作的深化。"搨块橡皮膏",即贴块膏布。元代欧阳玄《渔家傲》词:"血色金罗轻汗搨,宫中尽扇传油法";《何典》第三回:"前日被瘟官打的棒疮,在暗地狱里讨个烂膏药搨上了"。这里的"搨",都是贴的意思。上海人说的"搨大饼",也有贴附的意味,那酥脆喷香的大饼,就是拿湿漉漉的面团,徒手搨在烤炉的内壁上烘烤而成的。还有上海人常把占便宜说成"搨便宜""搨巧货",也可能自此而出,可以理解为贴上粘上地讨得好处。起码,记录文案上能见到这个"搨"字:《清稗类钞》注曰:"搨便宜,讨便宜也,殆有获得意外利益之义"。

三是表示随意涂鸦,漫不经心地写或画。《初刻拍案惊奇》卷一:"求了名人诗画,免不得是沈石田、文衡山、祝枝山,搨了几笔,便直上两数银子";邹韬奋《事业管理与职业修养·关于民主与集中(六)》:"就是抄写一封信,用拆烂污的态度写是写,用学习的态度也是写。前一种的写法虽写了千百封信,还是老样,或甚至瞎搨惯了,反而退步"。上海人说:"瞎搨一泡"(乱涂一气)、"搨脱两笔"(写上几笔),即用此意。

邹韬奋

2019年1月5日《文汇报》上刊载韩天衡回忆朱屺瞻的一篇文章,说"屺老有句口头禅,每听到表彰他画得好,他总是以'瞎搨搨'三个字自谦"。

如果贴的动作略重些,动作对象又改为人,那就有击打的意思了。"搨"在《集韵》里标注的另一个含义,就是"手打也"。宋代曾慥《类说》卷四十引《稽神异苑》:"帝问聿,曾被几搨?聿曰:前后八搨,遂令进八阶"。"搨"就指挨打,前后挨打八次,所以晋升八级,好像还是划得来的。上海人现在还把头上挨掌掴称为"打头搨"或"吃头搨"。《周柏春自述》中作者回忆学生意之苦:"他一面骂,一面一只只头搨打过来"。

由打再扩展出去,上海人把含有垂落、往下的动作,也称为搨。"搨米",即舂米;"搨草",即除草;"搨花",即棉田耘地。有竹枝词云:"几度垄头过笠影,捉花人即搨花人。"不独手臂垂落,如果整个人或整件货物往下到地,就叫作"搨地";还有"搨货",就是指库内囤积的货物;"搨地坐",就是席地而坐;"搨地菘",就是摊塌在地上生长的菜,现在上海人把它叫作"搨科菜"。

要是把击打垂落的动作衍化为拉扯平移,就是把形成势能改为形成动能,就会让人想起与"搨"有关的另一些上海话词语。例如"搨车"(人拉板车)、"搨开眼睛"(睁眼)、"搨搨潽"(横溢而出)等。还有句熟语叫"搨皮",意思是两相抵消,互不亏欠;"上次侬赢,这次我赢,正好搨皮"。按此解释,窃以为"搨皮"疑自"搨平"(扯平)讹读而来。

以"搨"组成的词语在上海话中还有许多,岂是单单说一个异体字可以了得?

两腕引长谓之"庹"

庹,上海话读若"托"(入声),是古代一种长度单位。《字汇补》:"庹,音托,两腕引长谓之庹";《越谚》:"两臂横量绳数曰一庹两庹"。就是说,把两臂左右伸直,两手之间的距离就是一庹。上海人也把一个小小的范围、一小块地方称作"一庹庹";还有把"庹"用作动词的,"庹庹料作个长度看",意即量一下布料的长度。

有人以为，"庹"的长度和古代"寻"所表示的长度相同，这是值得商榷的。"寻"在古代是个较为精确的度量单位，《小尔雅》："四尺谓之仞，倍仞谓之寻"；《周礼·地官》："八尺曰寻，倍寻曰常"。一庹大多认为约合五尺，因为人的手长短不一，所以"庹"最初应该只是个虚数。元代时的汉语读本《老乞大》中，就有对这个虚数的争论："你身材大的人，一托（庹）比别人争多。"

但是这个虚数也有虚数的用场，例如，古代人们测量水深就一直用不太精准的"庹"作长度单位。宋代庞元英《文昌杂录》："以镴砣长绳沉水中为候深，及三十托（庹）"。这种用法甚至还形成了一个专门词语："水托"。清代《海运计程》："水托者，以钻为坠，用绳系之，探水取刚，每五尺为一托"；结果测得上海至天津的海上漕运路线海况"深至五十托，余均在二三十托上下"。

上述举例还可以看出，在古代，"庹"经常与"托"相混淆；也可见得和"拓"等字相混。杜甫有诗句"甫也诸侯老宾客，罢酒酣歌拓金戟"，其中的"拓"改作"庹"意思就明白无误了。《吴下方言考》："吴中以手量布帛之长短曰拓"；徐复校议曰："拓亦作庹"。

"庹"除被写作"托""拓"之外，还被写作"𪉖""度"，等等。这些不同的文字记录，其实还隐约保留了些许古文字传承的脉络。根据考证，现代汉语中的尺、度（应该还有庹）等字，都是源自甲骨文时代就有记载的"乇"字。"乇"的读音之一就是"tuo"。

"庹"字被保留至今的另一个重要因素，是它同时还用作姓氏。明代万历年间编撰的《万姓统谱》记载："河南之阳衡指挥庹五常，慈州人"。2007年1月6日，《新民晚报》曾就中国台湾艺人庹某某涉入大麻案，引发过"庹怎么念？"的议论。

d

汏头、汏浴、汏衣裳

二十世纪五六十年代,曲艺大师侯宝林相声中有上海理发店把洗头念作"打头"(汏头)的笑料;加上二十世纪八九十年代间兴起的、形容主持家务的"马大嫂"(买汏烧)的说法,这个上海话中保留的古汉字"汏",以各种方式被再次推向全国。

汏,上海话读若"da",原本就有洗涤的意思,字形最早可溯至甲骨文。《说文解字》:"浙涧也,从水,大声";《玉篇》:"汏,洗也"。古时候"汏"的具体洗法,只是把衣物等在水中漂浣晃荡。段玉裁为《说文解字》中"汏"字所作的注释说:"今苏州人谓摇曳洒之曰汏,音如俗语大";胡文英在《吴下方言考》中也案曰:"汏,不搓也,吴中以略浣为汏"。这并不奇怪,甲骨文中的"汏"字,就是一个呈"大"字形的人,周身在滴水,并无搓揉擦捏的痕迹,湿湿水,冲冲淋而已。

当然,这种轻轻漂荡、稍稍过水的洗涤方法,在现代上海人那里是

侯宝林

过不了关的。沪语所称的"汏衣裳擦板",最初就是用来搓揉挤捶衣物的。那木板上一条条见棱见角的齿状凹凸,与温和飘然的浣洗方法相去甚远。也正因如此,之后这块"汏衣裳擦板",才堪当传说中垫在膝下罚跪、立规矩的低烈度"家暴用具"。

上海人嘴里原本不说"洗"字,差不多所有与洗相关的词,都用"汏"来代替。洗衣服说"汏衣裳",洗澡说"汏浴",家中用于洗澡的房间叫"汏浴间",洗菜说"汏菜",洗脑说"汏脑子",等等。1987年编印的《黄浦区歌谣谚语》里,有一首收自民间的《汏浴歌》,列举了诸多汏浴民俗。"芝麻其烧汤节节高,铜板汏浴同心德。红蛋汏浴满堂红,秤杆子汏浴称心意。瓜子汏浴长命百岁,桂圆汏浴早生贵子。"那个谐音"马大嫂"的"买汏烧",也就是喻指买菜、洗衣、烧饭等一干家务事。1988年2月22日,《解放日报》有篇报道说:"男方尽其所能地将全部工资用于家庭开支,另外再承担带领小孩、买菜、做饭、洗衣等大部分家务,还要服侍岳母,心甘情愿地做起马大嫂(买汏烧)"。

"汏"有时也被写作"汰"。古时候,"汏""汰"也确有混用的情况。但五代宋初郭忠恕《佩觿》中写得清楚:"汏与汰别,汰音太,沙汰也;汏音大,涛也。"无论古今,"汰"还有"汰"的用处,不如仍旧以"汏"来记录上海话的"洗"更为恰当。

成列成行即为"埭"

"埭",上海话读若"da",也写作坔,是上海方言中保留下来的古汉字所形成的特有量词。

古时候,"埭"指的是堵水的土坝。普通话念作"dài"。在浅水道两边筑土遏水以利于行船,就形成了"埭"。《晋书·谢安传》说:"及至新城,筑埭于城北,后人追思之,名为召伯埭";南北朝庾信《庾子山集》第十二卷《明月山铭》:"船横埭下,树侠津门"。现在仍有一些地名保留有"埭"字,例如浙江平湖市内的钟埭街道、安徽省池州市的石埭县等,都是当年筑过"埭"而留下的。

借用这条古人的土坝,上海人将成排成列、成条成行的东西,都用"埭"来作量词点数或表述。《吴歌己集》中,描写情人约会地点的特征时说:"前头三埭厅堂屋,后头三埭是郎房",这里指的是房屋的排行数;还有的说:"前头三埭木香花,后头三埭榉榆树",指的就是依列种植的花草树木。今天上海杨浦区还在使用的"八埭头""六埭头"等地名,都是因为原来这里有八排或六排房子而得来的。此外,孩子们之间,也把少先队各级队长印有红杠杠的臂章,称为"三埭杠""两埭杠"等。老法上海人还把所谓黄道吉日称为"长埭头日脚",因为这类日子在旧黄历上的说明往往很长。

作为量词,"埭"的另一重意思是趟、次、回。清代小说《海上花列传》第二回:"头一埭到上海",意为第一次到上海;第四回:"耐少来仔末,倪先生气得来,害倪一埭一埭来请耐",意思是一趟一趟来请你;第十九回:"起来一埭末咳嗽一埭",也是表示一次或一回。小说《九尾狐》:"如果要吃,倪下埭好专门到间搭来白相格啘","下埭"就是下次。

上海话中还有个用法,叫"一埭路(里)",意思是一直、一连串,顺此下去、连续不断地。说"麻将牌一埭路里输下去",就是表示手气很背,一直在输牌;说"有迭张派司一埭路通行无阻",是说有了此证件一路畅行。

沪语用"钿"少用"钱"

"钿"这个字想必上海人都不陌生。读若上海话"田",《唐韵》注为"待年切",常跟在"铜"字后面用来表示钱。"铜钿银子真生活",意为钱才是真的;"铜钿眼里翻跟斗",意为只盯着钱、见钱眼开;"借仔铜钿做生意",意为孤注一掷、冒险经营。

"钿"最初是一种用金、银、玉、贝等贵重材质制成的花朵状饰品,是妇女戴在发髻上的首饰。《广韵》:"钿,金花";《正韵》:"陷蚌曰螺钿";《正字通》:"螺钿,妇人首饰,用翡翠丹粉为之"。庾肩吾《冬晓诗》:"紫鬟起照镜,谁忍去金钿";白居易《长恨歌》诗句:"花钿委地无人收,翠翘金雀玉搔头";南朝刘孝威《采莲曲》:"露花时湿钏,风茎乍拂钿";杜牧《长安杂题长句》:"草妒佳人钿朵色,风回公子玉衔声"。上述诗句里所说的"钿",都是女子头上的饰物。据说,古代这种和发髻相搭配的装饰,戴多戴少是有礼仪规定的,需符合佩戴者的身份。一般为:公主七钿,妇人五钿,世妇三钿。

随着时间的推移,作为首饰的金钿、花钿已然被人忘却。而此后出现的、与其形似的薄薄一片金属铸币,借用"铜钿""洋钿"等名称,却在本地方言中渐渐流通,甚至成为大上海经济都市离不开的语言代码。真可谓有心栽花花不开,无心插柳柳成荫。

虽说上海话里很少听到用"钱"字来称呼钱,但为避开生僻字,在书面语中还是常常用"钱"代替"钿"。1939年蒲君南撰写的《上海方言课本》第十二课中有这样一段话:"铜钱放拉靠得住点个大银行里,虽然利钱小,但是本钱勿会得倒脱。"其中的铜钱、利钱、本钱中的"钱"均注音为"dié",也就是读作"钿"。在上海话里,"钱"在很长一段时间里只是"钿"的借音字。

细分上海话中的这个"钿",大约有三重含义。其主要的,是表示钱财;譬如"铜钿""银洋钿"等。市场上常可听到上海人问:"几钿?""啥价钿?"那就是购物询价,问多少钱,价值几何。"赚钿勿吃力,吃力勿赚钿",是说挣钱不能光靠蛮力。旧时还有一种"夹铜洋钿",就是铜坯子镀银冒充银元。二是表示费用。如"工钿"(工资)、"饭钿"(伙食费)、"车马钿"(交通费)、"脚步钿"(小费)等,都是指某一方面的款项。如果在"钿"前面加上数字,就变成了可数名词,指硬币之类的钱子儿。如俗语说的:"三钿勿值两钿"(贱价出卖),"一钿逼煞英雄汉"(缺钱窘迫);《上海民间故事选》里有段对话:"小兄弟,我陪你去卖,少一钿要他们好看!"意思是少一个子儿都不行。

(原载 2017 年 3 月 5 日《新民晚报》)

十八姐妮踔踏板

踔,普通话念"chuō",兼有跳跃和远行的意思;其最初的用义是向上跳跃。从足从卓,"卓"的本义为太阳升高,与"足"联合起来表示向上跳起。干宝《搜神记》:"煮头,三日三夕不烂,头踔出汤中";《后汉书·蔡邕传》:"踔宇宙而遗俗兮";《徐霞客游记》:"若鸟之摩空,猿之踔虚,似非手足之灵所能及也"。"踔"在这些文中都表示跳跃。

但是,在上海话里,"踔"读若"条",意为用脚踹、踏、蹬、跺,没有跳跃的意味,强调向地下用力。《吴歌乙集》有段民歌的开头两句是:"十八岁姐妮踏板浪踔,娘问囡唔啥心焦?"说的是做母亲的不知道女儿为什么要在床前踏板上跺脚发脾气。大凡人到恼羞成怒,或者悲伤过度,都会表现出跺脚捶胸的样子,这在古代还是一种礼仪表现,某种场合里不跺两下脚还不行。这种行为用上海话说,就叫"踔脚拍凳",也叫"踔脚踏地"。说"伊勒拉踔脚踏地个哭",意思是跺脚伤心痛哭。上海人还把原来旧式床前连着的木质踏脚板,称为"踔板",也许是旧时公认的妇女跺脚发泄怨怒的地方。

上海话里的这个字义也是有根据的。《说文解字》:"踔,踶也";徐铉注曰:"踶亦当蹋意"。古汉语"蹋""踏"相通,可见"踔"确实也有"践踏"的含义。还有把上海话说的"踔"写作"趠"的,譬如《简明吴方言词典》:"踔,同趠"。"趠"的读音相符,《广韵》:"徒聊切",《集韵》:"田聊切,音迢",但《说文解字》释其义为"雀行也"。雀有两脚,但只会跳,不会走,所以形容跳跃没问题,比喻跺脚就有点绕圈了,拿鸟雀的纤纤细腿,来形容一个大活人的恼怒焦急,则更显得分量不足了。

活络原来是"骰子"

形容人头脑灵活、反应快、善于与人交际从而得到好处时,上海话常用"投子活络"这个词。有部描写旧上海的小说《小店员》,里面有句话说:"他见我能说会道,投子活络,要我帮忙推销香烟";1989年10月28日《文汇报》也用到这个词:"说的是现时投子活络的男士,不必干那八小时的活儿,便进分可观";2017年初,网上有个名为"上海姆妈的女儿经"的系列贴子,用的题目也叫"投子活络",内容包括讲义气、识相点、婆媳之道、毛脚女婿,等等。

那个"投子"究竟是个什么东西呢?它又是怎么活络的呢?

普通话说的"色子"(shǎi zi)古代就叫作"投子"。一个小正方块，六个面分刻一至六点，涂上红色或黑色。古人用于赌博，也用来占卜、行酒令等其他游戏。《老上海三十年见闻录》记载："魏陈思王易以磁，谓之'投子'，取投掷之义。"

"投子"最早是木头削成，然后有用陶瓷烧制的，直到唐代，才用兽骨雕镂。"投子"的"投"字从此就改用了创新的"骰"字，表示动作特征的提手旁被表示物件材质的骨字旁取代，也算是紧追潮流。唐代温庭筠《新添声杨柳枝词》云："井底点灯深烛伊，共郎长行莫围棋。玲珑骰子安红豆，入骨相思知不知？"那是用镶嵌了红豆的骨质骰子，来比喻相思之情。

"骰"在上海话中与"投"同音。宋代《集韵》："骰，徒侯切，音头。骰子，博陆采具。"使用时，掷入骰盆的骰子滴溜乱转，红黑点交替；众人瞩目，眼花缭乱。或大或小，要赢要输，只在骰子转停的那一刻。这正是"骰（投）子活络"的生动写照！用滴溜溜转动的骰子来比喻人的灵活机动，格外传神。除了"骰（投）子活络"，上海话中还有一些与此相关的词语："六粒骰子掼七点"，比喻手气极差、背运；"坑缸板浪掷骰子"，比喻嗜赌的人赌博不择场所。顺便讲一句，上海人也将让人上当、受罪的手段等称作"药头"。2002年4月19日《劳动报》有篇报道讲："咖啡里面有药头，老先生人财两失"。实在"药头"应为"药骰"，就是指做了手脚、用来作弊的骰子。

（原载2018年8月12日《新民晚报》）

异曲同工 "钝" "腯" "邓"

钝，在现代汉语中解释为不锋利，不灵活。在上海话中，还被用来表示讥讽、挖苦、嘲弄,即上海人说的"嘲人""触伊霉头""拨伊吃邓禄普"。上海还有人把讽刺人的话叫作"钝头""钝杠"。刘亚雄在他的《触摸上海话》中说:"反唇相讥谓之钝,以钝器刺伤对方,对方不会立刻感到疼痛,需要一个时间差才会领会其中的恶意,才会不舒坦"。

这种说法曾遭到质疑。2006年5月《新民晚报》有题为《也谈上海话的钝》的文章,认为讥讽挖苦的书面文字,对应的应该是"腾",只是作者并未拿出力证。不难发现,在古汉语中,"钝"确有折磨、折腾的意味。宋代《太平广记》记一则故事,说有个叫韩伸的在外寻花问柳,"其妻甚怒,时复自来耻顿",那就是前往挖苦羞辱他。明代《戒庵老人漫笔》:"羞谓之钝";还有清代《吴县志》也说:"羞曰钝。案:刀锈曰钝,锈与羞音相类,假借以为用,故以羞为钝"。

另有一种说法。《吴下方言考》考证《素问》中"刺皮腯以下,至少腹而止"句时说:"腯"读作腾,指脐下皮肉坚厚处。吴中谓皮厚者曰厚"腯",讥颜厚者曰"腯皮"。将这个形容词活用为"以动词"形态,也许就是"钝"的本字。

除此之外,在《现代汉语词典》中仅仅当作姓氏用的"邓"字,原来也有逗弄、揶揄、讥讽的含义。董解元《西厢记诸宫调》卷三有这么一句话:"杀剌!又不成红娘邓我?"按照徐嘉瑞1948年出版的《金元戏曲方言考》的解释,元曲中多次出现的"邓"字,是元人方言"刁蹬"(也作刁鞳、刁顿)的合音字。这个"刁蹬",就有讲反话、讲风凉话讽刺人的意思,曾在元曲中大量出现。《陈州粜米》:"他若是将咱刁蹬,休道我不敢掀腾";《贬夜郎》:"刁蹬的厮央及"。元曲对中原文化的影响,可并肩唐诗宋词,后人沿用其词语,也非意外。清代李渔《怜香伴》也有唱词云:"为何这等刁蹬人"。

究竟这钝、腯、邓,孰为正统,读者自辨。

(原载2017年8月20日《新民晚报》)

针线生活"靪"与"绽"

靪,上海话读若"丁"(ding),缝纫的意思。《说文解字》:"靪,从革丁声,补履下也";《集韵》:"当经切,音丁";《广雅》:"靪,补也";徐复《吴下方言考校议》说:"靪,自其外而补也;吴中凡物破而补者俱谓之'补靪'"。可见,名词"补丁",最初是从动词而来的。现在还在用"靪"字的上海人,还将其当作动词使用:"靪纽子"(缝扣子)、"靪棉袄"(做棉衣)、"靪被头针"(缝被子专用的粗大缝针);只不过"靪"字已被其他同音俗字替代。《上海方言词典》用"钉"字,《简明吴方言词典》用"定"字。

就音符、义符相吻合的字形而言,有两个字似乎可以替代"靪"字,毕竟"靪"还有别的音义。这两个字一个是"紅",《集韵》:"张梗切,音耵,丝绳紧直貌";薛理勇《上海闲话》持此观点,认为当作"紅"。另一个是"绽",也写作"组"。《说文解字》:"组,补缝也";段玉裁注曰:"补者完衣也,古者缝解曰袒,今俗所谓绽也;以针补之曰'组'",并引用古乐府《艳歌行》为证:"故衣谁当补,新衣谁当绽?赖得贤主人,览取为我组。"杨树达持此观点,他在《长沙方言考》中说:"谓缝补谓绽为组,今长沙犹然;又或读绽如定。"存此供考。

就行为动作相近的描写而言,也有两个上海话中常见的字可以拿

杨树达

来说说：一个是"绗"，一个是"繗"。"绗"读若上海话"杭"，专门拿来形容用较粗的针脚把东西临时固定或缝缀在一起。例如沪语小说《繁花》里说："夜里，五室阿姨帮小珍整理房间，绗了几条被头"。再如，原来手工做中式棉袄，就要先将棉花固定在布料上；这个固定的动作，就叫"绗"。用作绗棉袄的针，叫"绗针"。"繗"读若"邻"（lín），也是缝纫的意思。

卵不成鸟谓之"毈"

毈，读若上海话"段"；薛理勇《上海闲话》对该字有较为详细的注释。"毈"的原义为孵不出鸟（禽）的卵（蛋）。许慎《说文解字》："毈，卵不孚也，从卵段声"；西汉刘安主持编写的《淮南子·原道训》："兽胎不殰，鸟卵不毈"，高诱注："胎不成兽曰殰，卵不成鸟曰毈"；汉代扬雄《方言》："雌之不才，其卵毈矣"。扬雄认为蛋孵不出鸟是雌鸟的责任，这大概是把生育不成怪罪女方的错误观点的起源。晋代张华注《禽经》介绍鹳鸟时说："鹳，水鸟也，伏卵时数入水，冷则不毈"。原来激以凉水，反而有利于孵化。

跳开孵蛋，"毈"也用作其他比喻。《玉篇》："不成子曰毈"；苏南浙东方言"毈"均取《玉篇》义，指"不成子"，即难以调教的人，多用于詈语。这个"毈"可与"命"字组词。如"格毈命的天气，拿人也热煞了"；"毈命格小王也真不像话，讲好九点钟碰头格，到现在还没来"。这里的"毈"均发"段"音。由于实际生活中"毈"在方言中有音无字，后代用为义相近的"短"字，新沪语口语"毈命"一般又读和写作"短命"。想想看，"毈的命"还有一层不成器的含义在里面，比之"短命"要深刻许多；前者是恨铁不成钢,后者则是恶意诅咒。

笔者有过一段经历:当年下乡,遇老妪街边卖蛋,告诉她想买几个蛋。答曰:"是瓣不是蛋。"这不明明就是蛋么?农妇再三纠正说是"瓣"。以为定是方言读音之误,遂按其读音买回了"瓣"。煮熟打开毛茸茸的,大骇。然后知道那就是蛋内坏散,孵不成小鸟的"喜蛋",也就此明白"瓣"者非"蛋"。

"跪踏板"变"跪擦板"

不管哪里,对"妻管严"者,素有"跪搓板"的讽喻。"搓板",上海人叫"擦板""汰衣裳擦板"。看那密匝齐整的齿棱,就知道它是工业化的产物,即便有能工巧匠手工雕琢,也不可能广泛应用到村妇浣女手中。因此,在搓板普及前就有的惩戒性家法,跪的是"踏板"而非"擦板"。

古代人的床帏大多数都比较高,床前都有一种叫作"踏板"的矮木几,也叫"床踏板""踏床""踏床板""踏脚板"等。钱民权《上海乡村民俗用品集萃》中,就收有带踏板的老式床铺。"踏板"的作用一般有三:

一是放置鞋子、夜壶等物件。清代小说集《西湖佳话》:"济颠看见,因走到床前,忙在踏板上取起一只绣鞋儿来";明代《山歌》有段借"汤婆子"诉怨情的歌谣:"丢我来踏板上理也弗理,睃也弗睃"。可见,暖被窝的"汤婆子"不用时也是放在踏板上的。

二是供大户人家丫鬟、侍童歇息,这种踏板的长度和床相同。明代《金瓶梅词话》:"书童儿晚夕只在床脚踏板上,搭着铺睡。"过去有句俗语:"踏板浪睏仔要睏到床浪来",意思是原来睡在踏板上的丫鬟想上位晋升为姨太太,用来比喻得寸进尺。

第三个用处就是在卧室里撒气时的好用具。《山歌》:"二十姐儿睏弗着在踏床上登,一身白肉冷如冰";《吴歌甲集》:"只听丈夫昏昏能,背脊呼呼向里眠,三寸金莲登拉踏板上颠";《吴歌乙集》:"十八岁姐妮踏板浪踔,娘问囡唔啥心焦?";《水浒传》:"那妇人也不应,自坐在踏床上,眼泪汪汪,口里叹气"。除了气恼自己,这踏板当然也是责罚丈夫的好地方。冯梦龙编辑的《桂枝儿》中,有一首描写妻子查问出轨丈夫的民歌:"床儿前,快快的双膝跪。唤丫鬟剥去了帽和衣,直招着昨夜在谁家睡?"《九尾龟》:"不要在这里吹罢,现在说得煞是好听,等歇跪起踏板来,是受不了的。"

钱民权

"踏"和"擦"在上海话里可是叠韵关系且都读入声,加上"踏板"慢慢在生活中消失,而"擦板"却愈益常见,"跪踏板"的说法就被讹化为"跪擦板",也使得中招的丈夫们由忍受精神痛苦转到忍受精神、肉体双重痛苦的困境中。

上海话里"嗱"搭"踱"

这个"嗱"字在《现代汉语词典》中已经看不到了,上海话的读音和"独"相同,读为入声。《广韵》:"徒落切";《集韵》:"嗱,言无度也"。

上海人把傻愣愣、不明理、不乖巧的人称为"嗱头"。清代翟灏《通俗编·言笑》:"世俗有云喥头者,正谓出言无度人也"。《嘉定县续志》《周庄志》《张江镇志》等,也有类似的记载。上海话中有不少含此"喥头"的熟语。如《九尾龟》:"勿壳张格位方大少着实有点喥头喥脑",意思是说,这个方大少爷真有点呆头呆脑;《上海俗语图说》:"具有喥腹脾气的人,便称之为喥头",是说"喥头"就是不合群、缺心眼的人;还有《上海方言的熟语》:"辩个人喥头把戏个盯牢我看",意即此人傻里傻气地盯着我看。其他还有:"喥腹心思"(打如意算盘)、"喥腹棺材"(骂人傻瓜)等。

因为这个"喥"字的不够普及,并且难寻难找,常有人写作毒、独、踱等。

再说这个"踱"字,和"言无度之人"祸从口出的"喥"不同,从字形看是个与脚(足)有关的词语。事实情况也是如此,在古汉语中另有他用。一是表示赤足踏地。《乐府诗集·读曲歌》:"揽裳踱,跣把丝织履,故交白足露",大意是说:撩起裙子在徘徊漫步,赤脚手拿丝织鞋,有意教白足露出来。《广韵》注曰:"徒落切,音铎,跣足踏浪也"。另一个含义是表示慢步行走。《水浒传》第四回:"信步踱出山门外立地";《山歌》卷一唱道:"咦见情郎踱搭来"。这第二个用法也是在上海话中最常见的。

上海人还把拿着架势走方正端庄的慢步,叫作"踱方步"。沪剧《罗汉钱》讥讽瞎做媒人的五婶:"跑来好像滚冬瓜,真像老母鸡在踱方步"。此外,还把下中国象棋时,将走出或走回士的保护圈,叫作"老将踱出"或"老将踱进"。总之都是和走路有关。

(原载 2018 年 8 月 5 日《新民晚报》)

k

过人、过饭、过衣裳

过,是汉语常用字;字义解释可多达数十种。其中,曾经有过的三重含义,至今鲜见于普通话而仍留存于沪语当中,那就是"过人""过饭""过衣裳"。

"过人"指传染。冯梦龙《古今小说》:"瘟病过人,我们尚自不去看他,秀才你休去";《金瓶梅词话》第七回:"就认俺这门穷亲戚,也不过上你穷";《红楼梦》第五十二回:"老嬷嬷们已经说过,不叫他在这屋里,怕过了病气";张爱玲《金锁记》:"难不成我跟了个残废的人,就过上了残废的气?" 2020年,新冠肺炎肆虐,最可怕之处就在于它会到处"过人"! 不加强力控制,就会"过来过去,没完没了"。

冯梦龙

另一个是"过饭",表示和着吃、帮助咽下、就着什么吃。《金瓶梅词话》第五十四回:"不好了,呕出来了,拿些小菜我过过便好"。2000年出版的《中国歌谣集成(上海卷)》里,有段描写旧时童养媳苦楚的歌谣:

"拿碗冷粥呼啊呼,偷点咸菜过一过,想想实在苦勿过"。2015年5月25日,马尚龙在《解放日报》上撰文,回忆在光明邨"咸菜过过泡饭"时的生活景象。"过饭""过老酒",就是以什么佐餐、用什么下酒。上海话中,这个"过饭"也可以当作名词用,指下饭的菜肴;还可以当作形容词用,表示菜肴经吃、容易下饭。说"咸鱼鲞蛮过饭个",意思是咸鱼比较容易下饭。

还有一个"过衣裳"的含义,是指用清水冲刷、漂洗。二十世纪五六十年代的评弹《水乡春意浓》:"这只马桶我刚才在岸上清水缸里洗过了,是干净的,我再到河里去过一过"。上海人说的"过衣裳",就是用水漂洗衣服上的肥皂液;有经验的主妇都知道,水少了衣裳是"过勿清爽个"。

在表示就菜吃饭时,这个"过",有时也被写作"啯"。如范寅《越谚》:"爀块白鲞,拨宝宝啯啯饭";网络上有个"字海网"的注释说:"啯,拼音guo,吴语,〈动〉搭配着吃下"。用与吃、与嘴有关的口字旁指事的方式,把"过"的这个含义单独区别开来,初衷可鉴,但好像依据不足。《集韵》注"啯"为"小儿相应之声";唐代诗僧寒山子《诗三百三首》:"妇摇机轧轧,儿弄口啯啯"。很明显,这个口字旁是用来象声的。

"介""艥"音同义不同

介,古音念"ga"。在上海话里,这是个文白异读的字。介绍信的"介"用的是"文读",发上海话"借"(jia)的音。这里说的是"白读",读音和上海话咖喱的"咖"相同,意思是如此、这样、那么,表示程度;和形容词、动词合用时,有感叹的意味。例如,"介好"(那么好)、"介痛"(如此疼痛)、"介聪明"(那么聪明)、"介推扳"(这样差劲)、"介许多"(如此之多)、"介一眼眼"(那么少),等等。独角戏《调查户口》里有句台词:"记性哪能介勿灵",意思就是记忆力那么差。2003年8月11日,《新民晚报》载文提到:"我硬劲一拉,介漂亮的髦毛粘脱一簇";"介漂亮"意即如此漂亮。

这个字最初可能是从语气助词转化而来的。战国时代楚国诗人屈原《悲回风》有句云:"介眇志之所惑兮,窃赋诗之所明",这里的"介",应该是发语词。之后,才被用作表示程度的副词。胡文英《吴下方言考》:"吴中称谓如此为介",这里的"介",有时也被写作价、嘎。2003年8月15日,《人民日报》上有一感叹句:"宁波人啥辰光变得嘎有钞票?""嘎"即"介"。

庎,也读若"咖"。上海人把过去厨房里常见的、放置食品和餐具的高大碗橱,叫作"庎橱"或"碗庎橱"。沪语小说《繁花》:"小阿姨开庎橱翻翻拣拣,大口瓶里有虾米紫菜"。在家用冰箱尚不普及的年代,"庎橱"曾是居家的重要家具。油盐酱醋、成品半成品、各种瓶瓶罐罐,都依仗它来收纳。故此,上海人也把饮酒过量而呕吐狼藉的现象,称作"开庎橱"或"开庎橱门";好比庎橱里面的存放的菜肴、作料被打翻一地。

这个"庎"字已难在现代汉语工具书中找到。然而在古汉语中,它就是用来搁置、放置食物用的家什。《集韵》:"庎,音介,所以庋食器也";宋元时期戴侗作的《六书故》:"庎庋,版,令足流水以受涤濯,今人设之于橱"。另外,"庎"还有个异体字"栔"。《类篇》注曰:"庋阁,栔也,居拜切,音界,所以支庋食器也"。今天,庋阁还在,庎橱还在,"庎""栔"两字不当远去。

急于显摆"勿赅宝"

赅,《广韵》:"古哀切"。普通话读"gāi",意思是包括、完备,例如,言简意赅。在上海话中,"赅"也读若"该",主要含义与普通话不同,表示拥有、备有、持有、挟有等。

1924年陈伯熙编撰的《上海轶事大观》讲述"日嫠归宗事"故事时,形容日裔寡妇"貌德兼赅",即同时拥有之意,称赞她容貌和德行兼而有之。上海有许多含有"赅"字的熟语:"小人勿赅财"(不成熟、无城府的人无法拥有财富),"猢狲勿赅宝"(急于显摆),"邻舍好,赅金宝"(遇到善邻等同于拥有财宝),"吃仔上海饭,赛过赅百万"(自以为到过上海就成了富人);其中的"赅"都是一个意思。

按照薛理勇的考证,"赅"是吴语保留在上海话中的一个古音。东汉许慎《说文解字》:"晐,兼晐也"。段玉裁注:《吴语》:'执箕帚以晐姓王宫',韦云:晐,备也。引《曲礼》'纳女于天子曰备百姓',《广雅》:晐,皆备也。《正字》:'今字则该、赅行而晐废也。'"《说文通训定声》释文与段玉裁注相近。由此说明,"赅""晐""该"三字实为一字,都是"备"的异体字。《庄子·齐物论》:"百骸、九窍、六藏,赅而存焉",说的也是这个意思。吴语中"备"有"备有""拥有"之义,与古"赅"字有传承关系。

如同其他古汉字有众多借代字一样,"赅"有时也写作"该"或"盖"。《海上花列传》第六回:"老鸨该过七八个讨人";《民国初期的上海话》:"美国人……盖之二三万家当,娘咾囡还拉搭人家汏衣裳"。

衣有褶皱谓之"裥"

裥,读若上海话"盖";指物或其他布帛上打的折叠,普通话称"褶子"。

宋代吕渭老有《千秋岁》句:"宝香盈袖,约腕金条瘦,裙儿细裥如肩皱";王安忆在《长恨歌》里写道:"她们对一件衣裙的剪裁缝制,细致入微到一个裥,一个针脚"。上海人说的"打裥"(衣裙上做褶子)、"百裥裙"(百褶裙)、"明裥袋"(袋中间两边活口的口袋)、"暗裥袋"(袋中间活口的口袋),都是这个"裥"。民间把衣裤织物团捏得皱巴巴的样子,写作"八各烂皱",实在应该是"百裥烂皱"之误;皱巴巴的衣物像是打了一百个褶子。

不仅在词义上,上海话中的"裥"在读音上也保留了其古代音韵。《现代汉语词典》将"裥"注释为方言用字,读"jiǎn"音。被视作中古时期汉语语音代表的《广韵》,卷四,三十一裥韵,注"裥"字为"古苋切"。看上去与拼音"j"当头的声母全无关系。清代钱大昕认为"古无舌头舌上之分"。有学者认为,现代的舌面音"j",是从舌根音"g"及精组齿头音分化出来的。因此,许多现在普通话标注"坚"(jian)音的字,在上海话中仍然读作"盖"(近 gai)。如奸、监、减、拣等。"间"在上海话中有时也读作"盖";如"汰浴间"(浴室)、"日间日"(隔天)。《吴歌丁集》中"十景西湖描不同,千枝杨柳间桃红"一句,顾颉刚注云:"间,读若盖"。与"裥"相仿,现代汉语中还有不少以"j"作声母的字,在上海话中依旧以"g"作声母。如假、加、价、江、讲、交、角、觉、届等。除了声母,"裥"的韵母普通话念"烟"(ian);上海话为"艾"(近 ai)。《广韵》裥韵中所列的闲、盼、幻、瓣、绽、扮等字,均入同韵,用上海话念全无问题,但是普通话则需将其分为"安"(an)、"烟"(ian)、"湾"(uan)各韵。

(原载 2016 年 12 月 18 日《新民晚报》)

事在两难曰"尴尬"

民间以为,现在普通话中的许多词语,都是从上海话吸收过去的。这种看法,有些属实,包括不少外来语;有些则是讹传。"尴尬"一词就是例子。

"尴尬"两字也写作"尲尬""魙魀"等,早可溯至篆书,那时上海地面还没形成。《说文解字》分别标注两字曰:"尴,不正也,兼声,古咸切";"尬,尴尬也,公八切,又古拜切"。可见"尴尬"最初的含义,只是表示行为不正常。后来衍生出奇怪、可疑、狼狈、憔悴、糊涂、鬼鬼祟祟、处境为难、事情棘手等其他含义。

该词多见于元代之后的词曲小说。例如元代戏曲作家王伯成《哨遍·赠长春宫学庵学士》套曲:"谩赢得此身良苦,家私分外,活计尴尬"(意为事情棘手);明代张禄《【黄钟】醉花阴》:"这些时春山蹙损蛾眉淡,好是忒尴尬"(意为狼狈憔悴);《康熙乐府》:"名利贪婪,世事尴尬,空使人白发髼鬙"(意为处境艰难);《京本通俗小说·西山一窟鬼》:"这个开酒店的汉子又尴尬,也是鬼了"(意为鬼鬼祟祟);《红楼梦》第四十四回:"尴尬人难说尴尬事"(意为糊涂);《水浒传》第九回:"却才有个东京来的尴尬人"(意为可疑)。

段玉裁

到清代文字学家注疏《说文解字》时,"尴尬"已被释为吴地用词了,段玉裁就说:"今苏州俗语谓事乖剌者曰尲尬。"分析下来,以为"尴尬"源出上海话的原因可能有两个:一是沪上具备词曲小说等民间文艺广泛流传的条件。即便其中出现一些貌似不登大雅之堂的词语,也有足够的传播市场,甚至可以深入人心、记忆不散。第二恐怕是"尴尬"一词已在上海话的使用中,逐渐产生了大量的、富有各种变化的含义。

"尴尬"在上海话中的基本含义,也是形容处境困难、事不凑巧。《苏州府志》:"事在两难曰尴尬"。但上海人还把不自然的神色,称作"尴尬相""尴尬面孔";把事情搞砸,称作"尴僵";把为难之时,称作"尴尬头""尴尬头里""尴尬头浪";把事情未完成,称作"勿尴勿尬""半山勿尴尬";把进退两难、不上不下,称作"尴里尴尬""尬里勿尴尬"。你看,拆开、混搭、活用,上海人用起"尴尬"来一点不显尴尬。怎不教人怀疑其源自沪上?

凹凸不平就是"巩"

"巩"字在上海话中有个特别的用途,就是表示本来应该平整的东西起了褶皱或变得凹凸隆陷了。譬如,"地毯巩起来了",是说地毯鼓了起来;"蛮好的料作巩脱了",是说好好的布料被折皱了;"即时贴贴巩了",是说不干胶的黏贴纸没贴平。

"巩"在古汉语中,表示用牛皮绳捆扎。《说文解字》解释:"以韦束也"。"韦"即皮革,"巩"的繁体字是"鞏",这就联系上了。在古代,牛皮就算是够坚固的东西了。《易经》第四十九卦革卦有云:"巩用黄牛之革",意思也是说用黄牛皮做成的绳子牢牢固定好。大部分人都在意这裹扎的效果,于是"巩"便与"固"相联,汉语中就有了"巩固"一词。偏偏还有人同时关注了裹扎的形态,紧捆紧勒,必致褶皱多多、平整无由。上海人就继承了"巩"这个不平整的寓意。《上海话大词典》解作"物皱而不平"。

西汉刘向的《九叹·怨思》说:"心巩巩而不夷"。胡文英注曰:"巩,内行也,夷,平也。吴中谓物在内行动曰巩"。可见,相对平整(夷)而言的"巩",还有物体在被裹着的东西里涌动、挪移的意思。《简明吴方言词典》给出的例句是:"小囡勒拉肚皮里巩法巩法",指娘胎里的孩子在动弹。静态的"巩"有了动态的含义,不只不平,另有不平的原因。

这便与另一个字——"拱"有些混淆。"拱"有钻入钻出、潜行掘进的意思,但完全没有不平、皱褶、隆起的意思。因此,在上海话中"巩"是"巩","拱"是"拱",不可偏废。

吴谚谓掌耳为㨝

㨝,读若上海话"刮"(入声),意思是用手掌扇、打,特指掌脸。《集韵》:"古获切,音幗,批也,打也";《吴下方言考》:"㨝(读若郭),掌声,吴谚谓掌耳为㨝"。

这个"㨝"字,早先并非上海人专有,自古至今,可见于各种文献记载。譬如,唐代卢仝《示添丁》诗句:"父怜母惜㨝不得,却生痴笑令人嗟";晚唐《纂异记》说梦中的王生受高祖惩处:"令搦发者㨝之,一㨝惘然而苏";元代李致远《还牢末》第一折:"我如今手㨝着胸膛悔后迟";清代纪昀《阅微草堂笔记》卷一:"某愤气潮涌,奋掌欲㨝其面"。

"㨝"是个入声字,因此现在普通话基本不用,而入声发音刚好是上海话的特征,"㨝"也就顺理成章地在沪语中留下来了。上海人除了把掌脸说成"㨝耳光""㨝大头耳光外",也统称打人为"㨝"。"㨝侬人",即打你;"㨝一顿",即揍一顿;"㨝脱两记",即打了两下。沪语小说《繁花》

中,葛老师说到在外国人面前争脸面:"再讲下去,等于我自己捆耳光"。还有小说《芳华》里,也有这个"捆":"母亲另一只手在她背上捆了一记。她心想,打得好,再打呀,每捆一记她都挣下一部分红毛衣,……可是母亲就捆了一记"。《芳华》的作者严歌苓二十世纪五十年代出生于上海。

不知这个历史悠久的打人捆人习惯,上海人还会保留多久。

破损开裂曰"劙皵"

"劙""皵"两字源自古代汉语,现在已鲜见于现代汉语工具书。凭着民间口语辗转相传,其音义也出现了各种不同的理解。

"劙皵"是个同位结构的词语。"劙"表示豁裂,《广韵》:"解也,裂也",主要指树木开裂;"皵"也表示迸开,《集韵》:"皱皵也",主要指人的皮肤;合在一起还是东西裂开破损、出现了口子、有了裂缝的意思。例如,"天气热得来地皮也劙皵了!"指干旱至地表龟裂;"镬子劙皵了勿好用",意思是锅有了裂纹,不能用了。当然,在上海话中,"劙皵"主要用来指皮肤因寒冷和干燥而皲裂。

从读音看。唐代《唐韵》注"劙"读音为"苦郭切";宋代《集韵》注为"阔镬切,音扩",又注为"古晃切,光上声"。这样辗转传承下来,"劙皵"在吴语中就也有两种读音。据1973年浙江人民出版社出版的《汉语常用字典》附录的《浙江常用方言字》注释,"劙"在东阳等地读若"括";在更靠近上海的嘉兴等地读若"光"。上海地界五方杂处,这两种读音也都存在,相对比较多的读若"括"。譬如游汝杰主编的《上海地区方言调查研究》列松江、奉贤、青浦等地都读"刮";而闵家骥等编辑的《简明吴方言词典》则把"劙"的读音标如"光"。

将"劀"读若"光"时,会使人想起上海话中另一个有音无字的"guang",即上海人把刮脸剃须,称作"guang 胡子";男士理完发理发师傅会问一声:"胡子要 guang 一 guang 哦?"修面修得很干净,叫"胡子 guang 得煞清"。"劀"字便是从刀,廣(光)声。那么"劀"有没有与刀相关的意思呢?有的。《方言》卷十三:"劀:劉,解也";"劉"就是用刀割。

以水激荡称作"漷"

漷,读若上海话"谷"(入声)。在上海话中,主要用来表示晃动容器中的水,以其荡激冲刷的物理作用,达到洗涤的效果。最典型的,就是把漱口说成"漷嘴",把漱口杯称作"漷口杯"。

《康熙字典》及《辞海》均记其原义为地名或河流名称。古时候,山东有漷水,京畿有漷州。那么这个"漷"在古汉语中还有什么别的含义呢?两晋郭璞的《江赋》,用了许多词语,描写江河奔流的壮美景象,其中就有"溃濩泧漷"一句,胡文英注曰:"漷,呼郭反,皆水势相激汹涌之貌。"南朝梁萧子显《南齐书·张融传》:"擒长风以举波,漷天地而为势";元代汪克宽《吴山赋》:"浙江右带而混瀚兮,惊湍漷㵎而溯溟"。"漷"在其中的作用,都是表示波涛激荡。虽说都是和水有关,但上海话中是把浩瀚的水势引入口腔,来形容那一嘴刷牙洗齿的漱口水。

"漷嘴"一词也写作郭嘴、过嘴、啯嘴、漍嘴、汩嘴、嘓嘴、㗼嘴等。其中,"郭"和"过",当是假借其音无疑。"漍"曾是河流的名字,今江苏省江阴市有北漍镇。"嘓",《广韵》:"声也";《吴音奇字》:"水漱口声";《19世纪晚期的上海话》:"老爷,面汤水来者,嘓口水亦倒拉者"。其他各种形态,也有取其象声的意味。《玉篇》:"潵,口声也";《辞海》:"咽咽,形容汤水下咽声;汩汩,形容水流波涛声"。

除此之外,"潵"也表示液体因晃动而溢出。《吴下方言考》:"潵,溢出也。吴中持水被摇溢出为潵"。上海话中也有类似的用法,说"当心水潵出来",就是提醒注意别把水洒了。

环视应为"盷睩睩"

原来一直没弄明白,形容眼睛快速转动、环视的词语"骨碌碌""骨溜溜"中的"骨"是从何说起的。

文字是用来记录语音的,我国古代造字的先圣们,很注重字形和音义的关联;这个与眼睛、与观望关系不太大的"骨"字,应该是后来人们为了方便而借用的。直到看到明代杨慎《俗言》,才发现"骨碌"的原形是"盷睩":"目四顾审视曰盷睩。"

"盷"也写作"䁕",上海话的读音和"骨"相同。古籍记载如下。《集韵》:"古禄切,音谷";《玉篇》:"目开也";《广韵》:"大目也";《类篇》:"目动也"。"睩"的释义也很清楚。《集韵》:"龙玉切,音录,谨视貌。""盷睩"放在一起,形容眼睛急速转动、左顾右盼、四处张望,意蕴顺理成章,让人一看就能明白。

其中这个"睩"字,因为多次出现在留存下来的古籍中,被认可得更早些。乾隆年间刊印的胡文英《吴下方言考》就有对"睩睩"相叠两字的考证:"睩睩,音禄。王逸《九思》:'哀世兮睩睩'。案:睩睩,目转视貌。吴中谓转视曰'括睩睩'。"只可惜这个"盷"字在此并未现身,而是借用"括"字。括在上海话中也读若"骨"(入声)。

上海话中音近"骨碌"两字的词语不少，例如，表示墙角旮旯的"角落（角落头）"；意为因此、所以的"格咾"；模拟吞咽及其他声响的象声词"啯啰（啯啰哆）"；形容圆形的"骨碌圆（滴骨碌圆）"；表示全部、总共的"搁落三姆"等。可见，为"眝眽"正名，对于明确词义、突显其与其他近音词的区别，应该是有意义的。

（原载2019年1月20日《新民晚报》）

清浊不同"佮"和"扎"

"佮"和"扎"分别读若上海话"鸽"和"轧"，都是入声，前者为清辅音，后者为浊辅音；意思上两者也有相近，容易搞混。

"佮"的主要含义是邀集、交结、合伙。《玉篇》："佮，合取也"；《广韵》："佮，并，聚，古沓切"；《集韵》："葛合切，音阁，合取也"；《吴下方言考》："物于一处而并取之也。又，凡物之相合者，皆曰佮"。说"一把阳伞两家头佮佮"，意思是雨中合用一把伞；"一把椅子佮了坐坐"，意思是匀着坐一张椅子。上海话中常见的用法有："佮帮"（合伙）、"佮会"（参加民间经济互助组织）、"佮家过"（搬到一处过日子）、"佮做生意"（共同投资经商）；还有熟语："两好佮一好，三好佮到老"（互释善意），等等。

"扎"现在大多写作"轧"；原义是拥挤。《玉篇》："勨，扎也"；《集韵》："勨，扎，屈强也"；《吴下方言考》："勨，人众不得入而力附之也；扎，人众不得出而奋力也"。你看，挤出、挤进在古代是有用词区别的，即"勨"是挤进去，"扎"是挤出来。"扎"的另一个主要含义就是交结。上海话中，"轧淘"（交友）、"轧朋友"（谈恋爱）、"轧姘头"（婚外恋）、"轧勿拢"（相处不好），其实都应该是这个"扎"。"扎"和"轧"，在拥挤的含义上有所重叠,在交结的含义上并无交集。"轧"在古汉语中没有邀集、合伙的意思,甚至还有排挤、排斥的意味(例如,倾轧)。因此,把"夼"写作"轧",是看在拥挤的份上。

都有"交结"含义的"夼"和"佮",在使用时大多也不能通用。说"夼淘(轧淘)",是指较长时间的朋友相处。俗话说"要夼好淘,勒夼怅淘"。而"佮"和"淘"一起使用时,多是特指和谁在一起干什么,例如,"我佮侬一淘城里去",仅指此次而言。说"两家头佮佮",是指两个人共同使用;而说"两家头轧轧(夼夼)",那就是指两个人要勉强往一处挤挤了;如果把"轧(夼)姘头"说成"佮姘头",则意思相去更远了。

(原载 2017 年 12 月 11 日《新民晚报》)

勿穿衣裳赤膊膊

"膊膊",这两个笔画繁多的字上海话读若"刮辣";形容东西崭新,就叫"赤膊膊新"。"膊膊"两字的原意是赤身裸体。《集韵》:"膊,古获切,音国;膊,狼狄切,音历;膊膊,倮也。"古代"倮"与"裸"相通。说人"赤膊膊",就是未着衣衫,裸着身子。《简明吴方言词典》记为:赤骨楞、赤骨肋、赤骨碌。上海话里有句歇后语:"赤骨肋受棒——记记着实",《俏皮话词典》注释说:指每一棒都是实实在在地打在身上,比喻实实在在,没有虚假;"赤骨肋"就是光脊梁的意思。《朱子语类》里,有一段描述孔子和颜渊、子路能"与人共之事"的区别:"子路譬如脱得上面两件麤糙底衣服了,颜子又脱得那近里面底衣服了,圣人则和那里面贴肉底汗衫都脱得赤骨立了。"上面这些"赤骨楞""赤骨肋""赤骨碌""赤骨立",实际都是"赤膊膊"的借字俗写。

清代笔记《广东新语》中说："裸体曰胭臈"。其作者是明朝遗民、具有强烈反清复明思想的著名学者屈大均，他对当时汉语文化的记录、传承应该是很认真的。

"赤胭臈"后来引申用来形容物件、东西的簇新，表示新鲜出炉、未受一丝损耗或污染；也可以说"赤胭臈新"。自然，记录在书面上，也大多失落了原本的字形，假借同音。《简明吴方言词典》说："迭只录音机赤括拉新"；《上海方言词典》说："捋叠钞票刚刚从银行里领出来，赤呱□个"；《上海话大词典》："捋张五元头赤刮辣新"；《上海方言的熟语》作"赤刮辣新"；《莘庄方言》作"赤呱拉新"；《张江镇志》作"赤呱啦"。纪实小说《四马路》里居然还用此形容坊间新客户："不瞒侬讲，这位陆先生是一位赤刮腊新的新人。"

顺便说一下，上海话中还有一些熟语：刮辣松脆、嘀呖刮辣、刮哩刮辣等，其中的"刮辣"都是象声词，和"胭臈"无关，是不能够用"胭臈"代替的。

（原载 2018 年 9 月 9 日《新民晚报》）

k'

鸟窠狗窠搭草窠

"窠"字至今还保留在现代汉语中,但被频繁使用的,显然是在上海话中,普通话则大多用"窝"代替"窠"。上海话"窠"读若"库"(ku),有别于普通话发的"科"(kē)音;两种读音和《集韵》所标的"苦禾切"都能对得上号。

"窠"最初是指动物在低洼处、穴坑中营造的窝。《说文解字》:"窠,空也,穴中曰窠,树上曰巢。"唐代长孙佐辅《山行书事》诗:"茅中狐兔窠,四面鸟鸢巢。"可见,虽然都是用枝叶藤草搭建,"窠"和"巢"还是有分工的。

上海人不管这个窝在地上、在树上,都称之为"窠"。鸡窠、鸟窠、猫窠、狗窠。当然,这种混搭混用并非上海人首创。宋代《太平广记》中,就记有大量把鸟巢称作"窠"的例句。例如第一百四十三卷:"海燕衔泥欲作窠";第一百六十三卷:"山南乌鹊窠";第一百六十五卷:"凯厅前树上有鸳窠"等。更早的唐代诗人张祜《赠内人》诗句:"禁门宫树月痕过,媚眼惟看宿鹭窠",似乎也是把白鹭筑在树上的巢称作了"窠"。

上海人过去还经常自谦,把自己的家叫作"草窠"或"狗窠"。俗话说:"金窠银窠勿如自家草窠",意思就是外面再好也比不上自己家。鲁迅《二心集》序言:"蜗牛者,是三国时所谓隐逸的焦先生曾经居住的那样的草窠";杨绛先生在《我们仨》中回忆:"我回家后,阿瑗轻声嘀咕:狗窠真舒服"。这里指的也都是比较普通的、不太像样的居家。

在上海话中,"草窠"也指草丛,或用草团聚而成的窝状物。譬如,鲁迅小说《祝福》里写祥林嫂的儿子阿毛:"他躺在草窠里,肚子里的五脏已经都给吃空了"。那"草窠"就是草丛。上海人还把早先那种稻草编成、使饭菜保温的用具也叫作"草窠",或者"焐窠""饭窠",那东西也真像极了我们印象中的鸟巢。

此外,"窠"在上海话中还被当作量词使用,表示在那个窝里一胎所生或一次孵出的动物。如一窠鸡、一窠兔子、头窠蛋(第一次生出的一窝蛋)等;说"一窠养了七只小猪猡",意思是一胎生了七只小猪。

杨绛

(原载 2017 年 7 月 9 日《新民晚报》)

揩手、揩面、揩台布

揩,上海话读作"ka"(去声),是擦、拭、抹的意思。《广韵》:"揩,揩摩擦拭";汉代张衡《西京赋》:"揩枳落,突棘藩,注曰:揩,摩也";北魏贾思勰《齐民要术·种红蓝花栀子》:"其冒霜雪远行者,常啮蒜令破,以揩唇,既不劈裂,又令辟恶";宋代梅尧臣《送方进士游庐山》:"子心洒落撒然往,我主尘垢难磨揩"。

这个在古代广泛使用的词,今天的普通话已经很少这么用了,反倒是在上海话中依然大行其道。上海人把擦手说成"揩手",洗脸说成"揩面"。《新民晚报》2008年2月10日刊登回忆文章,说过去"每天早晚时分,是灶披间最闹猛的辰光,几户人家挤在一起揩面、刷牙齿、汏痰盂、烧饭炒菜"。由这个"揩面",还衍生出诸多相关词语:"揩面水"(洗脸水)、"揩面台"(盥洗台)、"揩面毛巾"(洗脸用的毛巾)、"揩面汏脚"(卫生洗漱)等。把抹布说成"揩布",有时也叫"揩台布""揩灶布"。过去形容苦楚的境遇,就比喻说"比药材店的揩布还要苦"。还有把教室里的黑板擦说成"揩刷板"或"揩黑板";把占人便宜说成"揩油";把让人开眼界说成"揩眼皮";把什么东西抹去说成"揩脱"。说"伊拨公司揩脱了",是指被从员工名单中抹去,即除名、开除、炒鱿鱼了。

再说那块"揩布",古时候孩童在木块上学写字,写后用布擦抹,谓其可以反复使用,俗称为"幡布"。据说后来因为"幡"和"翻"谐音,民间为避讳行舟翻船,改称"抹布""揩布"。

"囥""抗""伉""亢"皆收藏

囥,读若上海话"抗",意为收存、收藏、隐匿。《上海方言词典》《上海话大词典》等工具书都认这个字。宋代《集韵》归入去声的宕韵:"口浪切,音亢,藏也";南宋时金国韩道昭《五音集韵》、明代《正字通》、清代《苏州府志》《福州府志》及后来的《重修彭山县志》,都注其为"藏"或"藏物"。有人还这样解释该字:"亢"意为管道,"口"即围;置亢入口,即封闭管子,引申为隐藏。

除了这个已属生僻字的"囥",还有用"抗""伉""亢"等来表达这个藏匿的意思的。值得重视的是,它们并非随意拿来的借代词,而是各具渊源,有案可稽的。

其中"抗"的历史可谓悠久,《周礼·夏官·服不氏》:"宾客之事则抗皮";郑玄注引郑司农云:"谓宾客来朝聘布皮帛者,服不氏主举藏之"。直到清代,翟灏在《通俗编》卷三十六《杂字·抗》中注"抗"字曰:"按今犹呼藏物为抗。《隋韵》有忼,《集韵》有囥,俱训藏,音亢;经典既有明文,用之者宜依经典",说明"抗"字继续在当作"藏"使用。

《隋韵》记录的"忼"无从查起,但据说其载于与《周礼》差不多时代的《礼记》中。清代茹敦和在《越言释》中说:"越人以藏物为忼,……予谓《礼记》言周公'忼世子法于伯禽',此忼亦当为藏也。"明代《正字通》也说:"忼,藏物也"。清代《越语肯綮录》、民国时的《萧山县志稿》以及《简明吴方言词典》里都把藏记为"忼"。

再看"亢",魏晋杜预注疏《左传春秋》:"吉不能亢身,焉能亢宗",就认为其中的"亢"就是藏。如此,则"亢"的使用也源自春秋。对"亢"字的认可,还可见于三国魏时张揖编撰的《广雅》:"亢,遮也";明代《字汇》:"亢,蔽也"。章炳麟在《新方言》中也说:"亢亦有遮使隐匿之义,今淮西淮南吴越皆谓藏物为亢,读如抗。"

总之,在普通话只说"藏"不说"kang"的今天,上海人依然在使用这个古人曾津津乐道的"kang";至于究竟是上述哪个字,现在已有权威工具书确定为"囥",那就使大家有了一个遵循的标准。

香烟缸敔敔清爽

敔读若上海话"砍",是敲击和碰撞的意思;不小心磕碰到哪里了,就叫"敋着""敋痛"。"马路浪介许多人,碰碰敋敋总归难免",意思是说街上人多不免有碰撞;"汏碗勿当心,敋脱一块",即是说洗碗不小心把碗口磕破了。上海川沙等地,还把那种傻里傻气、做事糊涂的人称作"敋鸡棚",感觉是走路都会撞上院角落里鸡窝的那种人。另外,为把剩余的东西倾倒干净,而敲打盛物器具,也叫作"敋"。"香烟缸敋敋清爽",意即把烟缸倒过来敲击、叩顿,以便去除粘着的烟蒂污物。

这个"敋"字《集韵》注为:"克盍切,音溘,敲也";在现代汉语工具书里已经找不到了,因此,急用时就不免随意找字假借、替代。《吴歌戊集》:"槛瓶倒罐,打碎外婆拉油罐";《崇明方言词典》:"我砍勒台角浪"。其中的"槛"和"砍",应该都是"敋"。

这个"盍"字家族中不只"敋"字与敲击、碰撞有关。石字旁的"磕"原来指敲打石头发出的声音,现在普通话里就是磕碰的意思;提手旁的"搕",强调的是动作,譬如搕搕烟袋;车字旁的"轚"是车轮碾过地面的声音;目字旁的"瞌"是指上眼皮"撞"上了下眼皮,昏昏欲睡的样子。这些字还有个共同的特点是在古代都读若"砍"。上海话舍近求远、不用有近似字义的"搕"或"磕"的原因,大概也是为了便于直接保留"敋"字"砍"的读音。

美食细辨"羹""鲊""煬"

去沪浙菜系的饭店用餐,菜单上常可以看到这样的菜肴名称:龙头烤、目鱼大烤、烤菜,等等。不要以为烧烤是上海人的习惯方式,实际上这里的烤,只是拿来借用的字。

通常说的"烤",是将物体挨近火源,使热、使熟、使干燥;而所谓的"龙头烤",应该与火烤毫无关系。那种鱼学名叫"龙头鱼",属狗母鱼科,又名狗母鱼、虾潺、九肚鱼。因其体内含水分较多,且捕捞离海后上岸便死,不易贮存,所以过去多晾晒加工成盐干制品。就是说,把原本白嫩柔软的鲜鱼,变成僵黄坚硬的鱼干。因此,龙头烤名称中的"烤",应该是"鱙"。"鱙"就是枯干的意思。唐代刘禹锡《问大钧赋》中说生死:"阳荣阴悴,生濡死鱙";《周礼·天官·庖人》中说食材:"凡其死、生、鲜、鱙之物,以供王之膳"。其中的"鱙"都未涉及烹调火炙。宋代编修的《广韵》讲得更为清楚:"鱙,干鱼,苦浩切"。

也有将龙头鱙写作"龙头鲓"的。"鲓"也读若"烤",指小型鱼类干制食品的总称,多是经过腌制、煮熟而成。用在龙头鱙身上也无不可。但是更加贴切的,应该放在那道用老抽或其他酱料收干的红烧乌贼的菜名上——"目鱼大鲓",或者叫"剥皮大鲓"。区别就是后者经过了烹调。

至于"烤菜",也就是用重料把业已稍许风干过了的青菜、豇豆等素菜,像烧荤菜一样慢炖干烧,显出本帮菜浓油赤酱的风味特色。因为它既非仅仅晒干而未经煮熟之物,也不是荤腥鱼类,用"鱙"用"鲓"都有些勉强,当用"爣"字。《现代汉语词典》里有"爣"字。注释为:"kào,用微火使鱼肉等菜肴的汤汁变浓或耗干"。只是这个"爣"字出处不明,估计来自某代文人的自创。

(原载 2017 年 11 月 12 日《新民晚报》)

音义各异"抲"和"搲"

影响上海话较大的外埠,北有苏州,南为宁波,所谓一柔一刚,居间相济。虽说都属吴语地区,差别还是有的。这个"抲"字,就有受宁波、绍兴一带方言影响的痕迹。

抲,读若上海话"ko",意为抓、捕捉、握拿。例如抲鱼、抲蟹、抲鸟等。说"抲抲牢",意思就是抓紧了别放松;"人抲牢了",意即人被抓住了。"抲"在古代有多重读音,分别读若"虎何切""居何切""女加切""丘加切""待可切"等。《集韵》释其义为:"扼也,挖也,搦也,攩也"。音义颇丰。上海话的读音,应该是从"可"(虎何切)传承下来的。

也有将"抲"写作"挎"的。《康熙字典》引注:"挎,苦胡切,音枯,持也"。《仪礼·乡饮酒礼》:"皆左荷瑟,后首,挎越内弦,右手相";疏曰:"瑟底有孔越,以指深入,谓之挎也"。就是用手指卡住乐器,以便另一只手演奏。现代汉语中,"挎"读"kuà",挎包、挎篮、挎斗,已然另有音义。为避免混淆,在上海话中仍用普通话基本不用的"抲"字,是合适的。

如上所述,"抲"的"丘加切"古音也被读作"客"(入声);这时,"抲"的释义变成了"掐",即用手的虎口紧紧按住。这就引出了"搲"字来。宋末元初戴侗的《六书故》:"抲,攩之力也,或作搲"。"搲"和"抲"有时是相通的。"搲"在上海话中就读作"客"(入声),意思是卡住、按住、压住。熟语说:"自搬碨砖自搲脚",就是搬起石头压到了自己的脚。有时也引申为刁难、压制。《现代汉语词典》列其为方言专用字。《集韵》:"搲,乞格切,音客,手把住也。本作抲"。这就与《六书故》的说法对上了。1924年出版的《定海县志》说:"俗谓以手扼人咽喉曰搭胡咙管。"宋代司马光《乞不贷故斗杀札子》记载:"简用力去郭升咽喉上搭一搭,其人当下倒地身死"。这就是上海话熟悉的用法了。顺便说说,"掐"的古字也可读作"客"(入声)。《广韵》《正韵》等都注为"苦洽切"。因此,现在沪语中有时用"掐"代替"搭"也有道理。

此外,上海人还把压线称作"搭线"。球打到场地边线上了,就叫"搭线球";学车侧方移位时,车轮压上界线也叫"搭线"。

睏痴懵懂睏扁头

睏,音"昆"(kun);在上海话中是个广为使用的常见字。"睏"有时表示躺,说"睏下来""睏平",就是躺下、平躺着的意思;但更多的时候,表示睡。例如,睏觉(睡觉)、睏着(睡着)、睏中觉(午睡)、睏失聪(睡过了头)、睏晏朝(睡懒觉)、合扑睏(俯卧)、搭棚睏(架着腿睡)、睏扁头(痴心妄想)、睏梦头里(睡梦中)、睏痴懵懂(睡眼惺忪)、着睏衣裳(睡衣睡裤)、寻棺材睏(自找没趣),等等。

在现代汉语的许多工具书里,"睏"被当作"困"的繁体字。其实"困"字出现远早于"睏"字,在已经考证出的甲骨文里,就有这个"困"。汉代《说文解字》:"困,故庐也";三国时的《广雅》:"困,穷也";宋代《广韵》:"困,乱也,逃也,病之甚也,悴也,极也"。明代《六书本义》解释"困":"木在口中,木不得申也,借为穷困病困之义"。总之是窘迫、困顿的意思,并无睡觉的含义。

之后,"困"扩展到疲惫、倦怠,才有了想睡和睡觉的意味。南朝范晔《后汉书·耿纯传》:"世祖劳顿曰:'昨夜困乎?'"唐代韩愈《石鼎联句》序:"斯须,曙鼓冬冬,二子亦困,遂坐睡。"宋代王定国《甲申杂录》:"忽昏困如梦。"清代刘鹗的《老残游记》第五回:"我困在大门旁边南屋里,你老有事,来招呼我罢。"清代韩邦庆的《海上花列传》第十九回:"昨夜一夜天伊勿曾用,困好仔再要起来,起来一埭末咳嗽一埭,直到天亮仔坎坎困着。"

"睏"是为了把睡觉的意思从"困"里分离出来而创制的增旁字,它的出现不晚于明代,且其一经面世,就被明清诸多著者频繁使用。冯梦龙《山歌》:"二十姐儿睏弗着,在踏床上登一身白肉冷如冰。"明末清初小说《绣屏缘》:"昨夜同郎说话长,失寤直睏到大天亮。"清代传奇《翡翠园》:"舒大娘,你在船里先睏子罢,我在船艄上打个瞌铳。"清代《吴下谚联》:"猪睏长肉,人睏卖屋。"

虽说隔了数百年,"睏"字又被简化回"困"去了,但上海人依然习惯用这个"睏"字,很少使用"睡"字。遇到一些新名词非用不可时,也会觉得发音别扭,还容易引起误听。例如睡袋、睡眠、睡莲等。因此,继续保留这个半古不新的"睏"字,对上海方言的书面表达还是有意义的。

g

山顶斩树窑下跍

跍,上海话读若"古"(浊音),意思是蹲着,蜷缩下身体。说"跍下来",即蹲下;说"跍了嗨",即蹲着;"跍了三个钟头也勿晓得吃力",意即蹲了三小时也不觉得累;"肚皮痛得来人也跍下来了",是说肚子痛得缩成了一团。

在椅子广泛使用之前,古代人们的坐姿无非就是跪和蹲,蹲也叫"踞""跍"。《广韵》:"跍,苦胡切";《集韵》:"跍,空胡切,音枯,蹲貌"。有一种说法,当年的"跍"就是"踞"的简写,省去了右边的"尸"而已;且"踞"也读若"跍"。王煜《蜀语》:"蜀语谓蹲为居,音如姑,古语之遗也,旁转溪纽为跍。"

这个现存于上海话中的"跍",在古代还是常常可以见到的。源于元代朱凯《昊天塔》的传统京剧《五台会兄》里,有一段杨五郎的唱词:"远望桥头高垒垒,涧下溪水吼如雷。手扒栏杆过桥嘴,但见乌鸦跍几堆。""跍几堆"就是蹲伏着几堆乌鸦。还有一首古代民歌:"俺是一者烧炭夫,日日做到两头乌。不成食来不成睡,山顶斩树窑下跍。"其中的"跍"字,也表示蹲。

除了上海之外,不少其他地方的方言中,也还保留着这个"跍"字。近代语言文字学家、湖北蕲春人黄侃,著有《蕲春语》一书,其中写道:"今吾乡谓蹲曰跍,亦曰蹲"。2008年11月3日,新浪微博有篇署名黎传绪的文章,说"跍字仍然根深蒂固地保存在南昌方言之中"。吴地的杭州、宁波、永康、台州等,当然就更不必说了。

上海人说"跍"的同时,也说"蹲"。其间,似乎"跍"的感情色彩和乡土气息比之"蹲"来得更浓些。此外,"跍"在上海话中还被引申来指待在那里、盘桓在某处。"跍了灶头间里",即逗留在厨房;"跍了屋里睏觉",指待在家里睡觉。有时,"跍"还可以形容赖在地上或匍匐在地上。例如,"伊跍了地浪死也勿肯起来",意思是此人赖在地上不起来;"猫咪跍好了脚跟头",即指猫匍匐在脚下。此时,身体的姿态未必真是蹲着。

木匠镢子镢木头

锯子的"锯",上海人读成"ga",文字该怎么写,有点令人疑惑。《上海方言词典》以空格代之。明清有文献记为"镢"。明代朱燮元《督蜀疏草》卷七:"差人往各土司商议,见在镢板造船搭桥等情。""镢板",即锯木成板。清代道光四年《凤凰厅志·苗防》:"黄杨木、楠木镢成板片,砍印斧记放山下。"1937年出版的李劼人的长篇历史小说《大波》中,也用到镢字:"杉木板子镢的多轻巧哟!"1994年出版的《中华字海》里还能查到这个字。

然而,早期的字书里并无"镢"字,其只是"解"的增旁字,是近古以来,诸多新创汉字之一。"镢"的原型,就是"解"字。"解"在古汉语中是个多音多义字,其中的一个读音就近似于"ga"。《广韵》:"古隘切"。刊于宋代的《周易正义》说:"解有两音,一古贾反,……一谐贾反。"现在的上海话许多时候依然把"解"读若"ga":解鞋带、解纽扣、解释清爽、股票

解套等。"解"的主要释义在《说文解字》中,已说得明白:"判也,从刀判牛角。"就是拆分、剖开;用在树木上,自然是普通话"锯"的概念。南朝《世说新语·赏誉》有"胡毋彦国吐佳言如屑"一句;之后刘孝标注释这句话的意思是:"言谈之流,靡靡如解木出屑也。"唐代刘恂《岭表录异》:"木性如竹,紫黑色,有文理而坚,工人解之以制博弈局。"这里的"解"都是"锯"的意思。宋代纪实小说集《太平广记》有故事说得更清楚:"凤翔知客郭璩,其父曾主作坊,将解一木,其间疑有铁石,锯不可入。"《金瓶梅词话》第六十七回:"我的儿,你肚子里枣胡解板儿,能有几句儿。"说的是枣核太小,锯成板用不了几下;用"句"谐音"锯",嘲讽春鸿行酒令时说不上几句词。

"鐴"(ga)在上海话中的用途还是十分广泛的。鐴树、电鐴、鐴条皮,木匠鐴子鐴木头;把"鐴"(ga)说成"锯"(ju),总觉得不那么顺口。2014年"中国汉字听写大会"发起了"全民焐热冰封汉字行动";上海话中已被冰封的许多古汉字如果需要重新焐热的话,"鐴"字可列其间。

(原载2018年12月23日《新民晚报》)

饮食过饱餀逆气

吃饱饭,胃里的胀气从嘴里出来,上海人称之为"打餀",也就是普通话说的"打饱嗝"。这个"餀"就是保留在上海话中的古汉语。餀,上海话音近"隑"（浊音），《广韵》："古哀切,通食气也"；《集韵》："柯开切,音该"。清代洪亮吉《晓读书斋杂录》记曰："吴俗饮食过饱有逆气出口曰垓"；"垓"和"餀"同音,系假借。

另有一个和"餀"字既有相通之处也有区别,因而不得不说的字是"餩"。餩,也表示一种涉及咽喉部的动作,古时候读若"噎"或"呃"。《集韵》："乙得切,音檍"；《广韵》："爱墨切"。就是形容吃东西太快或太多,致使食物堵住了食管或气管；用普通话说就是"噎着了"。说这两字相通,是因为除了字形相像外,它们还都有一个近似"噎"的读音。《集韵》注餩字又读："乙界切,音噎"。同时,也是因为在古代文献中出现过两字互注联通的情况。《集韵》注："餩与餲同"；《广雅》："餩,餲也"；《汉书》注："餲同餲"。但它们有一个不可忽视的重要区别,"餩"不读今天上海人口中的"隑"（浊音）。章炳麟《新方言》："噎,饱食息也,字亦作餩"；徐复《吴下方言考校议》："餩,即噎也"。用的都是"餩"的"噎"音。唐代元稹在《寄吴士矩端公五十韵》中,形容酒徒道："耻作最先吐,羞言未朝食。醉眼渐纷纷,酒声频餩餩。"按全诗的押韵规则,此处的"餩"当读"呃"。明末《吴音奇字》也标明："餩,音厄,噎食声"。此外,《汉语大词典》等现在可以查得该字的工具书,也都标为"è"音。总之没有读"隑"的。窃以为偶尔所见把"餩"当作"餀"的情况,应该是相混的结果。

章炳麟

终须戤得硬牌头

普通话中的倚、靠、依、傍,常被上海人说成"陔",音近"该"(gai,浊音);也有人写作"戤""隑""佹""跂"等。

"陔"最早的字义是斜靠墙边的扶梯。晋代郭璞为扬雄《方言》所作的注释云:"江南人呼梯为陔,所以陔物而登者也"。转义为依靠,顺理成章。章炳麟《新方言》也说:"浙西谓负墙立曰陔,仰胡床而坐亦曰陔。"

但在实际应用中,"戤"字明显要多于"陔"字。明代《型世言》:"把个身子戤了他门拮道:'一嫂,亏你得势!'";清代《描金凤》:"钱笃笤将身戤在床沿上,面朝阿翠笑嘻嘻";清代《负曝闲谈》:"把手里的雨伞往红木炕床旁边墙角一戤"。而"戤"的原义是抵押。明代许自昌《水浒记·周急》:"老身阎婆,要把自家女儿戤债主几十两银子";明代凌濛初《初刻拍案惊奇》:"大娘子后面园子既卖与贾家,不若将前面房子再去戤典他几两银子来殡葬大郎"。因此,吴连生在《吴方言词小考》中表示:"可以确定'戤'为同音代替字。"时至如今,电脑字库里也只认"戤"字。在约定俗成、使用广泛为重要依据的方言用字中,"嫡庶"替换的事情是经常发生的。

上海话中与此字最相关的熟语,莫如"戤(陔)牌头",就是依仗他人势力的意思。吴汉痴的《切口大词典》说:"戤牌头,雉妓院之本家,必有持护符之人,否则必受乱人流氓之扰。牌头愈硬,面子愈足"。叶仲钧的《上海鳞爪竹枝词》有《戤牌头》一阕:"申江最是杂人稠,碌碌无非衣食谋。你若经营非法业,终须戤得硬牌头。"茅盾在《关于"文学研究会"》中也说:"文学研究会提倡人生派艺术,却并没做出成绩来呀!用一句上海俗语便是戤牌头而已!"

另一个比较常见的熟语叫"戤(陪)壁脚",就是靠着墙角的意思。如果是无票蹭看演出,那就叫"戤壁(脚)听客";如果是为寻衅阴损他人,那就叫"戤壁(脚)驴子"。"文革"后期,有人把倚墙而立的街头混混称作"戤戤";说某人是"大光明门口个戤戤",即指在那一带混迹的家伙。

此外,上海话中也能听到诸如"戤山门"(自恃其高)、"吃戤饭"(寄人篱下)、"戤米囤"(空守财物)、"大戤戤"(大大咧咧)、"戤一歇"(躺一会儿)等说法。上海人还把靠垫叫作"戤枕"或"戤身",把护墙板叫作"戤度",把单人旁叫作"戤人旁"。

总之,"戤"在上海话中替代"陪"之后,各种运用直到如今。

跔头缩颈跔一把

跔,《汉语大词典》注音为"jū"或"qǔ",还有地方读成"quán";但在上海话中读若"gou"(浊音),依据是《集韵》所注的"音劬,古候切"。1973年出版的《汉语常用字词典》所附方言字的读音标注为:"勾的浊音",上海话也就是这个读音。"跔"的意思是身体某一部分蜷曲、收缩起来的样子。《说文解字》:"跔,天寒足跔也",段玉裁注:"跔者,句曲不伸之意";《玉篇》:"跔,天寒足跔。寒冻,手足跔不伸也"。

常见的沪语熟语"跔头缩颈",就是形容人因为寒冷而缩着脖子和脑袋的样子。2010年1月8日《新民晚报》有篇文章写道:"家长不忍心看到孩子们在凛冽的寒风中,一个个跔头缩颈等候学校开门"。另一句俗语叫"跔头跔脑",形容的对象就有点猥琐的味道了。还有说"跔里跔里"的,比喻私下里计较、咕哝,不敢直言。此外,在股票市场上,会听到人们讲"跔一把",意思是说要忍一下,不急着出手。

"跔"有时写作"竘"。汉语发展史上作为成字构件的"厶""口"互换是常例,因此,"竘"就是"跔"。"跔"也写作"痀"。元代卢挚《湖南宣慰使赵公正墓志铭》:"郡势人干政者,前守常府痀奉旨意。""跔"形容弓腰曲背、唯唯诺诺的样子。但是,"痀"更多的是表示病症,即"痀偻",而非可以任意伸缩的"跔拢"。

无论是"跔"或"竘"或"痀",实际都是加了义符的增旁字,它们最初的形态就是"句"。《说文解字》:"句,曲也";唐代王仁昫《刊谬补缺切韵》:"句,俗作勾";至今《现代汉语词典》依然有"句"又读"gou"的标注。

脾气固执"艮""詪""頣"

上海话形容人不听劝说、脾气倔强、固执古板,常用一个"gen"字。这个"gen"应该用哪个字?可以见得的有艮、詪、頣、耿等各种写法。《简明吴方言词典》的例句:"迭个人脾气邪气艮";《上海闲话》的例句:"这个人的脾气詪来兮格";《汉语大词典》:"頣,方言,死咬住不放";2003年6月15日《人民日报》:"惟一与精明的宁波人形象不相符合的,便是其耿脾气了"。

和方言字常见的替代、假借不同,这些字都是自古便有倔、犟、不拐弯的含义。然而仔细想想,它们应该还是有分工的。

"艮"是《易经》八卦之一,卦象是山。扬雄《方言》:"艮磤,坚也"。"艮""磤"皆石名,山石之属犹如人之本相,因此,说到性格、天资,用

"艮"字是不错的。上海话说人"艮头""艮脾气""艮头艮脑",当循此意。1935年的《萧山县志稿》:"称人古朴不知通者曰艮古头"。

"詪"为言字旁,依照古人造字规则,肯定和言语、说话有关。南朝《玉篇》释为"难语貌";明代孙楼《吴音奇字》解作"人不慧,难与言也";梁启超《再驳某报之土地国有论》说:"彼之所以詪詪然主张土地国有论者,岂非以恶豪强之兼并耶?"这里"詪"的表现,就是常说的犟嘴、认死理、强词夺理、歪理十八条、说不进话去。可能是性情使然,也可能限于一时一事。

"頵"为页(頁)字旁。"页"最初是指人的头部,《说文解字》:"颊后也";脑袋上许多部位都傍以此旁:頭(头)、颅、顶、额、颌、颊、颜、颈,等等。頵就是指颊下,下颌骨的末端。这时的倔强和嘴部动作有关了。清代《何典》有"落开那张頵死嘴,凸出了宽急肚皮"一句,意思是死咬住不放。

从性格中的冥顽,到言辞里的蛮横,再到行为上的死掐,表现形式上还是有其不同的。

至于"耿"字,本身多为褒义。耿介、耿正、耿直、耿节、耿耿忠心。虽然其中意有相通,且便于辨识,但毕竟褒贬明晰,易生歧义。

用锥"剚"和用话"譖"

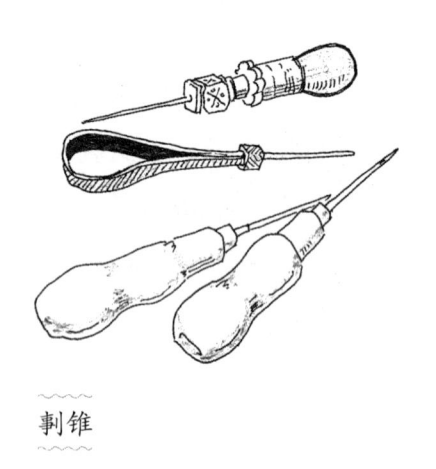

过去老太太拿来纳鞋底的那个尖尖的锥子,上海话里叫作"剚锥"。这个"剚",是个现今普通话中很少见的古汉语字,念"zi",上海话里和"支"的读音相似。"剚"也写作"倳"。其实,早先事情的"事"字的另一个读音,就读"zi";《广韵》:"侧吏切"。这个读"zi"的"事"在古代和"剚""倳"通用。从字形看,一竖通贯六横,这不就是锥子穿透力的写照么?

剚锥

《唐韵》《集韵》《韵会》对"剚"的注释都是:"侧吏切,音胾,插刀也";《正韵》:"置也,东方人以物插地,皆为剚"。"剚"在古时候是一种有刃的农具,《管子·轻重篇》:"春有以剚耕,夏有以剚耘。"之后更多的是当作动词用,意思是用利刃击杀、刺杀。《史记·张耳陈馀列传》:"莫敢倳刃公之腹中者";宋代洪皓《松漠纪闻》:"拔小佩刀欲剚之";明代周清原《西湖二集》:"一语不合,则剚以刃";清代纪昀《阅微草堂笔记》:"复归而杀妻,剚刀于胸,格格然如中铁石";操吴语的柳亚子也有一首诗写道:"慷慨悲歌又此时,词场青兕是我师。裁红量碧都无取,要铸屠鲸剚虎辞"。

不只是锋刃快口的刀具,尖锐器物的扎、戳、刺也可以说"剚"。唐代张读《宣室志》:"女密以锥倳其颈";宋代洪迈《夷坚丁志·叶克己》:"烧通赤火箸,剚入尾闾六七寸"。

也有把"锥"字当作"剚"用的。宋代释普济《五灯会元》中,闻啄木鸟鸣说偈曰:"多少茫茫瞌睡人,顶后一锥犹未觉";明代《警世通言》:"忽一杵在肩膀上一锥,那些弟子们怕了那杵,都败阵而走"。甚至还有人认为用话语顶、撞、刺、驳他人的行为,也可用"锥"字。《崇明方言词典》:"我着着力力锥子夷几声"。

"锥"读作"zi"的依据不知是何,倒是另有一字貌似相关,那就是"訾"字。《说文解字》:"訾,訐也,读若指";《广韵》:"发人之恶";明代《吴音奇字》:"訾,音之,指人恶而訐之,俗云訾嘴";清代郑珍的《邵亭诗抄序》:"遽虽无以訾诘,意顾不善也"。想来被"锥"字替代表示言语顶撞的,当是这个"訾"字。

古汉语中还有一些读若"zi"、意为刺的字,如"漸""撾"等,慢慢体会它们的用例和传承,是一件很有意思的事。

觉得好就点个赞

时下,同意某人观点、看到好的帖子、网购服务满意,最常见的表达方式就是给个大拇指:赞!

早在热闹的网络、微信兴起之前,上海人就常用这个赞字。例如,好东西叫"赞货",非常好叫"赞透",赏心悦目叫"老赞个",货真价实叫"真赞实货",等等。只是当初这个赞怎么写,有些把握不定。有写作"崭"的,茅盾短篇小说《拟浪花》:"做孩子们棉衣的面子是很崭的";也有写作"哉"的,周而复《上海的早晨》:"张科长舞跳得邪气哉!";《莘庄方言》写作"斩";《上海掌故辞典》认为应是"栈"。此外,还可以看到写作"襸"和"孅"的。

然而,我们大可不必舍近求远,此处就一"赞"字。

赞,古汉语作"賛"或"賛"。《集韵》:"则旰切。""赞"的本义是辅佐、宣导,同时也有表扬、称颂的含义。东汉刘桢《射鸢诗》描写射术之精:"庶士同声赞,君射一何妍";魏晋南北朝《世说新语》说恭维王述的景象:"常集聚,王公每发言,众兢赞之";同时期的《梁书·武帝纪下》:"诏铭赞诔,箴颂笺奏,爰初在田,泊登宝历,凡诸文集,又百二十卷";《韩诗外传》:"若夫无类之说,不形之下,不赞之辞,君子慎之!";《后汉书·孔融传》:"既而与衡更相赞扬";《后汉书·班彪传》:"表相祖宗,赞扬迪哲"。称赞、嘉许,意境清晰。

当然,上述"襸""孅"也确有其字,且也读"zan",同样有表示好的意思,但多特指某方面的美好。衣字旁的"襸",表示衣着漂亮,《集韵》:"衣鲜谓之襸";女字旁的"孅",形容人美白漂亮,《说文解字注》:"色白之好"。与此类似的还有:"饡",指美食,《说文解字》:"以羹浇饭也";"讚",为美言,《广韵》:"称人之美";"鬘",即好看的发型,《广韵》:"发光泽也"。看来,我们的祖先很善于赞美。

今天那么多的"zan",差不多都已统一为"赞"字了。

(原载 2017 年 12 月 17 日《新民晚报》)

软管挤物称作"搇"

老上海每天起床梳洗,准备刷牙的牙膏不用"挤"字,说"搇牙膏"。这个"搇"也是保留在上海话中的古语词,读若"正"。《集韵》:"祖寸切,尊去声。"

这个在普通话中已经很少见用的"挍"字，在古汉语中有多重含义。《左传·定公八年》："将歃，涉佗挍卫侯之手，及捥。""挍"是"手坚握"的意思，指晋国使臣用力、粗暴地抓住卫灵公的手。《聊斋志异·婴宁》："生扶之，阴挍其腕。""挍"表示掐、拧，形容王子服乘机偷偷拧捏婴宁的手。《阅微草堂笔记》："妇出行酒，色甚妍丽，此人醉后心荡，戏挍其腕。""挍"指攥、捏。《金瓶梅词话》第八十五回："这两日眼皮儿懒待开，腰肢儿渐渐大，肚腹中挍挍跳。""挍"指的是胎儿跳动。民国初年的学者刘师培有《悲佃篇》云："悍将骄兵，逞雄于外，肆行掊克，挍削民财。""挍"在这里的作用，就表示不是一般的搜刮，而是挤尽榨干、敲骨吸髓。

在上海话里，"挍"就是挤的意思。承自三国时的《广雅》："按也"；宋代《增韵》："挤也，掐也"。《吴方言词小考》中说："把东西从软管中挤出称挍，如挍牙膏。"此外，上海人说的"挍颜料""挍脓头""挍滋水""挍奶水"等也都是用这个"挍"字。

"挍"还被写作"拶""㨊""紾""抮"等字。"拶"在古汉语中，也有相似的挤、压的意味。《集韵》："逼也，相排迫也。"宋末元初文字学家戴侗的《六书故》："拶，递相排迫也。"但是其读音《集韵》《六书故》注为"子末切"，《广韵》注为"姊末切"，《现代汉语词典》注为"zā"或"zǎn"，相差较远。至于㨊、紾、抮，读音接近，但是未见挤、压、推、按的含义。"㨊"是抑制、节省的意思，"紾"是扭转、转变的意思，"抮"也是转的意思；应该都是临时假借的用字。

转来屋里兜一转

转，是现代汉语中用途广泛的常用字，《现代汉语大词典》列其释义不下数十种。但是,"转"至少有两个含义是现今普通话少用而保存在上海话中的。

一个是表示次数的量词。《海上花列传》第三十二回:"照实概样式,好好交要打两转哩";《九尾龟》第七十三回:"一个月里向到仔归格辰光,就要发一转肚里痛格毛病";《吴歌己集》:"青纱背搭白束腰,抬了一转还是吭人要"。说的都是次数,"一转""两转"就是一次、两次。《汉语方言词汇》注曰:"转:次,意同趟";《简明吴方言词典》:"转:量词,用于转圈儿或指动作的次数";《上海方言词典》更指出,那是老派上海话的用法。

表示次数的转,来源于起自春秋战国而盛于唐宋的道家炼丹术。道教典籍《抱朴子·金丹》:"其一转至九转,迟速各有日数多少,以此知之耳。其转数少,其药力不足,故服之用日多得仙迟也;其转数多药力成,故服之用日少而提仙速也。"道家以九转为贵,故有"九转金丹"之称。唐代白居易《天坛峰下赠杜录事》:"河车九转宜精炼,火候三年在好看。"此外,古时军功每加一等,则官爵随升一级,也叫作一转,十二转为最高的勋级。宋朝郭茂倩编的《乐府诗集·木兰诗》:"策勋十二转,赏赐百千强。"

另一个写作"转来"或"转去",表示回来或回去。王安忆《寻找上海》:"天傍晚的时分,便传来颤颤悠悠的叫魂:阿大,转来吧——";那是呼唤逝去的灵魂回来。金宇澄《繁花》:"三层楼上的大小姐,到了夜里八点整,一定要转去的";"转去"的意思是回家去。上海人还有"醒转来""活转来""回转来"之类的说法,也是从另一个空间回归、从另一种状态转回的意思。

这种用法虽鲜见于现代汉语,在古时典籍中还是能够看到的。清代褚人获《隋唐演义》第六十二回:"香工道:前日下山转来,那日傍晚忽遇天雨难行,借一个殷寡妇家歇宿";明代凌濛初《二刻拍案惊奇》第十一回:"(满生)正要收拾起身,转到凤翔,接了丈人妻子一同到任";元代马致远《荐福碑》第二折:"兀那秀才转来,问你要三件信物";更早的宋代,有马子严《贺圣朝·春游》词云:"游人拾翠不知远,被子归呼转。红楼倒影背斜阳,坠几声弦管"。这里的"转",都是表示回归。

两个用法放在一起造句:"转来屋里兜一转",就是回家转了一圈的意思。

磨刀斫稻到田中

有一段新中国成立前流传于启东、川沙的民谣这样写:"长工苦,苦到那九月中,磨刀捉稻到田中,腰酸背疼两眼红,还话我伲长工是懒虫。"这是反映旧时农民疾苦的歌谣。那么,稻子长在地里也不会跑,为什么要忙着捕捉呢?原来,这个"捉",不是指捕捉,而只是"斫"字的俗写。

斫,上海话读音和"捉"相同,原指大锄,引申为砍;在上海话里就是用刀具砍、割的意思。在古汉语中,斫是个常见字。《韩非子·奸劫弑臣》:"催子之徒以戈斫公而死之",是说崔杼手下人砍死了齐庄王;宋代《幕府燕闲录》:"梦人以刀斫其足,觉犹微痛",是说梦中有人割他的脚;周去非《岭外代答·食用》:"客至不设茶,唯以槟榔为礼,其法,斫而瓜分之,水调蚬灰一铢许于蒌叶,上裹槟榔",是说嚼槟榔之前要先用刀割开;清代纪昀《阅微草堂笔记》中描写一个厮养的勇猛:"流矢贯左颊,镞出于右耳之后,犹奋刀斫一贼","斫"是杀的意思。

斫有多种"身形",也写作"斮""斲""斵""斱""劚""斸"等。此外,斫还被用作许多字词的释义。《说文解字》:"斧,斫也;斤,斫木也;斨,斫也";《广韵》:"刊,斫也";《篇海类编》:"砍,斫也"。

　　这个在普通话中已经很少应用的字,在上海话里也多用来指农活:斫稻、斫麦、斫草、斫柴。俗语"千日斫柴一日烧",比喻一事成功需多时的努力。2014年出版的小说《繁花》:"这日天,阿妈娘到田里去捉草,戆大就做木匠,搭了一只双层铺。"其中的"捉草",就是"斫草"。这里有个容易混淆的情况:上海话中的"捉花",是指用手摘棉花,一定不能写作"斫花",因为摘棉花不用刀。

　　无论是斫稻、斫草,对农人来说,远非挥镰砍下就可了事的。要困扎、码放,或放入箩筐,或挑担上肩,或装车运送。总之,是全过程的一项劳作,要收拾停当,才算圆满完成。因此,斫稻或斫麦,也叫作"收斫稻"或"收斫麦"。这样,上海话中就有了"收作(斫)"一词。于是,整理、收拾叫"收作",整治、修理也叫作"收作"。《民国初期的上海话》:"房子里应该收作清爽,时时通风。"《清代末期的上海话》:"要拿房子收筑来干净,使得老鼠登勿住。"因为此时再用刀光剑影的"斫字"已然不甚适当,所以,"收斫"便写成"收作";然而也有人写作"收捉""收筑""修媞"。

(原载 2018 年 1 月 21 日《新民晚报》)

牙齿筑齐讲闲话

　　筑,上海话读若"竹"(入声),意思是把细碎、杂置的东西竖起来顿齐。比较典型的例子是:"拿筷子筑筑齐"。一把散乱的筷子,在桌子上顿一下、敲一下,就变得整齐了。小女孩玩游戏棒的第一个动作,也是把游戏棒筑齐。

《上海话大词典》中对搻的注释是:"把散乱的条状物反复顿动弄整齐,拿辫眼柴搻搻齐再缚起来。"此外,在一些言语激烈的场合,上海人会警告对方:"下巴托托牢,牙齿搻搻齐!"意思是告诫对方讲话要有分寸,不要胡言乱语,这已经有点下最后通牒的意味了。上海话熟语"搻仔头来脚勿齐",意思是顿齐了这头却顾不了那头。这个"搻",也是保留在上海话中的古语词。

宋代《集韵》:"搻,张六切,音竹,以手搻物也";明代《吴音奇字》:"搻物,使之齐也";《篇海》:"搻,用手捣物体"。"搻"字最初也许是自"筑"字而来的,原意就是敲击、捣顿。《说文解字》:"筑,捣也。"南北朝时期,后秦弗若多罗等译的《十诵律》卷十四有大量用禅杖筑丘比的描述:"一比丘捉禅杖筑睡者,睡者惊起立看","佛言,若比丘睡应起,看余睡者,应以禅杖筑";《诗·大雅·緜》:"筑之登登";《阅微草堂笔记》里形容青苗神:"每夜田垄间有物不辨头足,倒掷而行,筑地登登如杵声"。这"登登"的声音都是"筑"出来的。

胡文英《吴下方言考》提出了另一个字:"婼",说:"今吴谚谓顿而齐之曰婼。"其依据是《后汉书·中山简王传》里有"称婼前行"句。唐太子李贤注曰:"婼,犹齐整也。"

后来,人们也用捉、竹等字代替这个搻(筑)字。除了明显的借代字之外,也有将"搻"写作"毂"或"摠"的。

毂,上海话读音近"笃"(入声),是轻轻敲击的意思。如"毂木鱼"(敲木鱼)、"毂毛栗子"(用指关节击打脑袋)。摠,上海话读若"宗"。《集韵》:"祖丛切,音骏。"《上海方言字拾零》注曰:"握住散的东西,向平面把它触齐。"意思和搻接近。习惯上,多将轻微的顿、触、敲说成"搻",而把相对用力把较大的物件往地上撞、舂、摔说成摠。如《上海方言词典》的释例说:"把席子卷起来,竖着往地上摔打",为的是"摠脱点席虫"，就是摔掉藏在席子里的虫子，这个轻轻"揧"是不行的。另外，往瓶子或罐子等容器中装东西时，为装填紧实，也会把容器用劲舂一舂，这也叫作搜。"搜搜瓶子，迪眼黄豆就装得落了。"

（原载 2018 年 11 月 25 日《新民晚报》）

载饭入盂者曰"橾"

用上海话说汤勺、饭匙、调羹只需发一个音:"cao"。但是,这个字怎么写?手边看到的就有"抄""超""钞"等各种写法,但显然它们都只是取其音同的借字。

这个勺子在古代也有不同写法。

儒家十三经之一的《仪礼》注曰:"匕,状如饭橾";"匕"和"橾",都表示饭勺。"匕"的本义就是勺子。《三国志》记载,当曹操点破谁是今天下英雄时,"先主方食,失匕箸";刘备一惊之下,调羹、筷子也掉在了地上。然而,读音和上海话"cao"相近的,当是"橾"字。《集韵》:"橾,千遥切,同䉛,鍫也。""鍫"是"锹"的异体字,而"䉛"是古代的一种量器,可见那"橾"就是长得像锹似的量具。究其原来,勺最初也是拿来当量具用的。

杜甫《与鄠县源大少府宴渼陂》诗云:"应为西陂好,金钱罄一餐。饭抄云子白,瓜嚼水精寒。"徐复注疏说,里面的"饭抄"也作"饭橾"。这样,除了那把被认可为匙勺的"橾",又引出了"抄"字。"抄",虽说和盛饭舀汤等有关,却多用作动词。唐代韩昌黎在《赠刘师服》中感叹自己牙齿豁落者多,"匙抄烂饭稳送之,合口软嚼如牛呞。"明代岳元声对《春秋》《史记》等文献中的方言土语进行研究解释的《方言据》里作"橾":"载饭入盂者谓之橾,此遥切。"就是说,把米饭盛入碗里的那个活计,叫作"樔"。"樔"与"巢"通,树梢间半圆的勺状鸟巢,与那把调羹也真有得一比。在清代《野叟曝言》里看到的是"超",第八十八回素臣救王子一节:"药超入口,不能下咽","再超热药入口"。

宋代《广韵》作"㮰":"抄饭匙也,七遥切。""㮰"的读音也和挖掘工具"锹"相近,抄饭匙也就是一个缩小版的锹铲,上述的"樔"也曾被比作锹。"㮰"的读音更接近"qiao",而不是"cao"。当然也是可考的一说。

鲳鱼、鳊鱼、槎鳊鱼

上海人多把鲳鱼称作"车扁鱼"(或"车鳊鱼""叉片鱼")。那么问题来了:这个"车"(或"叉")是从何说起的呢?其实,最初"车扁鱼"不是指海里的鲳鱼,而是指河中的鳊鱼。"车扁鱼"的正确写法是"槎鳊鱼"或者"槎头鳊"。

"槎"或"槎头"是指古代一种下面带栅栏的、类似木筏的东西,固定在河中,用于拦留过往的游鱼,有点像今天到处可见的水产网箱养殖。三国时期号称"东州大儒"的孙炎释《尔雅》云:"积柴木水中养鱼曰椮,襄阳俗谓鱼椮为槎头。言所积木槎牙也。"东晋史学家习凿齿《襄阳耆旧记》进一步说:"汉水中鳊鱼甚美,常禁人捕,以槎头断水,因谓之槎头鳊。""槎鳊鱼"的"槎"(亦即"车")由此而来。这种捕鱼方法早自《诗经》就有记载:"鱼丽于罶,鲂鳢";罶即栅储,鲂即鳊鱼。

古时候,槎鳊鱼鲜香美味到常入文人诗句的地步。孟浩然《岘潭作》:"试垂竹钓竿,果得槎头鳊。"杜甫《解闷》里有"即今耆旧无新语,漫钓槎头缩颈鳊"诗句。明代有传奇身世的英宗朱祁镇,在其还朝复辟后写的《赐襄阳王瞻墡四时歌》中,也曾提到这个槎鳊鱼:"适情细脍槎头鳊,洽欢满泛宜城酒","放船钓取槎头鳊,剩沽白酒宁论钱";失而复得帝王地位后,恣意享受生活的心情跃然纸上。

鳊鱼和鲳鱼形体相近,但河海相隔,同纲不同目。过去,鳊鱼精贵难得,非鲳鱼所能比。1946年、1947年《上海年鉴》统计,上海全年海鱼和河鱼的供应量之比为23.3∶3.2(万担),且其列出的十多种"重要河鱼类"中,有时还看不到鳊鱼。于是,车扁鱼(槎鳊鱼)的名称便被安在同样扁扁体型的鲳鱼身上,也有人称之为"鲳扁鱼"或"鲳片鱼"。直到改革开放、农副产品供应充足后,昔日诗人笔下千般美好的鳊鱼,才被端上寻常百姓的餐桌。

现在菜市场的商贩和买菜顾客,都把"车扁鱼"认作鲳鱼。约定俗成,无可厚非。只是要说圆这个"车"字,就不得不穿越回"槎鳊鱼"的时代。

(原载2019年5月5日《新民晚报》)

小偷、铳手、"三只手"

窃贼、小偷,被人分为很多种类,上海人把专事从他人口袋、提包中窃取钱物的人叫作"铳手"。

"铳"最早是指古代刀斧兵器装手柄的那个金属孔。《广韵》:"斤斧受柄处也。"火器用于战争后,人们把那种相对短小的管形火药弹丸发射器称为"铳",或者叫"火铳",因为那东西也有一个金属孔洞。薛理勇

铳

认为,小偷从他人口袋里偷东西,与古代火铳手从火药袋中取药装填的动作形态相像。于是,"铳手"的称呼便从操作火器的士兵变成了上海人口中的窃贼。除了形态外,估计两者都需身形快捷,也是共用该词的一个原因。《沪谚外编》:"铳手,具敏捷身手之偷儿也";《清稗类钞·方言·上海方言》:"铳手即剪绺贼,汽船、汽车及码头上并闹市中均有之";清代小说《冷眼观》:"我们搭的船尚未靠过码头,这班偷东西的铳手必定还未起岸"。

有一些书籍将"铳手"写作"㧐手"。"㧐"字在明代万历年间的《字汇》里有载,释为:"音铳,跳也"。是否借提手旁转义?未见依据。也有写作"舂"的,那就仅借其音了。

上海人还谑称扒手、偷儿为"三只手"。谓两手之外,多出一只偷窃之手。《越谚》:"三只手,亦窃盗隐名。"为此,出现一个生造字:"掱"。这个字形一目了然的新字,读音却未见确定。写作"扒掱"时,读若"shǒu"。《上海方言字拾零》:"掱,扒手的手字别字";《清代末期的上海话》内,专有一篇"论扒掱",注音也是"shǒu"。而写作"掱手"时,读若"bo"。《简明吴方言词典》:"掱手同扒手";《清稗类钞·盗贼》:"掱手,掱,音爬,同扒手";《辞海》兼顾两读,释曰:"掱,pá,又读 shǒu,俗称扒手为三只手,因写作'掱手'或'扒掱'"。然而并未万全,"掱"还有一种读法,读若"三只手",变成一个多音节字。《1930年代的上海话》:"为今朝早晨头额角头勿高,拨拉三只手(掱)摸脱一只皮袋";《上海方言词典》:"三只手俗写作掱"。这类多音节汉字原来还有许多,例如,图书馆作"圕",混凝土作"砼",海里作"浬",英寸作"吋",等等,都被现代汉语规范掉了。需要说明的是,这个"掱"字不应算作古汉语词。

(原载 2018 年 4 月 22 日《新民晚报》)

伸出筷子"搛""敁""梜"

使用筷子是中国饮食文化的一个显著特征。用筷子夹菜,上海人称作"搛"。2009年10月6日《新民晚报》有篇文章描写:"搛起的菜要经历茶几与地板、沙发间的'长途跋涉',才能进嘴巴";小说《初中生肖元元》里说:"爸爸妈妈陪在身边,争先恐后地给他搛菜"。在文献中能看到,古人也用这个"搛"字。明末清初的小说《春柳莺》:"内有一老者,叫人斟了一碗酒,搛了两块肉,递与石生。"《红楼梦》第四十一回,贾母款待刘姥姥时,"凤姐笑道:'姥姥要吃什么,说出名儿来,我搛了喂你。'……贾母笑道:'你把茄鲞搛些喂他。'凤姐儿听说,依言搛些茄鲞送入刘姥姥口中。"

"搛"在古汉语里是个多音字。念"lián"时,意思是击鼓,念"jiān"时才表示夹菜。《集韵》:"离盐切,音廉,击鼓也;坚嫌切,音兼,夹持也";《嘉定县续志》:"俗谓以箸取物曰搛"。

薛理勇发现了另一个字:"敁"。"敁"的一个读音与"搛"相近,意思也吻合。《广韵》:"敁,居宜切,音羁,以箸取物";宋代赵叔问《肯綮录·

敧》："以箸取物曰敧"。"敧"还有另一个读音和另一重含义，是不端正、不平整的意思。《集韵》："去倚切，音绮，不齐貌"；唐代白居易《新昌新居书事四十韵，因寄元郎中、张博士》："檐漏移倾瓦，梁敧换蠹椽"。这里有个长得类似、极易混淆的字——"攲"。一个右边是"支"，一个右边是"攴"；"攲"念"qī"，原来是一种平衡器具，后来引申为倾斜的意思。《孔子家语》："孔子观于周庙，有攲器焉，使子路取水试之。满则覆，中则正，虚则攲。""攲"和碗筷餐具没有关系。《康熙字典》在"攲""敧"两处分别按语："攲字与支部敧字不同"，"敧与支部攲字不同"；而《中华字海》认两字为同一字，这恐怕是后来兼用较多、以讹传讹而造成的误解。

还有一个和"敧"的读音及含义几乎完全相同的字："掎"。《集韵》："居宜切，音基，以箸取物也。"清代蒲松龄所著的通俗说唱作品集《聊斋俚曲》："鸡肉掎了不够几块儿。"

在上海话中，"搛"和"敧""掎"的读音略有不同，前者读若"兼"，后两个读若"基"，意思是相同的。

（原载 2018 年 9 月 16 日《新民晚报》）

得寸进尺脚脚荐

老上海把占便宜、占地方说成"荐便宜""荐地方"，把得陇望蜀、一步步地进占，说成"脚脚荐"。评弹《李双双》中，孙喜旺抱怨说："每次吵相骂，每次我先落篷，这样她得寸进尺，脚脚荐。"

"荐"看似是"薦"的简体字，其实古代两字并存。"薦"的原义是蒿草，而"荐"的含义要更多些，但都没有占有、进占的意思。两字的读音，在《广韵》中分别为"在甸切""作甸切"；差不多就是发尖团音的上海话

"尖"字。这和前面提到的"荞便宜""荞地方""脚脚荞"读音倒是相符的。

上海人为什么不直接用"占"字呢?"占",除了观兆问卜的本义外,早就有"占有"的含义。《广韵》:"固也";《韵会》:"固有也";《增韵》:"擅据也"。唐代罗隐《蜂》诗:"不论平地与山尖,无限风光尽被占";唐代韩愈《进学解》:"占小善者率以录,名一艺者无不庸"。窃以为问题大概出在读音上。"占"在古汉语里的读音,与荞、薦相近。《唐韵》:"职廉切",《集韵》:"之廉切";都是三十六字母中的精母齐齿呼。语言学家刘半农在为《何典》所用的"荞便宜"一词作注释时说:"荞,占字之音转。"《简明吴方言词典》也说:"荞,占字的白读。"就是说,当"占"被读作"zhan"时,依旧习惯读"zian"音的地方就把它记音成了"荞"。

笔者以为最适合的,当是"僭"字。《正韵》:"僭,子念切,尖去声。"该字的原意就是超越本分。在礼仪严谨、苛求法度的古代中国,举止依规、进退有据,是帝王统治的重要基础之一。越礼越规、超越本分是一件十分严重的事情。因此,含"僭"的词组多是表示越规侵占的意思。这在古代文献中是大量存在的。《史记·韩长孺列传》说梁孝王"出入游戏,僭于天子",意思就是说他占汉景帝的便宜。《汉书·师丹传》:"故定陶太后造称僭号,甚悖义礼";"僭号"即超过本分的封号。宋代岳飞《奏画守襄阳等郡营田札子》:"刘豫僭臣贼子,虽以俭约结民,而民心

刘半农

终不忘宋德";"僭臣"即犯上作乱之臣。宋代苏轼《应诏论四事状》:"臣辄不避僭妄,窃详和买之法";"僭妄"指越分而狂妄。此外,尚有僭王、僭元、僭礼、僭伪、僭忒、僭位等词。

这种越位和过分的行为放在民间,就是"僭便宜""僭地方""脚脚僭"。明代冯梦龙《山歌》:"约郎约到月上天,再吃个借住夜个闲人僭子大门前";清代弹词《合欢图》:"勿要假装肚痛将出恭,暗中撇我去僭便宜";清代小说《九尾狐》:"云帆反被鲁卿僭了便宜";明代短篇小说集《清夜钟》:"怪淫妇,你僭住汉子快活勾了,怎还容不得我?"都直接用了这个"僭"字。

可见,认真理论的话,"荐"和"占"在此大约都应让位于这个"僭"字。

沪上蜘蛛称"蠿蛛"

蜘蛛属节肢动物,它的出现比人类历史要早得多。据信在3亿8千万年以前,地球上就有蜘蛛存在。蜘蛛古汉语写作"鼅鼄",也简称"蛛"或"鼄";北宋王安石《字说》解释其名称来源说:"设一面之网,物触而后诛之"。

上海人习惯称蜘蛛为"结蛛"或"蝍蛛"。《汉语方言概要》《上海方言词典》《简明吴方言词典》等书中,都能查到"结蛛"一词。《吴歌戊集》里有一首民歌这样写:"蝍蛛网里多里多,姆妈叫俉织绫罗。"

可以说,"蝍"和"结"均为借音俗写,其本字当为"蠿";"结(蝍)蛛"应是"蠿蛛"。汉代《说文解字》:"蠿,蠿蟊作网,蛛蟊也";宋代《集韵》:"蠿,株劣切,音辍,虫名,茅蜘蛛也"。这个"朱劣切",就是"蝍"和"结"

所借用的音,上海话也读若"结"(入声)。直到明清时期,依然有把蜘蛛称作"蠿蟊"的。明代孙楼《吴音奇字》:"蠿:音结,方言,蠿蟊";清代段玉裁《说文解字注》中也有对"蠿蟊"音义的注释。

最初的"蠿蟊"未必就是泛指的蜘蛛。我们现在知道,蜘蛛的种类多达近4万种。除了各种专有名称外,蜘蛛还有许多别名。例如,网虫、扁蛛、园蛛、八脚媳、喜子、波丝等。中国古代对蜘蛛的称呼也各有不同。《尔雅疏》:"江东呼蝃蝥";《方言》:"自关西而秦晋之间,谓之䵹蟊,自关而东赵魏之郊,谓之䵹䵹,或谓之蠾蝓,北燕、冽水之间,谓之蝽蛈"。

上海人除了称之为"蠿蟊"外,也有叫"喜蛛"或"蟢子"的。这和北方人专称长脚蜘蛛为"喜蛛"不同,在有些上海人看来,清晨看到蜘蛛,是一种吉祥的预兆,因此,此时的蜘蛛都叫作"喜蛛"。唐代权德舆的《玉台体》诗:"昨夜裙带解,今朝蟢子飞",说的就是预感丈夫将回返的喜悦心情。据刘勰《新论》云:"野人见蟢子飞,以为有喜乐之瑞";清代陈婉俊也有相同的补注:"今野人昼见蟢子飞者,则以为有喜乐之瑞"。

污渍脏痕叫"迹浞"

上海人把衣物或东西表面弄脏的痕迹,称作"迹浞"。说"地板浪侪是油迹浞",意思是地上都是油渍;说"袖子管浪迹浞汏也汏勿脱",意思是袖口上的污痕洗不干净。这个"浞",就是保留在上海话中的古汉语字。

浞,《唐韵》:"士角切,音捉。"《说文解字》和《玉篇》分别释为"濡也""渍也"。"濡""渍"都有弄湿、沾染的意思。譬如《诗·国风·邶风·匏有苦叶》:"济盈不濡轨,雉鸣求其牡。"郑玄注《诗·小雅·信南山》云:"天子剥削淹渍以为菹。"同时,"濡""渍"也都有脏物、污染的含义。"濡"可以指尿液,"濡濯"是指给死人洗过头的脏水。"渍"也用来表示沉淀或渣滓或造成污迹的东西,例如油渍、水渍、茶渍等。唐代诗人杜淹的《咏寒食斗鸡应秦王教》中,有"飞毛遍绿野,洒血渍芳丛"的诗句;"渍"就是指污染。因此,"迹泋"的用法也理所当然。上海人说的油迹泋、水迹泋、痰迹泋、血迹泋、饭迹泋、墨迹泋等,应该都是这个"泋"字。

老上海话中,还有一个和"迹泋"读音差不多的词:"结足"(也写作"结作"),指的是结实、敦厚、饱满。说"迭个人身体蛮结足个",是指此人体格健硕;说"货色堆得结结足足",是指货物堆放得结实、牢固。好在现在人们大多用"扎足"代替"结足",因此也没有错用的机会;不过,"迹泋"的用法依然普遍。

表示不正"笡""揸""赿"

表示"不正"的概念时，上海人把"斜"（xie）念成"xia"，把"歪"（wai）念成"hua"；还有一个也可以和"斜"对应的读音是"qia"。这个念作"qia"的，在古汉语中是确有其字的，那就是"笡"。

笡，《集韵》："七夜切，音赿"；上海话读"笡"若"洽"（qia）。1973年出版的《汉语常用词典》所附"浙江常用方言字"中，将"笡"的读音注为"妻呀"（合音），非常适合。古代"笡"就是斜的意思。《广韵》："迁谢切，斜逆也。"唐代元稹的《胡旋女》，描写的是西域民间舞蹈，其中"潜鲸暗噏笡波海，回风乱舞当空霰"的诗句，就是形容舞者像灵动的游鱼，侧身逐流、随风摆袖的样子。

笡，也被写作"揸"。明代《蜀语》："斜曰揸，揸，且去声"；1935年版的《萧山县志稿》："斜而不直，侧而不平，皆曰揸"。按熊加全的考证，"揸"是"笡"的繁化俗字。还有将"笡"写作"赿"的。元代《陈州粜米》："休要量满了，把斛放赿些，打些鸡窝儿与他"；《西厢记》："昨夜个翠被香浓熏兰麝，欹珊枕把身躯儿赿"。其间的"赿"都是读作"笡"的歪、斜的的意思。

上海话形容歪斜不正时，字是发"xia"（斜）音还是发"qia"（笡）音，是按使用习惯区分的。不妨体会一下这些说法：称歪脖子为"笡头"，称斜对面为"笡对过"，称眼睛斜视为"笡巴眼"，称没对准为"笡脱了"；说

"笡转仔身体写字",意为身子歪着写字;说"镜框有点往左面笡",意思是镜框没挂端正,向左边倾斜了。当然也有不那么严格精准,把"笡"(qia)念作"xia"的;就口语而言,能听懂就行了。

可口生鲜说䱒蟹

在上海经久行销的一道宁波菜,叫"䱒蟹"。据说此种佳肴历史悠久,已经传吃千年。这个"䱒",就是保留在上海话中的古汉语字,读若"枪"(qiang);《玉篇》:"䱒,齿艮切,音昌,卤渍也。"

䱒蟹

据说,䱒蟹的做法是将活梭子蟹用一比一的浓盐水腌浸。其中的要诀,是溶盐不能用热水和煮开过的凉开水,否则,制成的蟹肉容易发黑。"䱒"字的半边就是"卤(鹵)","盐卤"看似为并列结构的同义词组,实则是有区别的。《广韵》:"天生曰卤,人造曰盐。"所以,严格地说,盐不是卤。"䱒"不是简单的加入食盐,而是"卤渍";之所以要用没有加工过的生水化盐,也是为了尽可能使"人造盐水"靠近"天生"。

随着人们口味的变化和烹饪技术的改进,有时䱒蟹还会加入酒和其他调料,出现了类似"䱒蟹"的"䱒虾""醉蟹"等菜肴。"䱒"的适用范围也随之扩大。于是,《中华字海》注释"䱒"时说:"用盐浸渍";《汉语方言概要》则释为"用酒渍腌蟹虾"。顺便说一下,醉蟹原是安徽小吃,以河中的螃蟹为制作主料。

"齔"有时也被写作炝、呛、抢等。用"炝"代替"齔"会引出歧义。"炝"是一种有所专指的烹饪方法,和拌菜更加接近,就是把切成的小型原料,用沸水焯烫或用油滑透,趁热加入各种调味品。常见的如炝腰花、炝菜花、海米炝芹菜、炝虾仁豌豆、酸辣炝炒藕片等。此外,呛、抢都有各自的词义,代替"齔"字是因其同音,明显只是假借而已。没有卤,何来齔。

(原载 2018 年 10 月 14 日《新民晚报》)

新做墙面黑枪篱

"枪"和"篱",都是现代汉语中的常见字,但它俩作为一个词组,却已被"百度汉语"网站列为方言。对现在的上海人来说,"枪篱"一词并不陌生,上海话中的"枪篱"就是竹篱笆,也叫作"枪篱笆"。胡祖德《沪谚》注曰:"竹笆曰枪篱";许宝华在《上海方言词汇略说》中也说:"枪篱笆:篱笆";吴连生《吴方言小考》中考证:"篱笆的材料是芦苇和竹子,这些材料做成篱笆以后,杆梢直上森立,如刀枪剑戟,所以取名枪篱笆"。据褚半农老师考证,过去这种枪篱笆还可是沪上民居"绞圈房子"的组成部分,用以加固房屋的外壁;宋代庄绰《鸡肋编》"檐下篱壁皆不泥隙"即是佐证。

许宝华

这个"枪篱",我们可以在许多历史文献中看到。明代《金瓶梅词话》:"里面仪门照墙,竹枪篱影壁";"李娇儿道:俺家没半门子,也没竹枪篱"。《山歌》:"新做墙面黑枪篱,篱篱里面有介个小囡儿。"清代《儒林外史》:"老爷明日到永袜巷,看着外科周医生的招牌,对门一个黑枪篱里,就是他家了。"《缀白裘》:"左边是枪篱,右边是打墙。"现代沪剧《珠彩记》:"东边是枪篱笆,西边泥打墙,后面还有只臭水坑。"

不要小看井市乡间、道旁巷里这个竹子编排的枪篱(笆),它是有来历的。

"枪篱"原作"枪累",汉代扬雄《长杨赋》:"扼熊罴,拖豪猪,木雍枪累,以为储胥";唐代吕延济注曰:"枪累,作木枪相累为栅也"。也作"枪垒",唐代祖咏《扈从御宿池》诗:"君王既巡狩,辇道入秦京。远树低枪垒,孤峰入幔城。"还有写成"枪帘"的,顾颉刚编的《吴歌甲集》:"触杀老鸦呒肚肠,肚肠挂拉枪帘上。"直至现今,《汉语大词典》依然可以查到"枪累"和"枪垒"这两个词组。可见,上海人口中的"枪篱(笆)",非但曾与日常家居紧密相连,还是在古代汉语里有案可稽的。

贴肉切削曰"椠皮"

椠,读若上海话"千",用刀贴着肉去除苹果、生梨等水果的皮,叫"椠皮"。《集韵》:"七廉切,切割也";《广韵》:"七廉切,削皮"。"椠"最初是指牍朴,《说文解字》:"椠,牍朴也",徐铉注曰:"始削粗朴也",就是古代用木料削成的、以备书写的素牍。东汉王充《论衡》中"断木为椠",说的就是它。

不知怎么,切割的结果变成了运刀的过程。上海话中的"椠"就是宋代韵书已经注释的切、削。相传旧时上海大亨杜月笙就有一手䂮皮绝活，出道前，以"水果月笙"绰号闻名。钱乃荣在《新民晚报》上海闲话栏目介绍上海风味小吃时，讲到的"苏北人卖䂮光嫩地栗"，也就是削过皮的荸荠。应着这个贴肉薄削的意境，沪上足浴店常见的"扦脚"项目，理应写作"䂮脚"。当然，另有一个上海话熟语"牵头皮"，意思是数落、揭老底、旧事重提，那是绝对不能写作"䂮头皮"的，不然就有行凶谋杀之嫌。

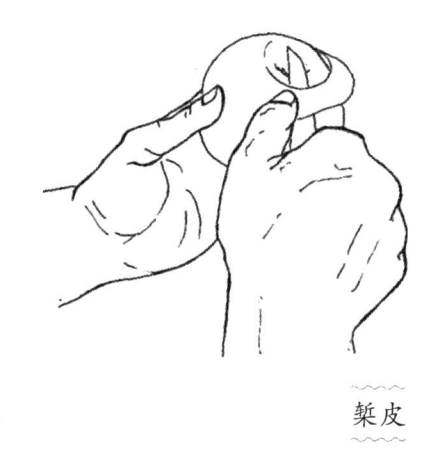

虽说对这个"䂮"字无甚异议，但可能是因为略显生僻，我们还是能看到一些其他的借代写法。譬如，《山歌》："姐儿生得貌超群，吃郎君缠住一黄昏，好似橄榄上金皮舍弗得个青肉去"；其中"金皮"即"䂮皮"。此外，还有写作"劗"的，《玉篇》："七廉切，音金，割也"；写作"鈛"的，《吴音奇字》："鈛，音千，以刀细割之也"；写作"鎜"的，《张江镇志》："鎜，削果皮"。

跛足瘸腿称"跷脚"

"跷"的上海话读音和普通话差不多，只是不念平声而念去声，但有一个普通话中已经没有的含义：跛、瘸。上海人把瘸子称为"跷脚"。茅盾《脱险杂记》："他一跷一拐地努力走着"；小说《繁花》："新佾人是跷脚，走一步，踮三记"；《上海产业与上海职工》："工人时常在搬运木箱时压着脚而造成终身跷脚"。

沪语古韵

茅盾

"蹩"字的这个含义并不是上海人的自创发明，而是古已有之。明末清初戏剧家李渔《奈何天》里有句台词："一发奇怪，连脚也不蹩，背也不驼了"；清代诗人赵翼《行围即景·跳驼》诗题注："蹩足者跃过驼背"；署名姬文的晚清小说《市声》："一个吊眼皮的杨福大，一个蹩脚的萧寿保"。

早在秦代，《吕氏春秋》中就有"意气易动，蹩然不固"的句子。其中的"蹩"就有不踏实、不平衡、不稳固的意思，"蹩脚"的含义，应该是由此引申而来的。2003年出版的《上海话流行语》对"蹩脚"的注释是："指事情搭配或发展不平衡。"上海民间常把缺一个人参与的四人麻将游戏，称作"蹩脚麻将"，就是借"蹩脚"一词形容游戏失去了四平八稳的常态。此外，借由"蹩脚"而形成的上海话熟语"脚高脚低"，也是表示时好时坏不稳定。

这个"蹩"字在上海话中还有一个特殊的用法："蹩辫子"，那是人死的讳称。《切口大词典》："蹩辫子，死也"；《清稗类钞·方言·上海方言》："蹩辫子，人死也，虽对于无辫子者，亦有此言"；清代常州人李宝嘉作《官场现形记》："谁知道他的药吃错了，第二天他就蹩了辫子了"。即便是这个用法，也还是能找到早先的案例。《牡丹亭·闹殇》："较不似老仓公多女好，撞不着赛卢医他一病蹩。"《牡丹亭》的作者汤显祖是明代江西临川人。

从"撬边"讲到"襎縪"

俗话说:秀才读半边,"襎縪"一词在上海话中差不多就只读其右半边的平声"qiao bian"。"襎縪"通常被写作"缲边""撬边"。曾风行一时的"上海清口"中所说的"翘边模子",用的就是该词的衍生含义。王光汉《词典问题研究》一书,引用《仪礼·丧服》"凡衰,外削幅;裳,内削幅"句,认为"缲边"的"缲"应为"削"(音 qiāo)。

"襎"最早只是指麻鞋。《管子·轻重戊》有云:"鲁梁国中之民,道路扬尘,十步不相见,继襎而踵相随,车毂齫,骑连伍而行";这襎就是鞋子。后来引申来指一种缝纫的方法,就是把布帛的边向里卷起再缝上,这样,外面不露针脚,显得很美观。

"縪"还能在《现代汉语词典》中查得,但已被注明只用于方言。"縪"是衣物的边缝。唐代敦煌变文说,万回和尚一日内从万里之外带回其兄的汗衫,"母自认得缝縪,讶极异事。"现在上海人把折缝进衣服里子形成"光边"的那条"缝縪"称作"贴縪",俗作"贴边"。张爱玲在《红玫瑰与白玫瑰》中写不得意的振保:"老妈子说他的纺绸衫洗缩了,要把贴边放下来。""放贴縪"曾是上海人在衣着上精打细算的惯用手段。袖口、衣襟、裤腿,都有"贴縪"可放。镶上其他布料,熨烫服帖,嫌短的衣物又可以将就维持再用。

早期的记录中,"襎縪"(撬边)也写作"缲襹"或"撬巴""撬霸"。这个"襹",就是指衣服的大身下边口,以及袖口、裤腿等处。至今衣服前后幅的最下端,依然称为"下襹"。"襹"的另一个读音就近似上海话的"边"(《集韵》:"班糜切")。因此,过渡到"襎縪"(撬边)也属顺理成章。

在上海话中,"撬边"专指多人合伙连裆行骗,团伙成员假装与行骗者不相识,在边上暗中逗引他人上当受骗的行为。那么,"繑缏"是怎样沾上"撬边"这条"边"的呢?薛理勇在《上海闲话》里说得清楚:"繰边是将衣服中不宜外露的毛口缝进去,犹如暗中把行骗者的破绽掩盖起来"。由是,助骗撬边之人,就被戏谑地称为"撬边模子"了。

(原载 2015 年 11 月 1 日《新民晚报》)

话好话怵侪是伊

在老上海口中,"好"的反义词更多的未必是"坏",而是"怵"。怵,上海话读若"秋",上海方言熟语中常可见到:"勿知好怵"(不识好歹),"嫌好道怵"(挑剔苛求),"好人怵脾气"(性格耿直),"怵戏多锣鼓"(华而不实),"一张嘴两爿皮,话好话怵侪是伊"(空口无凭)。这个"怵"字的依据来自宋代《广韵》:"怵,戾也,去秋切";音义皆合。《上海方言词典》《简明吴方言词典》等书中,用的都是该字。

也有将"怵"写作丘、邱、歉、邹、伹、惆等。评弹《老地保》:"徐少爷脾气丘煞";小说《海上花列传》:"要好勿会好,要邱也勿会邱";小说集《警世通言》:"却不道歉人带累好人";《太仓州志》:"货低曰丘,亦曰邹";戏剧《石榴园》:"那关云长武艺高,张车骑情性伹";戏剧《西厢记》:"不提防夫人情性惆,拕下脸儿来不害羞"。

《上海闲话》中另列"愀"字为释。"愀"也可读作"秋",《集韵》:"雌由切";原意是忧、愁、容色改变。《类篇》:"七救切,音近僦,萧条貌。"拿来作"不好"讲时,用法和"怵"相差不多,只是该字被认可、使用的范围不广。

1998年汉语大辞典出版社出版的《吴方言词考》考证这个"怵",提出其本字应为"鰍",让人耳目一新。"鰍,谓杂小鱼也。引申指小人貌。……由小人貌引申为人的脾气坏,又扩而大之,指物品的质量低劣。"鰍,《广韵》:"徂鉤切,七逾切";《集韵》:"仕九切,士垢切"。读音与如今的"秋"有关联,后引申为浅陋,卑微。《史记·项羽本纪》:"鰍生说我曰:'距关,毋内诸侯,秦地可尽王也。'"鰍生就是指浅薄愚陋的小人,是骂人之词。之后,渐渐用作自谦之词。后晋时成书的《旧唐书·萧遘孔纬等传论》:"嚚浮士子,闒茸鰍儒,昧管葛济时之才,无王谢扶颠之业。"宋代王禹偁《北狄来朝颂》:"鰍儒献颂,永孚千秋。"宋代沈括《谢赐对衣表》:"伏念臣降才鰍愚,趣学卑陋。"其中的鰍儒、鰍愚都是说自己浅薄迂腐的意思。后世这种自谦之词也还能常见。清代姚鼐《王少林读书图》诗:"王君先达居上头,我才于世真一鰍",章炳麟《〈南洋华侨志〉序》:"侨人虽鰍浅,犹有一善,悼念宗国,无忘二郑";用法雷同。不过,这和上海人所说的"好怵""怵人""怵脾气""怵人头"等还是不甚相同的。

揿牢牛头勿吃草

"揿"和"搇"是异体字,上海话读若"请",是用手按、压、摁的意思;早年,"揿"还有一个"手"在"欽"下的异构字。这是个普通话里已经不用了的古汉语字。《集韵》注为:"丘禁切,钦去声,按也";明代孙楼编辑的《吴音奇字》注为:"扭物使之下也";民国时期胡祖德编辑的《沪谚》说:"俗呼按曰揿"。

"揿"在各种历史文献中还是用得比较多的。《南齐书·高帝纪》:

"人有罪,辄付桓康揿杀之,俗谓手按曰揿";《二刻拍案惊奇》:"忽然一阵旋风,搅到经边一掀,急得辨悟忙将两手揿住,早把一页吹到船头上";《海上花列传》:"张蕙贞忙上前替他把头用力的揿两揿,拔下一枝水仙花来"。到了现代,张爱玲在《红玫瑰与白玫瑰》里写:"振保下班回来,一揿铃,娇蕊一只手握着电话听筒替他开门";金宇澄的《繁花》里也说:"李李面色大变,立起来要发作,阿宝连忙揿牢,徐总微醺,低头戆笑"。"揿"都是按、压的意思。

在上海人的日常生活里,"揿"这个字也有广泛用途。上海人把图钉称作"揿钉",把摁扣称作"揿钮",把订书机和其时用的钉子称作"揿书机""揿书钉",把按电铃称作"揿电铃",把摁手印称作"揿手印"。上海话里还有许多含有这个揿字的熟语,如:"揿了甏里",意为置于绝境;"揿头揿脚",意为死死按住;"揿头割耳朵",意为硬逼着干;"揿牢牛头勿吃草",是说不能勉强;"揿仔两头打当中",就是谑称打屁股;"揿牢眼睛哄鼻头",是自欺欺人的意思,等等。

象牙筷浪扳皵丝

小说《上海爷叔》中的老爷叔有一段连珠炮似的辩白:"我说话字字有茎有叶句句有根有攀你扳不住雀丝寻不到漏洞捉不住辫子!"此中的"雀丝"应写作"皵丝"。这个"皵"也是保留在上海话中的古汉语字,上海话读若"恰"(qia,入声)。

皵,古代也写作"㓤"或"㭕"。《说文解字》:"皵,木皮甲错也";《尔雅》:"㭕:皵";《集韵》:"㓤,七约切,音鹊,木皮理错也,或省做皵"。其最初是形容树皮粗厚裂坼的样子,也特指竹木等表皮裂开翘起的刺杈。

《定海县志》:"竹木等外皮斜起未断亦谓之皻。"

在上海话中,人们用它来比喻找茬、挑毛病。有一句经典的上海方言熟语,叫作"象牙筷浪扳皻丝",就是鸡蛋里挑骨头、没事找事的意思;因为在光洁滑润的象牙上,是不可能像竹木表面那样起毛生杈的。上例中老爷叔讲的"雀(皻)丝",就和后面提到的"漏洞""辫子"一样,都喻指差错,借以喻指无事生非。1925年世界书局石印本《昆曲大全·双玉燕》里有一句台词:"若测测没没个溜上去,寻点啥鹊丝没,有啥招架?"其中的"寻鹊(皻)丝",也是同样的比喻。

"皻"字保留在上海话中的另一个用法,是指手指甲边缘翻翘起的一线皮肤或破损的茬口,这也是传承自该字的古义。宋代《广韵》注曰:"皻,皮细起,皮皱";清代《土风录》:"皮碎上起曰皻,音鹊";《吴下方言考》:"鹊,皮叉起不顺也"。这个细起、上起、叉起的皮,上海人管它叫"肉皻皮",好像是手指长出的小枝杈。《简明吴方言词典》给出的例句说:"迭个小囡一日到夜白相烂泥,弄得只只节头才有肉皻皮",意思是,这个小孩整天玩泥巴,把每根手指的皮肤都弄破、起肉茬了。

此外,上海话中还有"对皻丝"的说法,指旧时为防止作弊,搓麻将前检验麻将牌背面的竹纹是否有暗记。

(原载2019年6月9日《新民晚报》)

粥茶酒水也说"吃"

上海话中很少把"喝"字当及物动词使用,说喝什么东西往往都说"吃":吃酒、吃汤、吃粥、吃茶叶茶、吃白开水等。拿"吃"当"喝"用是符合古人语言习惯的。

现代汉语普通话中,"喫"是"吃"的繁体字、异体字。然而,"吃"和"喫"在古代是同时使用的两个字。东汉许慎《说文解字》对这两个字的注释分别是:"吃,口謇难也,从口,气声,居乙切";"喫,食也,从口,契声,苦击切"。同时代服虔撰《通俗文》对"吃"的注释是:"语不通利谓之謇吃。"也就是说,当时的"吃",只是用来形容说话结巴、"口謇难",而非进食。《史记·老子韩非列传》:"非为人口吃,不能道说而善著书";《史记·张丞相列传》:"昌为人吃,又盛怒"。分别表示韩非和周昌口吃、说话结巴。唐代释玄应的《一切经音义》把这个口吃描写得更加详细:"语难也,气急言重"。而"喫",既可表示现在吃字的意思,也可表示喝的意思。《玉篇》:"喫,啖也";《正韵》:"喫,饮也"。

看看古人应用的实例。唐代杜甫《送李校书二十六韵》:"临岐意颇切,对酒不能喫。"晚唐时日本僧人圆仁的《入唐求法巡礼行记》中,就有喫茶、喫粥、喫斋、喫羹、酒喫、喫饭浆等表述。晚些时候的《水浒传》:"你们不得酒家言语,胡乱便要买酒喫,好大胆!"《西游记》:"故此先来望你一望,求钟茶喫。"

在元明时期,"吃"已作为"喫"字的俗写使用,不再仅仅作为口吃讲,但其依然可以表示喝的意思。元代杂剧《东堂老劝破家子弟》有句台词:"他无我两个,茶也不吃,饭也不吃。"元代汉语会话教本《老乞大》也有这样的对话:"咱们今日筵席吃了多少酒?吃了二两银的酒。""到那里咱们吃几盏酒解渴,……吃几盏酒便过去。"明代郎瑛撰写的文言笔记小说集《七修类稿·事物》记载:"女子受聘,谓之吃茶。"

可见,上海人说"吃酒""吃茶"未必是用词不当,只是沿用、传承古代汉语的一些用法而已。

(原载 2018 年 9 月 23 日《新民晚报》)

曲蟮修龙天来上

2015年9月,《新民晚报》有篇介绍清代顾张思《土风录》的短文说:"苏州土得掉渣的词语在《土风录》里能找到不少,如曲蟮"。"曲蟮"就是"曲蟮",指的是泥土中的蚯蚓。

上海话中有不少与曲蟮有关的熟语:"田里曲蟮一肚泥"(不学无术),"猫嘴里挖曲蟮"(夺人口中之食),"一方曲蟮吃一方泥"(各有自己天地),"曲蟮剥落皮"(一无所有),"曲蟮唱山歌,有雨也勿多"(蚯蚓发声预示少雨),"蝼蛄唱得口凹酸,曲蟮落仔好名声"(欺世盗名),等等。沪剧《罗汉钱》有句台词:"指望你们曲蟮修龙天来上,为什么偏要蝼蛄打洞泥里登。"这"曲蟮修龙"也是一句熟语,意思就是修炼升华。据说当年沪上名人杜月笙在中汇银行开张仪式上也曾自嘲说:"伲是强盗扮书生,曲蟮修成龙。"直到2019年,网络上发表的《川沙乡土民谚俗语合辑》中,依然有"曲蟮修成龙"的熟语,释为"喻指一些原本地位极其卑微的人,经过无数磨难、砥砺和奋斗,最终出人头地、大有建树的过程"。

"曲蟮"虽说生长在泥土里,可是这个名词却是出自古典,并不土气。我国第一部按部首分门别类的汉字字典、南朝梁大同九年黄门侍郎兼太学博士顾野王撰写的《玉篇》里就有记载。历史地位极其重要的音韵学著作、宋代官至尚书右丞的丁度等人修订的《集韵》里也有记载。晋代崔豹《古今注·鱼虫》:"蚯蚓,一名蜿蟮,一名曲蟮。"《本草》:"蚯蚓,一名曲蟮,一名土龙。"宋代俞琰撰《席上腐谈》:"蚯蚓一名曲蟮,善长吟于地下,江东人谓之歌女。"说明蚯蚓、曲蟮是同时被使用的。这两个名字的源出,也颇有相似的解释。说蚯蚓,"因爬行时,先向后伸,垛起一丘再向前行,所以得名。"而蛐蟮则是"乍逶迤而鳝曲,或宛转而蛇行;任性行止,击物便曲"。皆与其身形有关。

据说,不独上海,我国很多地方方言都管蚯蚓叫"蛐蟮",包括浙江、山东、山西、四川、贵州、河南、安徽等。

(原载 2018 年 9 月 30 日《新民晚报》)

"掮""揵""撆""捰"扛东西

上海人把用肩膀扛东西称作"掮"。1958年上演的滑稽戏《三毛学生意》中有句台词:"我凭力气掮行李,啥事体要拜老头子呀!""掮行李"就是把行李扛在肩上的意思。上海人还把旧时的经纪人、中间商叫作"掮客";把上了他人的当去做吃力不讨好傻事的情形,称作"掮木梢";把抬出某个有权势人物以壮自己声势的行为,称作"掮牌头",等等。其中的"掮"都没离开"扛"的意思。

"掮"字上海话读音近"建"(浊音),早可见于明代李素甫的传奇《元宵闹》:"他是个哑道童,有些蛮力,故尔用他掮些行头。"清代《儒林外史》在描写抬新人的架势时说:"将掌扇掮起来,四个戴红黑帽子的开道,来富跟着轿,一直来到周家";"掮掌扇"就是举着长柄扇的仪仗。刘鹗《老残游记》中也有句子说:"只见外边有人掮了一卷行李。"

相信该字是后世在"肩"字的基础上增旁新创的,因为"肩"字原本兼有扛、背、负的含义。《左传·襄公二年》:"郑成公疾,子驷请息肩于晋";明代伍余福《苹野纂闻·终南勇士》:"俄有勇士以铁杖肩二物,前一虎,后一鹿,矫矫而归"。其中的"肩"就是承担、背负、肩扛的意思。新增的提手旁强化了其义符,可能旨在规范自宋以来其他与"掮"音义相同的字。而这些字大多比"掮"问世更早,譬如"揵""撆"

沪语古韵

刘鹗

"摡"等。

揵，《唐韵》："渠焉切，音乾，举也，以肩举物也。"郑玄疏笺《诗·小雅·都人士》中"彼君子女，卷发如虿"一句说："虿，蠚虫也，尾末揵然，似妇人发末曲上卷然。"汉代司马相如《上林赋》中也有这个"揵"字："鲛龙赤螭，鲭鳎渐离，鰤鱯鳍鮀，禺禺魼鳎，揵鳍掉尾，振鳞奋翼，潜处乎深岩，鱼鳖讙声，万物众伙。"唐代李善注曰："揵，举也。"民国时期出版的《青浦县续志》："以肩举物曰揵。"

擎，《说文解字》："举也。"《唐韵》："丘言切，音掀，举也。"《吴音奇字》："揵，音掮，驮物也。"

摡，《集韵》："渠言切，健平声。"《康熙字典》："吴言以身肩物曰摡。"清代光绪年间编印的《常昭合志稿》说："以肩承物曰摡。""摡"也可写作"勋"，《集韵》："渠焉切，负物也。"

2006年底的"首届国际上海方言学术研讨会"，商定用"揵"作为标准字来表示举，与表示扛的"掮"字并用。在上海话中，"揵"不一定用肩或用手，脚也可以"揵起来"（跷起来）；因此，这个分工是有道理的。

抖抖索索讲"颔颏"

现代汉语中的"颔"字有两个含义，一是指人的下巴，还有一个是指点头或摇头。《左传·襄公二十六年》:"逆于门者,颔之而已",指卫献公点头。唐代皮日休《悼贾》:"世既不平,颔吾道以为非兮,吾复何依",表示摇头不以为然。

把这个"颔"字的结构略作变化,调换一下构件的位置,差不多就是"顉"字。"顉"还是形容头部运动,只是从之前的点头摇头,变成了不受控制的颤动。上海人把头部不由自主地摇动、晃动、颤动,称为"颔顉",音读若"琴今",也可以简称为"颔",或"发颔"。说"伊气得发颔",就是说他气得发抖;说"看侬颔顉得结棍要去看医生",意思就是你头部颤动得厉害,应该去医院。

1940年《中国语文》第4期上,刊有舒风写的《上海方言字拾零》一文,其中就有这个"顉"字,注音若"琴",释义为"头颤动"。然而,读若"琴"(浊音)的,应当是词组"颔顉"中的"颔"字。《集韵》为"颔顉"一词的注释是:"颔,丘禁切,音搇;顉,宜禁切,吟去声;颔顉,首动也。"《吴音奇字》也列有"颔顉"一词,注曰:"颔顉,音琴妗,首动貌。"

不过,尽管是出自"嫡传"的古汉语,"颔顉"两字现在已经很难查到,且只能在一些老年人的口中偶尔听到了。2007年出版的《上海话大词典》列有"懔"字,读音虽与"颔"一致,词义已扩展为寒战、发抖,不再局限于头部颤动。

(原载2019年2月17日《新民晚报》)

甘蔗吃剩一黜黜

上海人形容比较短的一段、一截,说"一黜";"黜"读若"掘"(入声)。"比伊矮一黜",就是比他矮了一截的意思;"拨我短个一黜粉笔",表示要短的那截粉笔;"甘蔗吃剩一黜黜",即甘蔗被吃剩一小段了。还有上海熟语说"烂泥萝卜吃一黜揩一黜",比喻没有长久打算。"黜"也写作"黜",这种构件位置变换的情况在古汉语中并不鲜见。南朝《玉篇》:"黜,音辍,吴人呼短物也"。南宋时期金国韩道昭编撰的《五音集韵》沿用《玉篇》的注释:"黜,陟劣切,音辍,吴人呼短物也"。清代《吴下方言考》:"黜,音掘;扬子《方言》:'短也';吴中谓物之短而无文者曰短黜黜。"徐复老先生对"黜"字有详细的考证,他引述《新方言·释言》说,凡带"叕"并读"叕"音的字,都有短小的意思。例如,"叕",表示脸型短;"叕",表示气短;"椒",指短的柱子,等等。

徐复

那么来看看这个"叕"字。《唐韵》:"陟劣切,音辍";《现代汉语词典》注音为"zhuó";但是"百度汉语"等网络词典上,将"叕"标有多个读音:zhuó、yǐ、lì、jué。这些读音和"陟劣切"都可以有传承关系;而上海话中"短黜黜"的"黜",就是近"jué"的读音。顺便说一句,带"叕"的汉字现在还能查到数十个，读音也有很大区别。例如，读“jue”的叕、翪、趨、蹳；读“zhuo”的棳、娺、窡、罬；读“zhui”的缀、畷、錣、裰；读“duo”的裰、敠、剟、敪；读“chuo”的惙、啜、涰、餟等。此外，还有读其他音的。

上海话中的这个“黜”字，还被写作“橛”或“榻”。《吴下谚联》：“小囡吃萝卜逐橛剥”，就用“橛”字。在电脑里找不到“黜”字时这可能还蛮管用的。

f

"畚箕""畚箕"有区别

上海人把簸箕称作"畚箕"(ben ji)或"坌箕"(fen ji)。在古代,"畚箕"和"坌箕"长得相像,却是两样用途有别的东西。

畚,《正韵》:"布衮切,音本",是用草绳或竹篾编织的盛物器具。《周礼·夏官·挈壶氏》:"挈辔,以令军舍;挈畚,以令军粮";郑玄注:"畚,所以盛粮之器"。除了盛粮食,畚箕还可以盛种子、盛泥土、盛石头等。《说文解字》:"蒲器所以盛种";《左传·宣公十一年》注疏:"畚盛土器,以草索为之"。畚箕也称"畚斗",三面有边沿,一面敞口,是畚类盛器之一,其他还有畚挶、畚筑、畚锸、畚劚等。畚箕的形态应该也比较大。差不多就是钱民权《上海乡村民俗用品集萃》中所陈列的"挑箕"。《左传·晋灵公不君》描写晋灵公的暴虐:"宰夫胹熊蹯不熟,杀之,置诸畚,使妇人载以过朝";说厨师没有煮烂熊掌,便把他杀了放在畚箕里,让妇人拖过朝堂以示羞辱。可见,这个畚箕起码能放得下一个人去。此外,"畚"还可以当作动词用,表示用畚箕装载。《列子·汤问》:"荷担者三夫,叩石垦壤,箕畚运于渤海之尾。"清代纪晓岚的《阅微草堂笔记》:"午塘少年盛气,集锸畚平之。"

坌,《正韵》:"方问切,音奋。"意思是扫除,也有污物、灰尘的意思;"坌箕"就是装灰尘的器具。《嘉定县续志》:"粪箕,系扫除所用之器。"和"畚箕"比较,"坌箕"应该小些,过大的话扫地时拿不动;也肯定更加密闭些,起码不能一路走一路撒下灰尘。常会看到有人把"奎箕"写作"粪箕"。例如明代《山歌》:"结识私情像粪箕,只没要搭个苕(笤)帚两个做夫妻","安我来粪箕里一丢,丢子我来炉里去";《野叟曝言》:"连那桌上的蛋儿、鹅骨儿、荷叶儿一古脑儿丢入粪箕内";小说《歇浦潮》:"(熙凤)催娘姨快些把地下的龌龊东西扫了,娘姨慌忙拿出扫帚粪箕"。此外,《吴方言词典》《崇明方言词典》等也都写作"粪箕"。

　　当年,"奎箕"作为一种广为使用的工具,常被提及、记载是必然的。因此,它的异体字颇多,《康熙字典》罗列不下六七种,其中有一个"冀"字,就是古"粪(糞)"字;而"粪"的原义中,也有扫除以及污秽、尘土的意思。《礼记·曲礼》:"凡为长者粪之礼,必加帚于箕上",意思是说,给尊长扫地后,要用扫帚遮住盛灰的簸箕。"粪之礼"即指清扫除尘的礼数。《左传·昭公三年》:"自子之归也,小人粪除先人之敝庐";"粪除"即扫除的意思。可见,与扫帚搭配的那个东西,写成"粪箕"也并无错处。

V

镬焦锅巴即饭糍

考古发现,中国栽培水稻起源于一万多年前!也就是说,这个供食用的"米",可能完整地伴随了中华文明数千年的历史。从记录文明史的文字看,中国汉字中含"米"字旁的字非常多。《康熙字典》中有458个,《现代汉语词典》里也有77个。

然而,形容米饭蒸煮烧烤后有意无意留在锅釜边底的那些成块成片的东西,上海话中怎么写,却有异议。那个东西普通话叫作"锅巴",上海话叫作"饭糍";同时也被写作"饭糨""饭滞""饭乳""饭是""饭贮"等;或者避开这个糍,叫它"镬焦"。《上海方言词典》和《汉语方言概要》中都写作"饭糍"。

笔者以为用"糍"字是合适的。糍在古汉语中写作"餈";《集韵》:"才资切,音茨"。中国人讲究饮食,在古代同样用稻米为原料,饼和糕是不同的。南唐文字训诂学家徐锴曾经纠正《释名》的混淆说:"释名烝燥屑饼之曰糍,非也。粉米蒸屑皆饵也,非糍也。"意思是说,磨成粉屑后制成的食品叫饵不叫糍。饵指糕,糍指饼。拉个证据链如下:《方言》:"饵谓之糕";《博雅》:"餈糕,饵也";《说文解字》:"糍,稻饼也;麦饼也"。总之,它们的区别在于是不是磨成了粉。

粘在锅底形成锅巴的显然只是稻米或麦粒,属于古时候的饼,故而应该称作"饭糍"。此外,另有三样上海小吃的名称,也可以侧面反映这种情况:米饭切块油炸的,叫"糍饭糕";糯米蒸熟夹油条捏团的,叫"糍饭团";外裹熟米粒的团子,叫"糍毛团"。读音略有变化,原材料却都是未曾研磨的米。

(原载 2019 年 1 月 6 日《新民晚报》)

勿字生出"覅""甭""朆"

"勿"字,上海话读若"伐"(入声),其历史可溯至上古时代的甲骨文。在甲骨上刻字的重要功用,就是占卜;而占卜常见的方法是对贞,就是从正面和反面反复诘问同一件事情。这样就不可避免地要用到表示否定的字。因此,"勿"和"不""弗""无""亡"等字的早早现身就顺理成章。

"勿"在古代是个常用字,但在现代汉语普通话中已让位于"不",多限用于书面语,表示不要;这也许和宋元以后汉语入声的逐渐消失有关。不过这个"勿"字在仍有许多入声的上海话中依然活跃。大多数情况下,上海人都用"勿"来代替普通话中的"不"。例如用在动词、形容词、其他副词前,形成稳定搭配的否定词:"勿响"(不作声)、"勿哪能"(不怎么样)、"勿够事"(不够)、"勿壳张"(想不到)。再有是用在名词或名词性语素前构成新的形容词词组:"勿上品"(品格不高)、"勿囫囵"(不完整)、"勿识头"(倒霉的)、"勿上台盘"(没出息)。还用在补语结构中间,表示不可能达到某种结果:"装勿落"(装不下)、"拎勿清"(不明事理)、"罢勿来"(免不了)、"吃勿消"(受不了)。

除此之外,"勿"在上海话中还有一些特定的固定表意结构,例如,"侬到底去勿啦?""有眼钞票稀奇勿煞!""白相勿来。""侬勿要忒吃香哦!"其中的"勿啦""勿煞""勿来""勿要忒"分别表示疑问、感叹、否定和强烈的程度。至于含有"勿"字的成语,在上海话中就更是不胜枚举了。

  这个"勿"字在吴侬软语中是如此地受到重用,以至于有文人生造了多个与之相关的合音字、合体字,以便记录它的实际运用。其中影响最大的是"覅",由"勿要"两字相合,读作"fiao";这个创自清代的新字,已被收入现代的多部词典,也已进入网络的汉字字库。与之相似且被上海人熟悉的还有:"朆",上海话读若"文",意为不曾、未曾;"覅",上海话读若"凡",意为不会;"朆",上海话读"昂",意思是:阿曾(可曾)、是否已经。如果是老嘉定区人见面打招呼,问饭吃过没,回答说没吃过,对话是这样的:"饭朆吃过?""朆哚!"一如相声中所形容的,用字十分节俭。

(原载 2018 年 11 月 4 日《新民晚报》)

S

看为"䁖""眅"勿是"渻"

吴方言区的常熟、嘉定等地方,说"看"或"瞧"多说成"䁖"。清代乾隆年间刊印的《昆山新阳合志》:"近视曰䁖";清代光绪年间刊印的《常昭合志稿》:"北人用瞧、看二字,吾邑不用瞧字,而于寻人觅物别曰䁖"。老上海人也用这个"䁖"字,读若"苏"。1924年的《崇明县志》:"看曰张,曰䁖";吴语小说《何典》说形容鬼见病中的雌鬼:"看在同胞姊妹面上,到来䁖䁖他";张爱玲在小说《金锁记》中写七巧见到哥哥曹大年:"她嫂子回过头去䁖了她哥哥一眼道:'你也说句话呀!'"

早在宋元时期,"䁖"就出现在一些文献中。金朝董解元《西厢记诸宫调》卷二:"和尚定睛䁖,见贼军兵众多,郊外列于戈";"等得夫人眼儿落,斜着渌老儿不住䁖"。元末明初的《水浒传》第五十一回说小二鼓动雷横去看江湖戏班:"都头如何不去䁖一䁖?"《金瓶梅词话》:"饮过三巡,竹山席间偷眼䁖视"。那时,这个"䁖"还可与观、见、瞧等表示看的字一起混用。《水浒传》第三十回:"武松观两个公人与那两个提朴刀的挤眉弄眼,打些暗号。武松早䁖见,自瞧了八分尴尬。"

但是宋代编制的《集韵》注"䁖"的读音为:"祖竣切,音俊。"略早的《广韵》注为"七伦切,音逡"。字根为"夋"的汉字,从z、q、j韵母族群(俊、骏、峻、竣、浚、捘、逡、踆、趡)分出s韵母族群(䁖、桵、咬、篸、娞、鲛、羧),应该是有内在原因的。

老上海陈伯熙在1920年左右编印了《上海轶事大观》一书。其中提到上海方言时说:"(沪人)视曰渻渻",并注明"渻"音为"梳";这当是"眚"字之误。这两字的构件一样,不过摆的位置不同,各自的音义也天差地别。"渻",三点水"氵"在整体在左侧,读"xing",《集韵》:"井息切",释义和水有关;"眚","目"字在整体的下端,读"su",《集韵》:"桑何切",释义就是"偷视"。在《康熙字典》中前者在巳集水部,后者在午集目部。这个音义适宜的"眚"字为什么没有"睃"字被使用得广泛,也许和"渻"字带来的歧义有关。

推搡击打唤作"搜"

"搜(扨)"在《现代汉语词典》中释为挺立、挺起;只是在包括上海话在内的方言里还保留着原来"推"的意思。在上海话中,"搜"的读音和普通话相近,都读"song",但后者念第三声,而前者——上海话念第四声。

早年,"搜"的主要含义是推。《正韵》:"息勇切,音悚,执也,推也";《醒世恒言》第一卷:"贾婆不管三七二十一,你一推,我一搜,搜他出了大门";同书第三十卷:"牢子见说得有理,尽力把门搜开";《二刻拍案惊奇》第八卷:"提着一个羊脂玉花樽到面前,向桌上一搜";《新平妖传》第四回:"说罢,便把手扯起那婆子搜他出去"。"搜"的另一个写法是"搋",《集韵》:"损动切,推也";《六书故》:"搜或作搋";《正字通》:"搋,俗搜字"。

"搑"在上海话里还有一个含义,是用拳头或手肘击打。"搑伊一拳",意思是打他一拳;"拨侬搑了一记",意思是被你撞击(或打)了一下。有句上海松江地名的歇后语:"窖臼里打拳——舂缸"(舂谐音搑),用的也是"搑"字击打的词义。

实际上,含有侵犯意义的推搡和掌击,在现实中有时是很难区分的。《醒世恒言》第四卷:"向前叉开手,当胸一搑,秋公站立不牢,踉踉跄跄,直撞过半边";《皇明中兴圣烈传》第三回:"官旗看他没银与他,那里肯与他说一句话,妻儿向前,一手送(搑)他在地上,八十岁老母走近前,也把来送(搑)到地上"。这拿到今天的公安局理论,铁定都是已犯下打人罪过的了。

无论是"搑"还是"挭",随着时间推移都变成了生僻字,于是就催生出了各种记音字,譬如"送""耸"等。《蕲春语》:"推人向前曰送,或以为即送字而读上声"。

饭米糁要吃清爽

"糁"在《现代汉语词典》里已被列为方言用字。上海话读若"扇",常谓之"饭米糁",指的是饭米粒儿。"饭米糁要吃清爽",意思是吃饭不剩米粒;"饭米糁黏了面孔浪",意思是饭粒粘脸上了。晚清吴语艳情小说《续海上繁华梦》:"祖诒这一天一夜只吃了两碗面,米糁没下过咽",说的是粒米未沾。还有人把粥中的米粒称作"粥糁"。清代传奇《党人碑》里说:"少放两粒粥糁,竟是引汤";上海人讲的"米引汤"是看不见米粒的米汤。

"糁"字古已有之。《广韵》:"桑感切,三上声";也写作"糣""糝"

"糁"。《墨子·非儒下》:"孔某穷于蔡陈之间,藜羹不糁";《说苑·杂言》:"七日不食,藜羹不糁"。说的都是食物里不见米粒。"糁"在古代还指煮成的羹,《说文解字》释为:"以米和羹也。一曰粒也。"《礼记·内则》:"糁,取牛、羊之肉,三如一,小切之。与稻米二,肉一,合以为饵,煎之。"

古人也曾用"糁"表示米粒样细碎的东西,试举三位唐代诗人的诗句。秦韬玉《春雪》:"云重寒空思寂寥,玉尘如糁满春朝";韩愈《送无本师归范阳》:"始见洛阳春,桃枝缀红糁";陆龟蒙《奉酬袭美苦雨见寄》:"伊予不战不耕人,敢怨烝黎无糁粒"。说的分别是雪花、桃花和米粒。明代"公安三袁"之一的袁宏道也有诗句:"甑中无糁粒,袖里有珠玑。"不过等到清代顾张思著《土风录》时,"糁"字的指向收缩,"今俗米糁、饭糁止谓米粒耳"。

至今日,除了上海话中的"饭米糁"外,"糁"还指山东临沂一带的一种类似过去的羹的传统名吃。这是古汉字"糁"的另一路传承。

螺蛳唰唰酒过过

如果用"吸"以外的字来表示吸食的动作,普通话多用"吮",而上海话即是"唰"。"唰"读若"索"(入声)。老上海形容富足悠闲生活状态的熟语,叫作"蹄髈笃笃,螺蛳唰唰";"唰螺蛳过酒,强盗赶来勿肯走"。《新民晚报》2009年7月31日

"七夕会"栏目有篇文章说:"准确地说,食用螺蛳并不应该用'吃'字,应用'嗍'字。嗍即吮吸之意,用以形容食用螺蛳的动作最为妥帖。"北魏《洛阳伽蓝记·景宁寺》:"呷啜鳟羹,嗳嗍蠏黄";唐代张文成《游仙窟》咏鸭子云:"嘴长非为嗍,项曲不由攀";明代冯梦龙在《山歌》卷一里记录其幼时所闻:"姐在房中吃螃蟹,呀,缩缩脚",此处"缩"应是"嗍"的借音字。吮吸蟹壳里的蟹黄或裹在蟹脚里的肉,用"嗍"字非常传神。

其实"嗍"的本字是"欶"。《集韵》:"嗍,色角切,音朔,吮也,本作欶";"欶,色角切,音朔,吮也含也,或作嗽、嗦、嗍"。韩愈与孟郊共创的《纳凉联句》中有韩愈诗句:"车马获同驱,酒醪欣共欶。"那酒醪是早期酿制的汁滓混合的酒,里面含有固体物料,所以不能用大口饮用,而要抿嘴欶,以便避去渣滓。《汉书·佞幸传·邓通》记录:"文帝尝病痈,邓通常为上嗽吮之",描写邓通替汉文帝吸吮痈疽里的脓水。这里"嗽"又是"欶"的另一种写法。"欶"的同音同义字众多,且都早见于东汉许慎的《说文解字》,说明"欶"就是人类出生最初的主要行为之一。但可能也是因为难以统一,在使用中逐渐淡出,至现在多存于方言。当然,"欶""嗍"等均为入声字,这应该也是它们式微的重要原因。

有意思的是"嗦"字,还可以读若"休"(《集韵》:"先奏切"),这和苏北话表示吸食动作的用词同音。也就是说,"嗦"以"休"的读音,同时被保留在苏北话中。

(原载2018年12月16日《新民晚报》)

Z

全、都、俱、皆请用"侪"

用来表示"全部、全都"的上海话熟语很多:一塌刮子、夯不郎当、搁落三姆、一共拢总等;而如果只用一个字表示,就叫作"侪"。侪,上海话读若"才",就是普通话都、全、俱、皆的意思。

春秋时期列御寇的《列子·汤问》就有"长幼济居"句,意思是年长和年幼的都平等地居住在一起。明代《山歌》:"轿夫个个侪做子朋友,皂隶个个侪扳子至亲"。《何典》:"……翻蛆搭舌头的,侪是他说话分";刘半农注曰:"犹京语言'都是他说话分儿',侪,全也"。2018年1月22日,《新民晚报》有篇秦来来的文章说:"每天一个钟头的《说说唱唱》节目,老一辈滑稽演员讲的侪是道地的上海闲话。"

和上述熟语众多的情况一样,古汉语中表示全、都、俱,且音近"才"的字也不止一个。如"颣",《说文解字》:"选具也,从二页,士恋切"。章炳麟在《新方言·释词》中解释:"选,遍也;是选具即遍具。今苏、松、嘉兴谓遍具为颣,如皆有曰'颣有',皆好曰'颣好'";古代"具"通"俱"。薛理勇《上海闲话》:"今朝大家颣去帮忙,好处大家颣有份格。"

还有"儕",《说文解字》:"具也";《广韵》:"士免切"。还有"撰",《正韵》:"雏产切,儕上声,具也"。另有"吋",《中华字海》:"音才,都,全"。倪海曙《杂格咙咚》:"倷一家门吋蛮好啦,谢谢侬多操心哉。"后来用得更多的是"才"。除了诸多明清时期的小说,袁家骅《汉语方言概要》、北大中文系语言教研室编的《汉语方言词汇》等,都用"才"字。而普通话里那个"全"字也古已有之,《集韵》:"从缘切";《玉篇》:"具也"。原来"全"的古代读音和上列各字都非常接近,难怪陆澹安在《小说词语汇释》中说:"才是全的音转"。

2007年,首届国际上海方言学术研讨会上审定的上海方言用字里,确定通用"侪"字,这就使得往后的文字表达,有了一个标准。

倪海曙

(原载 2018 年 11 月 18 日《新民晚报》)

瀺唾、涎唾和馋唾

口水,上海人叫作"瀺唾",或者"瀺唾水"。也有写作"涎唾""馋唾"的。某公著书以为应该写作"腮唾",依据是"腮腺是唾液腺中分泌唾液量最大的一对",窃以为不妥。古人未必知道现代解剖学原理,口水倒是容易看见的。

瀺,《集韵》:"士咸切,音嶃"。原意是水注声或手足汗液,用来表示也属人身体液之一的口水,跨度有些大。袁家骅的《汉语方言概要》和李荣主编的《上海方言词典》都用"瀺"字。"涎"字的本义就是口水,最初写作"次",《集韵》:"徐连切"。现代汉语成语"垂涎三尺"说的就是流口水。然而,把口水写成"馋唾(水)"是最传神,也最易让人理解的。

"馋"和吃有关,吃和口水有关;甚至仅有吃的意念,也会促使唾液分泌。现代汉语成语说"馋涎欲滴"。"唾"字也表示口水,《说文解字》:"唾,口液也。"因此,"唾"和"涎"搭配,属于含义加强版,而和"馋"搭配为意义相辅版。各种文献里写作"馋唾(水)"的也最多。《初刻拍案惊奇》:"我为褚家这债主,馋唾多分说干了";《沪谚》:"馋吐(唾)勿是药,处处用得着"(意为善言有益);《中国民间文学集成(上海卷)》:"馋唾水也能沉煞人"(意为人言可畏);独角戏《七十二家房客》:"二房东看见四碗面热气腾腾,馋唾水马上滴滴答答";《鹿鼎记》:"韦小宝说得高兴,又道:'常言说得好,丈母看女婿,馋唾滴滴涕。……'"

本着约定俗成、习以为常的原则,就此认定"馋唾"也不失为一种选择。

嘴馋贪吃讲馋痨

金宇澄《繁花》里有段大伯在饭桌上的自嘲:"我的馋痨病是弟弟敲筷子敲出来的"。上海人形容嘴馋、贪吃叫"馋痨"。以此衍生,"馋痨病"指贪嘴成患,"馋痨虫"指馋虫,"馋痨胚"指嘴馋的人;此外还有"嘴馋痨痨""嘴巴馋痨一世难熬"等熟语。

许多文献中也能看到这个"馋痨"。《山歌》:"姐道郎呀,撞你介个馋痨捉我剥得精出子";《儒林外史》第六回:"那掌舵驾长害馋痨,左手把着舵,右手拈来一片片地送在嘴里";《清明上河图密码》:"两只馋痨虫!阿菊笑骂着";2010年12月24日《新民晚报》载文:"乡邻们夸我,这个小人懂事体的,一点也不馋痨",这个馋痨还被引申用作贪婪、觊觎的意思;《红楼梦》第八十回:"安歇时金桂更故意的撺掇薛蟠别处去睡,'省的得了馋痨似的'";《围城》:"褚哲学家害馋痨地看着苏小姐"。

有的书上说,用此"痨"字是因为"痨病患者食欲强,故讥人贪食曰馋痨"。实际情况是,所谓痨病的肺结核患者并不贪食,相反,只会因病损伤胃口。痨字应属习惯俗成的借音字,它的借音字还有"唠""䬲"等。

早在2003年,盛济民就在《新民晚报》上载文考证,"馋痨"原为"馋獠"。獠,有两个读音,一个读"liáo",表示面貌凶恶和夜间打猎;另一个就读"lǎo",《广韵》:"庐皓切",《集韵》:"鲁皓切",是古代皇朝对中国西南地区部分少数民族的蔑称或詈词。唐代刘肃《大唐新语·酷忍》记褚遂良尝得罪朝廷,"高宗大怒,命引出。则天隔帘大声曰:'何不扑杀此獠!'""獠"的意思就是这个家伙、这个混蛋。宋代笔记小说《绀珠集·明皇十七事》:"德宗怒陆防曰:'这獠奴,我脱伊绿衫便与紫衫尝!'"宋代《太平广记》里崔思䵣发现告密者后,把他骂作"无赖险獠"。还有明代《古今小说》卷四十:"你这獠子,好不达时务!"用的也都是这个意思。因此,说"馋獠"也就等于说馋鬼、老饕、贪吃的家伙。词义上是说得通的。

用"馋獠"的例证也有不少。传说为北宋蔡京、米芾所编的《宣和画谱·龙鱼》云:"(袁嶬)作庖中物,特使馋獠生涎耳";清代嘉庆年间的《何典》第七回:"谁料那赶茶娘不知犯了甚么年灾月晦,忽然生起馋獠病来";清代光绪年间的《越谚》:"馋獠,谓贪口腹者"。

诚如盛济民所言,"馋痨"偏重于指出贪吃是一种毛病;相对"獠"而言,"痨"字的表音表意更为显豁,因而更能为人们所接受。

(原载2018年12月9日《新民晚报》)

舌头门枪猪赚头

上海人都知道猪舌头也叫"门枪""赚头",到哪里的菜场、熟食店都不会搞错。那么为什么有这许多名称呢?

中国人向来节约,讲究物尽其用,猪的头、脚、尾巴、内脏等都要利用;另外一方面也是追求新奇、享受美食。所以猪舌头自古以来就是国人餐桌上的美味佳肴。

传说元朝末年,朱元璋破了张士诚占据的苏州城,到饭店请客喝酒。浓油赤酱的红烧猪舌头味道非常好吃。朱元璋就问军师刘伯温这是什么东西。聪明的刘伯温知道朱元璋此时已有称帝的念头,为了避讳"猪""朱"谐音,回答说这是门里一杆枪,叫"门枪"。自此,门枪叫法流传至今。

清末民初,已经不用避讳"朱"字了,但是上海滩经常到饭店吃饭的生意人,忌讳舌头的"舌"字音近上海话"蚀本"的"蚀"字。饭店里这道传统菜口味蛮好,名字却不吉利。于是,反其道而行之,改舌(蚀)头叫"赚头"。"赚头"在上海话里指赚到的钱、盈利,和"蚀本"刚好相反。"吃饭有赚(舌)头",寓意"赚头势足"。聪明的饭店老板效仿当年刘伯温的办法,让这道菜肴依然畅销不衰。

细细品味这个"赚头",它应该是从古汉语的"缠头"一词转过来的。"缠头"早在唐代是对宴会上表演歌舞者的犒赏。谢璿注纪晓岚《阅微草堂笔记》:"唐时宾客宴集,为人起舞当此礼者,即以彩物为赠,谓之缠头。"杜甫《即事》诗:"笑时花近眼,舞罢锦缠头。"宋代《杨太真外传》:"阿瞒乐籍,今朝幸得供养夫人,请一缠头。"宋代《玉壶清话》:"(众伶人)执器立于庭,奏数曲罢,例以缠头缣锡随众伶给之。"后来,"缠头"又作为赠送妓女财物的通称。陆游《梅花绝句》:"濯锦江边忆旧游,缠头百万醉青楼。"

"缠头""赚头"在上海话里意思和发音差不多,只不过商人赚的钞票似乎档次要稍微高一点,所以不用"缠头"用"赚头"。

(原载 2018 年 11 月 11 日《新民晚报》)

胡言乱语赵谈春

《现代汉语词典》对"赵"的解释很简单：国名、地名、姓氏。但在上海话里，除了这些而外，还保留了许多古时候的其他用法。

其一是指编造谎言，诳语骗人。明代李诩的《戒庵老人漫笔》卷三："今人以虚罔不实而斥其妄行者，则曰赵，……今俚语云赵七赵八，乃戒庵所谓斥之之辞"；明代传奇剧本《新灌园》："用起村学问，乱嚼咀赵介两句，也再连牵"；清代乾隆时期的《昆山新阳合志》："妄语曰赵"。2020年1月19日，《新民晚报》载有《说造话》一文，其中的"造话"也即"赵话"，撒谎的意思。

其二是指胡侃瞎谈，无聊废话。清代《土风录》："语言不实曰'赵'，按《尔雅》'休，无实李'，郭璞《注》'一名赵李，无实'，曰赵殆取此义。"意思是说，有一种开花甚繁而结果不多的李树，叫作赵李，文中的"实"指的是结果；由此，古人将没有结果的闲聊称作"赵"。清代戏曲剧本选集《缀白裘》："还有三个白铜钱拉里，拿去打壶白酒烫烫，吃一钟，赵一谈，就做子花烛哉。"这里的"赵一谈"，就是胡乱说一通的意思。也有写作"嘲"的。《上海方言词典》例句："侬舔个人哪能介嘲（赵）个啦？"意思是指其话多且无聊。

其三是指讽刺、嘲弄他人的行为。《上海闲话》："'侬奈能介赵啦'"，意即，你怎么老是用诳语调侃和嘲弄人。《触摸上海话》："某人被说成是专家学者，本人也要寄一下：'又要赵我了！'"这里的'赵'也许只是一种过分的玩笑，也并无太大的恶意。

其四是延伸说谎的词义，指胡编乱造的人。宋代王十朋《升补上舍谢宰相启》:"未得美泉,姑为啖先生、赵夫子、陆文通之凿。"赵夫子原指唐代经学家赵匡,后成为对善说趣话、胡编乱造者的谑称。冯梦龙《山歌》:"并弗是羹碗里鱼头拨拨转,支花野味赵谈春。"沈起凤的传奇剧本《报恩缘》:"弗要听俚,是有名勾,教赵一花,乱说一泡勾。"《缀白裘》:"弗是说奢赵珠花嘘,是赵家里奶奶亲手交拉我,教我兑个。"上述"赵谈春""赵一花""赵珠花"都是指诳语胡说之人,而非姓氏为赵。

积攒集存"受""稵""筹"

上海话中表示积聚、积攒、存贮的意思,多用"受"字。说"受眼钞票买只彩电",意为存起点钱来买彩色电视机;说"拿只盆子受眼水",意为用盆接水。丰子恺《缘缘堂随笔·忆儿时》:"剥出来的(蟹)肉不是立刻吃的,都积受在蟹斗里。""积受"意为积存。

这个用法在古代汉语中也可见到。明代冯梦龙《山歌》:"道人问师父那了能快活,我受子头发讨家婆。"其中"受"是蓄留的意思。清末民初学者张慎仪《方言别录》卷下:"鈶,受钱器也。""受钱器"就是储蓄罐。

"受"字的含义是得到、承接,原本没有存储、积攒的意思。因此,上述例句中"受"字的原形应是"稵"字。《广韵》:"稵,九士切,音聚,聚

丰子恺

也。""聚"的读音中有"直由切"(《唐韵》),上海话读音和"受"相近。明代《篇海类编》:"稵,积也。"《吴方言词小考》《吴方言中的冷僻本意字》都认为"稵"是上述意义中"受"的本字;《上海话大词典》也能查到这个"稵"字。

随着时间的推移,生僻的"稵"字被逐渐弃用可以理解,但不知为什么不用音义相近的"筹"字,反而都用关系不大的"受"字借代。"筹"在《广韵》的注音也为"直由切",读音一致。虽说相关的词语"筹集""筹措"主要强调的是当场聚拢而不是较为长期的积累,总要好过关联不大的"受"字。何况更有"筹攒"等词,还是包含累积、久蓄的含义。宋代释文莹《玉壶清话》:"一岁,晋邸岁终筹攒年费,何啻数百万,计惟失五百金,屡筹不出,一苍头偶记之。"

(原载 2019 年 2 月 10 日《新民晚报》)

项肉俗名槽头肉

猪脖子上的肉,在上海以及内地其他一些地方被称作"槽头肉"。

这个"槽头肉"在四川方言中,写作"臑头肉"。民国十五年《简阳县志》:"猪项肉曰臑头,臑音曹";民国二十一年《南溪县志》:"臑头,臑音曹,豕项间肉也"。更早一点,清代张慎仪《蜀方言》:"猪项肉曰臑头。"还有明代的李实,在其编著的《蜀语》中说:"豕项间肉曰臑头;臑音曹",并进一步描述:"豕项肉不美,有草气"。

"臑"读"nao",《唐韵》:"那到切",系指动物的前肢;《说文解字》:"臑,臂羊矢也"。古书中还有各种表述,最多到肩部(《韵会》:"肩脚(胛)也")。虽说离脖子已经不远,毕竟不是一回事。会不会是因为猪无肩胛,就顺便蹭到颈项上去了呢?

《上海方言词典》等书将其写作"槽头肉"也是有依据的。自称"华山老人"、历经宋元明三朝的贾铭写有《饮食须知》一书,其卷八云:"猪肉毒在首,故有病者忌之。项肉俗名槽头,肉肥脆,能动风。"明代李时珍的《草本纲目》照之书曰:"项肉,俗名槽头,肉肥脆,能动风。"清代厉荃《事物异名录·饮食部》:"项肉俗名槽头肉。"有人解释说,猪吃食时,颈项靠近猪食槽,因之得名。也是一说。

1980年6月25日,《文汇报》刊登一篇文章将之写作"膆头肉",这是将"臑""槽"两字综合在一起,兼顾了字的义符、音符,只是其历史依据不足。

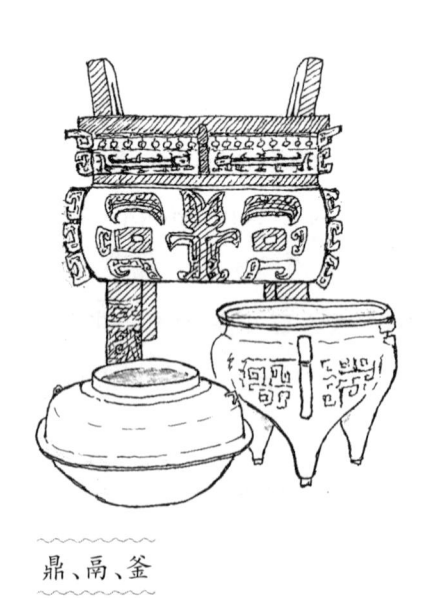

精细烹饪"煠""渫""瀹"

鼎、鬲、釜

民以食为天,古人最初弄熟食物的方法是烧和煮,好比今天的火锅和烧烤。古代有多种用来煮食的青铜器皿:鼎、鬲、釜等;而用来表达水煮的文字则更多:烹、煮、煠、渫、瀹、焯、汆、爨、涮等。其中,发近似"za"音的煠、渫、瀹,继续以水煮的字义保留在上海话中。

细细分析,这些上海话读若"闸"的字,是有歧义的。

一个歧义是水煮和油炸的混

用。以"煠"字为例,北魏贾思勰《齐民要术·素食》:"当时随食者取,即汤煠去腥气";明代徐光启《农政全书·荒政》:"山苋菜……采苗叶煠熟,换水浸去酸味"。其中的"煠"表示水煮。宋代苏轼《十二时中偈》:"百衮油铛里,恣把心肝煠";宋代李诫《营造法式·彩画作制度》:"用文武火煎桐油令清,先煠胶令焦,取出不用,次下松脂,搅候化"。这里的"煠",意为油炸。

另一个歧义是长时间沸煮和略滚即出的不确定。先仍以"煠"为例,《通俗编》《辞海》:"一沸而出曰煠";《汉语大词典》:"把食物放入汤或者沸油里弄熟"。再看"瀹"字,南朝字书《玉篇》:"瀹,煮也,谓内(纳)肉及菜汤中,薄熟出之";唐代颜师古注《汉书》曰:"瀹祭,谓瀹煮新菜以祭";清代纪晓岚《阅微草堂笔记》:"有仆索巨盌瀹苦茗"。前一例表略熟即出,后两例表烧煮令透。

随着烹饪技术的精致细分和语言的进化发展,上海人多将油炸称作煎、汆、炸、爆;将沸水过一下"薄熟出之"称为撩、汆(爨)、焯、烫;而煮物至熟,才称作"煠"或"渚"或"瀹",如"白煠蛋""煠毛豆""清水大煠蟹"。如果是更长时间的烧煮,就称作笃、熬、煲、炖,例如"腌笃鲜"就是要慢火笃出来的。

(原载 2019 年 11 月 10 日《新民晚报》)

吃麻栗子·捌栗暴

有一种不具严重伤害性的肉体惩罚手段,上海人叫作"吃麻栗子",就是蜷曲中指或食指,用指关节敲打别人的头。很多儿时比较调皮捣蛋的小孩,都会有这方面的体验和记忆。这种击打的结果,往往是被打

者头部隆起一个小肿块，颇似一枚突起的栗子，痛麻相间，故名"麻栗子"。这个"麻栗子"也被称作"栗暴"。

品尝这枚"栗暴"当是古人遗留下的传统。明代冯梦龙纂辑的《古今小说》卷十："牵住他衣袖儿，捻起拳头，一连七八个栗暴，打得头皮都青肿了"；明代凌濛初编著的《初刻拍案惊奇》第三十六卷："先是光头上一顿栗暴，打得火星爆散"；民国初年陈无我编撰的《老上海三十年见闻录》形容被悍妇家暴："胡须扯而血泪流，栗暴顶而额头肿"。

请人"吃麻栗子"的动作，上海人一般不说打，而说"zo"（浊音，入声），写作"捌"或"毆"。写作"捌"，可见于清代胡文英《吴下方言考》："捌，打也。案：拳击首也。吴中曰'捌栗暴'。"但《广韵》《唐韵》都注为"阻力切"，近"泽"或"接"的音。薛理勇《上海闲话》用"毆"字。《集韵》："毆，殊玉切，音属。"《玉篇》："击也。"

因为"捌"和"毆"相对生僻，许多地方都将之写成"凿"或"啄"。《水浒传》第二十四回："那妻子楸住郓哥，凿了两个栗暴"；元代张寿卿的杂剧《降桑椹》二折有句台词："早知上圣来到，慌忙笑迎；若还不笑，凿个藜（栗）暴"；1980年出版的来准方的小说《第二个母亲》："宝根饱尝了一顿啄栗子，才被饶过"；鲁迅在《阿Q正传》中，直接将"凿栗暴"写成"栗凿"："他们便将伊当作满政府，在头上给了不少的棍子和栗凿"。

乖巧聪明说"僻儑"

这个词典上难找到的生僻词读出来,许多老上海还是比较熟悉的。"僻儑"上海话读若"霞斋"(xia za),意思是聪明、乖巧、能干;现在郊区农村中,还能听到老年人用此形容或称赞小孩子。

"僻儑"在一些文献中也多有记载,只不过记录用字殊不统一。明代冯梦龙《山歌》中有"结识个姐儿忒奢遮"句;也是出版于明代的《二刻拍案惊奇》卷五:"此子虽然伶俐,点点年纪,奢遮煞也只是四五岁的孩子";民国二十六年的《川沙县志》里,收入黄炎培写的《川沙方言述》,其中讲到:"儿童极聪明、能干、稀罕,则称'特箇小囝罅抓来!'。此二字,近悟得即是北语'奢遮'"。其实,"奢遮""罅抓"都是"僻儑"的不同写法。此外,《中国歌谣集成》有首婚嫁歌唱道:"我小小囡仔勿惬斋来勿生思",写作"惬斋";《张江镇志》记录当地熟语:"千黠抓,万黠抓,踏板头浪有勿得三双小囝鞋",写作"黠抓";《上海方言词典》借字写作"罅斋";近期网络上的《川沙乡土民谚俗语合辑》写作"黠诈",等等,不一而足。

究其字义源来,写作"僻儑"是有依据的。"僻儑"实际是从"解廌"而来的,也写作"獬豸""獬廌";那是传说中的异兽。汉代《异物志》:"东北荒中有兽,名獬豸,一角,性忠。见人斗则触不直者,闻人论则咋不正者";《汉书·司马相如传》注:"獬廌似鹿而一角";《新唐书·侯思止传》

里,侯思止说"獬廌不学而能触邪"。《资治通鉴》里的故事更加完整:"思止求为御史,太后(武则天)曰:'卿不识字,岂堪御史!'对曰:'獬豸何尝识字,但能触邪耳。'"侯思止自比"獬儦"固然可憎,但以"獬儦"为聪慧的代名词还是一目了然。古人以为这个"獬儦"天生就能辨别人间的善恶正邪,那当然就可以成为聪明智慧的象征。也是这个原因,古代的御史大夫等执法官吏都偏爱豸衣獬冠,以表示公正贤明、洞察秋毫。《淮南子·主术训》:"楚文王好服獬冠,楚国效之。"

獬儦

说到读音,《集韵》:"獬,举蟹切,音解;獬,下买切,音蟹;儦,都买切,斋上声。"清代《纲鉴易知录》注其音为"蟹柴"。1889 年《土话指南》和 1939 年《上海方言课本》以及 2003 年钱乃荣《上海方言发展史》中,用的都是"獬儦"。

(原载 2019 年 6 月 23 日《新民晚报》)

"轩格格"与"轩跮刺"

2013 年 7 月,《西南交通大学学报》第 14 卷上刊登一篇文章,对多部词典把"轩跮刺"一词解释为"身材魁伟结实"表达商榷意见。

"轩跮刺"是个吴方言词,不过上海人更熟悉的,是"轩格格"的说法。沪语中形容人轻浮、炫耀、多事、好表现就说"轩格格"。也写作"荃夹夹""炊格格""鲜格格""掀格格"等。清代光绪时的《周庄镇志》:"少年好事曰苬夹夹";薛理勇《上海闲话》:"看伊忺格格的腔调,肯定又得到啥好处了";2008年6月14日《新民晚报》有篇社会新闻说:"罗某感到被人占了便宜,回到家中向丈夫告状,没想到丈夫李某却说她是自己'鲜格格'"。

在明清时期与吴方言有关的文献中,多见"轩跂剌"的用法(也写作"掀格腊""轩格蜡"等)。明代冯梦龙《醒世恒言》第十卷:"转过一个轩跂剌的后生,道:'老人家闪开,待我来。'向前轻轻一抱,轻轻的就扶了起来。"编者也是冯梦龙的《山歌·陈妈妈》:"有介骚离离掀格腊个样寡妇,时常捉我拽拽;又有个极妖娆最风趣个样尼姑,尽我来牵牵。"清代署名"落魄道人"的小说《常言道》中,还有一个名为"轩格蜡娘娘"的角色:"他母家姓轩,口音有些带格,因幼时头上生满蜡痢疮,因此叫作轩格蜡娘娘,远近驰名。"《常言道》中的人物姓名大多为谐音熟语,如时伯济谐"时不济"、钱士命谐"钱是命"、施利仁谐"势利人"等,可见,"轩格蜡(跂剌)"也是当时常见的熟语。

"轩格格"或"轩跂剌"后面的"格格""跂剌"当是辅助熟语的后缀。清代乾隆时期的《昆山新阳合志》:"多言曰饶格喇,多事曰掀格喇。"至于用"轩",还是"忺""苬""掀""鲜"(还有说"僴""妗"等的),都各有依据。笔者以为,"轩"在古汉语中含义丰富,可译为"笑貌、舞貌、自得之貌"(《康熙字典》)。音准义确,可为首选。当然,也正因为"轩"还有高大、伟岸的释义,"轩跂剌"便被误导为"身雄体壮"的含义了。

(原载2019年9月1日《新民晚报》)

揭开掀起"㧐""㭘""挳"

上海话中有个和普通话揭、掀、挑、翻含义相近的字,读若"xiao";

它的写法在明清及以后的诸多文献中却各不一样。

譬如写作"操"或"枭"。清代小说《官场现形记》:"何潘台恐怕老妈靠不住,点了个火,枭开帐子,让张聋子亲自看";清代传奇《飞龙全传》:"匡胤举刀只一架,把枪一枭,守俊在马上乱旺,两臂多麻";清代张慎仪《蜀方言》、清代《镇海县志》以及民国年间的《嘉定县续志》都记载说:"揭盖曰操"。

再如写作"枵"或"拐"。明代徐光启《农政全书·农事》中引用元末明初娄元礼《田家五行》里的农谚:"日落乌云半夜枵,明朝晒得背皮焦。"清代胡文英《吴下方言考》:"枵,起而去也,吴中谓揭去其物曰枵。"1939年蒲君南修士撰写的《上海方言课本》则写道:"拐开天窗话亮话"。"枵"字的本义为空虚,薛勇理《上海闲话》里,有"枵"字从"空虚"含义到"揭开"含义的过程推演。王纶《新方言杂记》则将"枵"用来注释《说文解字》里的"掀"。至于"拐"字,本来就是枵字的讹写。明代出版的《正字通》:"拐,枵字之伪。"

又如写作"捊"。1940年倪海曙《本地俗语手拾》中,有"话过捊过"一词,该词在上海话中的意思是说:把话说清楚了,就既往不咎;"捊过"和今天的"翻篇"相似。更早的吴语小说《海上花列传》也用这个字:"俚自家搭我说,教我生意覅做哉,条子末捊脱仔。"文中的"捊脱",就是摘掉妓院里名牌的意思。这个"捊"字用得不多,大多数字书也不收,但能在宋时辽国释行均作的《龙龛手鉴》中看到。

此外,尚有写作"嚻"的。冯梦龙《山歌》:"姐道我郎呀,你有仔铜钱银子但凭你阁来呵,只没要无钱空把布裙嚻。"还有写作"消"的。《自学上海话》:"消开(掀开),消开盖头(掀开盖子)。"甚至还可以看到写作"撨""歊""畠"等字的。好在这些字都读"xiao",因此,在记录方言的功能上应该都是能够胜任的。

肿块、淋巴、矎疡㭊

病人向医生自述:"兴阳核发出来了。"青年医师也许会听得懵了:"哪里来的土话?""兴阳核"可不是土话,而是中华古语,不过正确的写法是"矎疡㭊",也就是肿大了的淋巴结。

矎,读"兴"(xing),《广韵》:"许应切,兴声,肿起";《玉篇》:"肿痛也"。疡,读"阳"(yang),《集韵》:"余章切,疮痛"。元代医学家危亦林所撰《世医得效方·疮肿科》有对淋巴结肿痛的描述:"凡初觉矎聚结

李时珍

热,疼痛肿赤,痕瘰阔硬,或见或不见,治之如拯溺救焚,不可缓也。"明代李时珍《本草纲目》也有治疗此疾的方子:"胯眼矎疡:山药、沙糖同捣,涂上即消。"矎疡㭊,也可以写作"矎疡核",就是淋巴肿痛结成的块。有些文献中还写作"疞疡子"。明代李实《蜀语》:"寒热结瘰曰疞疡子。疞音幸,矎同。"清代唐训方《里语征实》里也有相似的记载:"寒热结瘰曰疞疡子。疞音幸,矎同;疡音羊,疮痛也。"

古人不谙现代医学的解剖学,不知道人体淋巴系统的构成、功用及临床表现的成因,只是按照红肿、结节、发热等表象来形容病症,肯定不如现代医学来得科学和精准。因此,"矎疡㭊"这种古时候流传下来的

传统称谓在正规的医疗场合被逐渐弃用,最终将会只存身历史档案,是必然的,也是应该的。

顺便说一下,"臁疡棚"确实还有个上海土话的名称,叫"栗子筋",就是淋巴肿胀突起时,外观有点像栗子的形状。《吴歌甲集》中有形容新官人"头颈里生满栗子筋"的句子。现在科技发达,医学名称都趋向于国际化,因此,"臁疡棚"或"栗子筋"的说法也已经很少听到了。

整只蹄髈一顿揎

友人回忆说:"老早原只头的蹄髈我一顿头就可以揎脱!"这是陶醉于"当年勇"、标榜年轻时可以一口气吃下整只猪肘的说法。话中那个"揎"上海话读若"宣"(xuan),是表示吃掉、吞下、耗尽、用完的意思。

"揎"最初的含义是卷起手臂上的衣袖。宋元时期戴侗《六书故》:"钩袂出臂也";唐代王建《捣衣曲》:"妇姑相对神力生,双揎白腕调杵声",说的是姑嫂挽起衣袖劳作的情景;苏轼《四时词》也有诗句说:"玉腕半揎云碧袖,楼前知有断肠人",写的是失恋女子阑珊倚楼的样子;《元史·列女传》:"吏令催氏自揎袖,吏悬笔而书焉",意思是自卷衣袖。"揎"也用来形容其他类似卷衣袖的动作。例如《二刻拍案惊奇》:"恨不得走过去揎开帘子一看";明代百科全书《通雅》:"揎与拴同"。

如果今天有人用"风卷残云"来形容狼吞虎咽的吃相的话,那么"揎脱一只蹄髈"的用法应该是遵循了相同的思维逻辑。

有人说:因为对穿着宽大袖服的古人而言,揎袖捋臂是动粗打人的必经程序,这个"揎"字便和推人、打人的行为联系起来了。唐代《敦煌变文集·燕子赋》:"男儿丈夫,事有错误,脊被揎破,更何怕惧。"清代孔尚任的《桃花扇》第三回也有唱词:"难当鸡肋拳揎,拳揎。"即便到了衣袖不再宽大的今天,人们依旧用"揎"表示打。《上海闲话》:"侬嘴巴清爽点,当心我揎侬两记耳光";小说《繁花》:"拳无正行,得空便揎,盯牢一个人揎,一直揎到对方吓为止"。再看一些工具书对"揎"的注释:《汉语方言概要》:"掌人颊";《上海方言词典》:"打,踢";《现代汉语词典》:"〈方〉用手推"。至于"揎袖攘臂"或"揎拳掳臂"或"揎拳捋袖"的说法,更是多见。

依笔者看,"揎"由"卷袖"演绎成"打人"的可能性,不及其被借用日久、最终替换掉真身的可能性大。换句话说,释为"打人"的"xuan",原来另有其字,那就是"抁"或"挋"。宋代《集韵》:"抁,翾县切,音绚,击也。或作挋。"此外,唐代《唐韵》、宋代《广韵》、元代《古今韵会举要》等多部韵书、字书中,都可以见到这在今天的工具书里已经难看到的"抁"或"挋"字。《吴下方言考》:"吴中凡掌人颊曰抁。"

如果要较起真来,消耗、吞吃古时候也有另一个读作"xuan"的字:"䏝"。《汉书·董仲舒传》:"日削月䏝",《阅微草堂笔记》:"君无策以养而徒䏝其生";都是与"揎蹄髈"的"揎"相近的销蚀、灭失的意思。看来,"揎"的畅行是借了其音符、义符相对准确的光。

(原载2019年2月24日《新民晚报》)

血尖、薛尖、瞙历尖

1997年出版的《上海方言词典》收入一词:"血力尖",形容非常尖锐。例如,"铅笔削得血力尖"。上海人也说"血尖""血血尖"。不过,不加入故事情节,很难由"血"联想到"尖"字,因此,这里的"血"明显是假借字。这种用法不见于现代汉语普通话，却可以在古汉语里找到依据。

　　古代形容山势陡峭、峰入云霄，常用"辥"字。西汉司马相如《上林赋》："于是乎崇山矗矗，巃嵷崔巍，深林巨木，崭岩参差，九嵕巀辥。"东汉冯衍《显志赋》："陟九嵕而临栈辥兮，听泾渭之波声。顾鸿门而歔欷兮，哀吾孤之早零。"西晋左思《魏都赋》："抗旗亭之巀辥，伫所觇之博大。"这个"辥"，上海话就读若尖团音的"血"。《广韵》："辥，私列切。"胡文英《吴下方言考》注释"栈辥"一词说："栈，壁立也；辥，音雪，尖貌。吴中谓涉险曰'栈'，谓尖峰曰'辥尖'。"可见，形容物质的"血尖"应是"辥尖"。

　　除了有形物件，人们的言语、目光也可以用犀利、尖锐来形容。古人形容目光不用"山"字头"辥"的"辥尖"，而是用"目"字旁"瞁"的"瞁历"。《吴下方言考》引注东汉王延寿《王孙赋》"突高匡而曲頞，瞏瞁历而瀿离"曰："瞏，音环，转视貌；瞁历，视速貌；瀿离，盲失貌。言其转视甚速，宜乎能审，今乃瀿离如此，故可丑也。吴谚谓眼光俊速者曰'瞁历尖'。"这样，"血尖"可形容目光等无形物尖锐的原因也找到了。

　　今天的"血力尖"统一了对有形、无形对象的形容，也避开了难认的冷僻字，但同时失落了古代汉语言文字原有的韵味。

（原载 2019 年 11 月 17 日《新民晚报》）

"寻相骂"与"寻相打"

"相骂"和"相打"可称为历史悠久的汉语词,意思是双方互怼、互殴。唐代孔颖达疏《左传·僖公二十八年》时说:"俗语相骂云嚜女脑矣";晋代陶潜《搜神后记》:"诸葛长民富贵后,常一月中辄十数夜眠中惊起跳踉,如与人相打"。这两个文言味十足的动词被上海人固化为动作场景、放在宾语位置当作名词使用后,一下子就成为很接地气、十分亲民的方言俗语:寻相骂、吵相骂、寻相打、打相打。

既有一"寻"字,"寻相骂""寻相打"便有惹是生非、找不自在的意思。冯梦龙《山歌》里唱道:"人人说我与你有私情,寻场相骂洗身清",意思是找机会吵个架以便撇清相互之间的关系。弹词《珍珠塔》:"有个后生林小一,年纪约来廿六七,最喜寻相打,一向夸张有气力",那就是一副自以为是、寻衅滋事的样子。

等到真正动嘴互损、拔拳开打起来,就叫作"吵相骂""打相打"。2018年11月20日,《新民晚报》所载《过街楼下》一文说:"楼上吵相骂的夫妻好像得到了休战令,立刻没了动静";2001年2月12日,《劳动报》有篇报道,题目就叫作"打官司成了打相打"。

于是乎,当"相骂""相打"逐渐式微,已不再见于《现代汉语词典》时,上海人却依然将其作为源自古代汉语的组词构件,当作名词保留在了乡里坊间的熟语里。因为在上海人看来,"相骂"是可以用来寻、用来吵的,"相打"也是可以用来寻、用来打的。

(原载 2020 年 4 月 19 日《新民晚报》)

细思极恐废"嚼蛆"

"嚼蛆"是一个早可溯至元代,且大量出现在明清小说等文献中的词语,用来比喻胡说、乱讲、废话,但它却被《现代汉语词典》屏蔽了。屏蔽该词也许是因为它的借喻本体确实细思极恐,不符合先进文化传承标准。"嚼蛆",想想也真是蛮恶心的!我们的先人对语言文字一直是有典雅的追求的,因此,有理由怀疑这兴许是古时候有人用词有意或无意地讹化的结果。

那本不避民间鄙俚粗俗语言的清代讽刺小说《何典》中有一句话,让人找到了探寻此中究竟的缝隙。其第五回,写耍猴戏的叫花子拿钱后仍不罢休:于是,"形容鬼道:'你怎么这般无知餍足?……赏你几个铜钱也够了,还要多诙诅。'"意思就是让叫花子拿钱走人,别再废话、不要啰唆。放着现成的"嚼蛆"不用,窃以为,这个"诙诅"应是"嚼蛆"之原本。

诙,《集韵》:"吉协切,音颊,妄语也,多言也。"上海话至今仍把"嚼"念作"xia"(入声),而不是普通话的"jiao"或"jue"。"饭要嚼嚼烂""夠去嚼舌头","嚼"都要念作"xia";还有上海熟语:"嚼嘴嚼舌根"(即没有依据地胡说八道)、"老牛肉有嚼头,老人言有听头"(指老年人的话意味深长),其中"嚼"的读音也是一样。至于这个"诅",古代也可读若"居",这和"蛆"的读音就很像了,《集韵》:"遵愚切,姒去声";意思是在神灵前说他人的坏话。比较多见的词组是"祝诅"或"咒诅"。"诙诅"一词,妄语、胡说的意味也十分清晰,诚如《何典》中所用。只可惜这个"诙"字已经很难在现在大多数工具书中见到,但它有一个古时候的通假字"㕦",依然保留在"百度汉语"的词汇里。《广韵》:"㕦,多言也,亦作诙。"

如果《西厢记》《金瓶梅》《红楼梦》这类经典著作里,将用"嚼蛆"的地方代之以"诙诅",虽说生动程度以及作者的情感表达也许打了折扣,但估计《现代汉语词典》就不会将之屏蔽"封杀"了。

(原载 2019 年 3 月 24 日《新民晚报》)

h

以俗替本"𠃊"变"歪"

上海人常把"歪"读作"hua",不用辅音"w"。上海话"歪扯"(跑题)、"歪牙嘴牵"(不端正)、"歪瓜烂桃子"(歪瓜裂枣)、"歪戴帽子橄榄头"(行为不端),都要把"歪"读成"hua",而不能读成"wai"。小说《上海滩》中有一句话:"你的脑筋怎么老是用到歪朵里去呢!"《简明吴方言词典》为"歪朵里"(不正当之处)注音,也是"hua tu li"。

其实这个"歪"最初并非一个字,而是对"𠃊"字的注释,是"不正"两个字合体后形成的新字。换句话说,"歪"的原形是"𠃊"字。"𠃊",早在汉代《说文解字》中就已有之,注为"不正也"。《广韵》:"火娲切"。《康熙字典》对"歪"字的注释为:"此乃𠃊之俗字,《正字通》云《说文》𠃊训不正,俗合不正二字改作歪。《字汇》训与𠃊同,不知歪即𠃊之伪。"意思是说"歪"是"𠃊"的俗字。《正字通》等两书都把"𠃊"释为"不正",而《字汇》却认为被写错的"歪"和"𠃊"是一回事。古代文字竖排,"不正"两字一上一下,合起来就是"歪"字。《康熙字典》说清了"𠃊""歪"之间的关系,却没意识到"歪"字自元代以来,已被文人广泛使用。编于明代万历年间的《字汇》收录"歪"字,已属顺应文字改革发展的潮流。在《字汇》里,"歪"已改为"乌乖切,音崴";其辅音用的是"w",和今天的普通话相近。

现在的上海人虽然未必知道"歪"在古代的本字是"竵",但仍然保留了"hua"的读音,从而也保留了该字根脉源来的信息。

顺便说一句,"竵"字在现代汉语中也没有完全消失。有一种以草书作篆字的书法,就叫作"竵匾法"。不过,这里的"竵"也跟着"歪"字读作"wai"了。

(原载 2019 年 3 月 31 日《新民晚报》)

蟹黄读作 huang 或 wang

过了中秋节,上海人就开始牵记大闸蟹了,所谓"秋风响,蟹脚痒";蟹的美味在于蟹黄。雌蟹的黄,在上海话中有两种读音:"huang"(荒)或"wang"(汪);字的写法也有两种:"黄"或"鏎"。这种两读的情况还出现在称呼蛋黄的时候。

先说读音。清代王有光《吴下谚联》说:"黄字,吴音与荒字多混,蛋、蟹中黄,反称为荒。"因为这种读音的不同,有人就干脆将之写作"荒"。《吴歌甲集》中的儿歌"小和尚"就有这样写的:"缸里有只蛋,蛋里有只荒,荒里有个小和尚。"《简明吴方言词典》也查得到这个被当作"黄"用的"荒"字。此外,因为老上海(特别是上海郊区的)人,"h"和"f"的发音不太分得清,所以这个"黄"过去也有读成"fang"(方)的。《开埠初期的上海话》中,"蛋黄"都标注为"de faong",用的就是"方"音。

时至今日,"huang"(荒)和"wang"(汪)的读音仍然同时被保留在上海人口中。例如,"溏黄"(蛋黄未凝固)、"散黄"(蛋黄膜破碎)、"蟹黄蛋"(蟹黄蟹粉炒蛋)、高邮红黄咸蛋等中的"黄",都应读作"huang";"双黄蛋""蟹黄包""卵蛋黄"等中的"黄"则只能读作"wang"。

且说这个"䨺"字,诸多文献中可见其形,包括《吴音奇字》《中华字海》《简明吴方言词典》《上海闲话》等。最初载录该字的宋代《集韵》注曰:"胡光切,音黄,卵中黄。"但其"黄"的上面多了一横。然而,就是在宋代,一些文人也已经取"黄"舍"䨺"了。北宋黄庭坚有诗句:"饭香猎户分熊白,酒熟渔家擘蟹黄";南宋陆游也有诗云:"蟹黄旋擘馋涎堕,酒渌初倾老眼明"。当然也可能是趋简心理造成的传抄时的以讹传讹。至于那个生僻字多一横少一横也早已无人理会了。

五顲六肿打相打

"顲"字在古代至少有两个读音:"kan"和"han",《广韵》:"苦感切,音坎;又呼唵切,音喊";都是指因吃不饱而至面黄肌瘦。《说文解字》:"顲,饭不饱也,面黄起行也。"其实,最初表示吃不饱的是"餡"字,《广韵》:"呼绀切,音顲,食不饱也。"这种挨饿的情况从肚子表现到脸上页(页),古代指头部,就变成了"顲"。

屈原《离骚》曰:"苟余情其信姱以练要兮,长顲颔亦何伤",是说只要自己的情感诚挚,即便挨饿疾苦也不值得伤叹。其中的"顲颔"是古文常见的词组。唐代韩愈有诗句:"欲以金帛酬,举室常顲颔";清代纪晓岚《阅微草堂笔记》说一宦家子为诸无赖引诱:"饮博歌舞,不数载,炊烟竟绝,顲颔以终"。说的都是食不果腹的惨状。"顲颔"也被引申用来形容恬不知耻。宋代文莹《玉壶清话》中有段故事,说知府胡旦向薛映

"聊借二千缗","薛公不得已,赠白金三百星,聊为钓溪一醉。且胡颟顸领之,不为少谢"。后两句的意思,就是说胡旦觍着脸面收下,谢都不谢。此外,清代文人吴骐的诗词集也取名《颟顸集》,这是自谦,说自己厚着脸皮把不甚满意的作品示人。

这个已鲜见于现代汉语的"颟"字,上海人还在用。在上海话中,颟的读音从"呼唵切"而来,读音近"海"(hai),意思是面色黄肿、不健康;由于这个"颟"字已属生僻,有时也被写作"海""顸"等。说"颟肿",就是臃肿虚浮;说"奶颟",意为喂奶期间的婴儿超出寻常地肥胖;说"颟起来""颟出来",即指人虚胖脱形;说"五颟六肿",多形容头部遭暴打(或严重撞、摔)而瘀血肿胀的难看样子。虽说这个"五颟六肿"和前面说的"面黄肌瘦"在起因、后果及形态上都不甚相同,但还是传承了古代汉语的意蕴。古时候,与"颟"相关的另一个词语是"齻颟",意思就是"头面不平"(《集韵》),和"五颟六肿"几近一致。

(原载 2019 年 8 月 11 日《新民晚报》)

吭根吭攀说"壌"字

这仿佛是个不受待见的字,各类汉字工具书中几乎都难寻它的身影,却不可思议地出现在电脑网络字库里。通过笔画输入,可在百度百科中看到这个"壌"字,其注解寥寥:"读音 jin,汉语词汇,意义不明,应与土有关,右部为'尽'的繁体。"

钱乃荣推介的早期西方传教士编撰的上海方言著作里,可以看到许多使用该字的例句。1862 年麦高温编的《上海话短语选》:"侬要到伊壌头去打切打切看","垃拉上海个西壌筑两个炮台";1910 年戴维斯编

沪语古韵

钱乃荣

的(上海话)《生活方言练习》："盖末县官可以从上司墟头得着奖赏"，"伊到朋友墟借洋钱"。这里的"墟"读若上海话的"海"；"墟"和"墟头"都表示"那儿"。出现在上面的例句中，分别是指"他那儿""西边那儿""上司那里""朋友处"，和网上注释的音义全不相干。

这种用法，现在在老上海人嘴里或上海郊区还能听到。《简明吴方言词典》《现代吴语的研究》等将之记作"喊头"。"伊喊头有本书交关好看"，意思是他那里有本可读性很强的书。

虽然"墟"字在更早的古籍中尚未见到，但这种用法早已有之。《左传·僖公四年》中有句流传甚广的话："君处北海，寡人处南海，唯是风马牛不相及也。"其中"北海""南海"的"海"，就是方位词，指北边和南边，或者说指北方那儿和南方那儿。《淮南子·人间训》中记载孔子对农夫说："子耕于东海，至于西海"，意思是你耕地从东边耕到西边。这些用法和上例中的"西墟"用法如出一辙。清代考据学家阎若璩著《四书释地又续》云："按古书所称四海，皆以地言，不以水言，四海犹四方也。"刘民钢在《上海话语音简史》中也说："上海话的'海'就是'那里'，除了'海头'外，南边老派上海话叫'南海'，北边叫'北海'，东边叫'东海'，西边叫'西海'；下头过去也可以叫'下海'，上头叫'上海'。"

这也许能让看似无根无攀的"墟"字找到一条过来之路。

（原载 2019 年 4 月 21 日《新民晚报》）

为国君削瓜者华

中国古代礼仪浩繁,规矩甚多。譬如吃瓜削瓜这件事,《礼记·曲礼》上是这样说的:"为天子削瓜者副之,巾以绨。为国君者华之,巾以绤。为大夫累之,士疐之,庶人龁之。"大意是说:为天子削瓜去皮后要切成四瓣,裹上细布;为国君削瓜去皮后要切成两半,裹上粗麻;大夫就不裹巾布了;后面的士、庶之辈当然更加简单。其中这个"华",是切半、剖开的意思。至今上海人仍在用这个词,读若"花"(ho)。肉背比较厚的鱼,在烹饪前就要先"华"两刀;翻炒的墨鱼卷,也要"华"上十字才能确保脆嫩入味。

上海人所说的这个"华",行刀时并不切透、割断,只是划个口子而已。这和上述吃瓜群众所用"华"的意思在程度上已经有别。清代训诂学家郝懿行疏《尔雅》时说:"华犹刳也,盖言析之而不绝也。"胡文英在《吴下方言考》中也说:"华,匕开不切也。"可见这种划而不断的做法传自古代,是有出典的。

联想到那道本帮功夫菜:"兰花豆腐干"。除了酱汁浓厚、色泽诱人之外,其形状是正反两面、横七竖八切割,之后居然拉开还能如网状连接一体。个中的奥秘,就是厨师的每一刀都是刃过其半、切而不透,"华"的功夫了得!所以,这道菜应该叫"滥华豆腐干",言其乱刀华过依

兰花豆腐干

然保持香干一块。否则,实在是找不到有网状的兰花和它相比拟。

(原载 2019 年 6 月 2 日《新民晚报》)

一命而偻再而伛

上海话称"驼背"为"hou 背";《上海闲话》中写作"伛背"。弯下腰去捡东西,也写成"伛到地下拾东西"。

伛,在古汉语中就是曲背弯腰的意思,也可以指驼背。《淮南子·齐俗训》:"伛者使之涂",是说安排驼背的人去铺抹地坪;同书《精神训》:"子求行年五十有四,而病伛偻",说的也是子求患驼背之病;还有该书的另一卷《说山训》:"文王污膺,鲍申伛背,以成楚国之治","伛背"就是驼背。2013 年 6 月,习近平总书记在一次讲话中,引用《左传·昭公七年》里的一段话:"一命而偻,再命而伛,三命而俯",用来告诫干部要谦虚谨慎、戒骄戒躁。这段话的意思就是指:官员一旦被任命提拔,要低着头;再次提拔,要曲下背;等到第三次,就要更进一步俯下身子。其中的"伛",也是形容弯腰。

但是,"伛"并不念"hou"。《唐韵》注为"于武切",《集韵》和《韵会》注为"委羽切",《现代汉语词典》注音为"yǔ"。清代朱骏声《说文通训定声》中说:"伛,偻也,从人区声。"这个"区"也读不出"hou"音来。

倒是另有一个字:"佝",也表示曲背。清代满族作家和邦额在其文言小说集《夜谭随录》中描写:"或作佝偻老人,独步厅上。""佝"在现代汉语中念"gou",但在古代却读"hou"。《广韵》中为"呼漏切",《集韵》中为"许候切,音吼"。蔡元培作序的详注本《阅微草堂笔记·如是我闻四》中有一个故事,说:"一妇人白发垂项,佝偻携杖。"其注曰:"佝偻,曲背也,佝音吼。"此外,"佝偻"在现代汉语中当联绵词,不单独用"佝",但在古汉语中,还是可以单独使用或与其他字组词的。

究竟是"伛"后来转音为"hou",还是"佝"本应在上海话中取代"伛",是值得研究的。

(原载 2019 年 4 月 7 日《新民晚报》)

心头愁虑曰齁斯

2018 年 9 月 5 日,《新民晚报》上刊登一篇与天气有关的报道,题目叫作"告别齁斯天,周五起降温";说:"这几天申城齁斯得令人喘不过气,又热又闷宛如蒸桑拿,又似黄梅天。"寥寥几笔,讲出了"齁斯天"的特征。就此说说这个"齁"字。

上海话中"齁"读若"hou",和普通话的不同是把第一声念成第四声。"齁"原来是指人呼气时发出的声音。东汉王延寿《王孙赋》:"鼻齈齁以龂齞,耳聿役以嘀知",这是形容那个叫"王孙"的狡黠之兽,鼻孔传出鼻息声,耳朵耸动不断。其中的"齁"和"齈",分别表示呼和吸。

赋予呼气声以情感、情绪,在气息交换、吐故纳新的功能之外加入表达心情的功能,"齁"的作用就广泛了。譬如,比照有些动物愤怒时喉咙里会发出低吼,上海话"齁"或"齁斯"可以用来表示愤懑不满。"伊辣背后讲我坏闲话,侬讲我齁(斯)哦!"意思就是对他人的背后非议表达不满。黄炎培《川沙方言述》:"心头愁虑曰吼肆(齁斯)";清代胡文英《吴下方言考》:"吴中谓怀怒欲发曰'响气',亦曰'响极了'"。这里的"响"按照《集韵》的注释:"呼侯切,音齁,喉中声",指的和"齁"是一回事。

本节开头引述的"齆斯天",也是指那种令人呼吸困难,从而影响人们情绪乃至健康的天气,常见于上海话中。顾颉刚等编辑的《吴歌小史》中引用一首民歌唱道:"吼(齆)斯日头郁勃天,姐劝情哥少种田",这是多情少女心疼情郎哥哥在闷热难忍的天气里劳作。

"齆斯"也可以指事情、事端;上海话"寻齆斯"就是寻衅、找茬的意思。部分老上海人还把慢性支气管炎等导致呼吸困难的病症,称作"齆欰病"或"齆病"。此外,"齆"在上海话中,也可以形容过甜或过咸的食物引起的喉咙不适;这和普通话的用法相近。

狠天狠地擤鼻涕

上海有句熟语叫作"狠天狠地擤沰鼻涕",意思是说:即便对方做出蛮横凶恶的样子,不过只是擤把鼻涕的水准而已。"擤"字普通话读"xǐng",上海话读若"hen";意思一样,都属搞个人卫生,通过急速呼气把鼻子里的鼻涕弄出来、清理掉。那么就说说读音。

《辞源》是一部注重词汇本源的工具书,它列出的"擤"读"xǐng"的依据,是明代末年张自烈编著的《正字通》。《康熙字典》也有注录说,与张自烈同时期的焦竑所著《俗书刊误·俗用杂字》注:"擤,音省"。"省"也可读"xǐng"。然而更早一些,明代初年宋濂编撰的《篇海类编》是这样注释"擤"字的:"呼梗切,亨上声,手捻鼻脓曰擤。"宋濂是元末明初的文学大家,更重要的是他曾参与《洪武正韵》的编撰;而《洪武正韵》的编纂原则,是明太祖朱元璋御定的"一经中原雅音为定"。因此,宋濂的音训应该更具权威。直到明末清初,依然有把"擤"读成"hen"的记录。例如孙楼的《吴音奇字》:"擤,音很,方言,擤鼻涕。"

这个"擤"的读音是怎么从"hen"演变成"xǐng"的暂且不说,另有一个相关的字也来掺和其中。清代胡文英《吴下方言考》中列出"洵"字,曰:"北音省,吴音读若很;吴中谓手捻鼻出涕曰'洵'。"其依据是《国语》中的一句话:"无洵涕"。因为三国时的韦昭对这句话的权威注疏说:"无声涕出为洵涕也。"然而,古时候"涕"多指眼泪,而不是"鼻涕"。汉代《说文解字》:"涕,泣也。"南朝《玉篇》:"目汁出曰涕。"更早的《诗·国风·陈风·泽陂》有"寤寐无为,涕泗滂沱"句,毛传说得清楚:"自目曰涕,自鼻曰泗。"语言学家徐复也专门指出:"朱骏声《说文通训定声》'洵,假借为泫'。与手捻鼻出涕之训无关。"

不管怎么说,现在上海话依然将"擤"读成"hen"。不然的话,那句"狠天狠地擤沰鼻涕"的熟语就押不住韵脚了。

冷脱糕饼爈一爈

爈,上海话读若"汉",也就是《广韵》所标注的"呼旱切,呼肝切"。作为一种烹饪方法,爈最初只是烘、焙、炙、烤的意思,好像没有水和油什么事。譬如,《说文解字》说的:"干貌,从火,汉省音。"《广韵》说爈:"火干也。"《正韵》说:"干也,又炙也。"《易·说卦》:"燥万物者莫爈乎火。"小时候,把凉了的糕饼馒头放在烧热的铁锅上略为烘焙一下,就叫作"爈"。《警世通言》第五卷:"今早阿金妈送我四个饼子,还不曾动,放在橱柜里,何不将来爈热了,请他吃一杯茶?"

可是,也属吴方言区的宁波、绍兴等地方,"爈"是表示用水蒸。《定海县志》:"俗谓饭锅中蒸物曰焊,亦作爈。"《简明吴方言词典》中引用《鲁迅的故事》作例句:"乡下饭菜很简单,反正三餐煮饭,大抵只在锅上一蒸,俗语曰熯,便可具办。"1973年,由浙江人民出版社出版的《汉语常用字典》,有"浙江常用方言字"附后,其中对"熯"字的注解就是:"把熟的食物蒸热"。

在没有不粘锅的年代,经验告诉我们:略放点食油在锅里,食物"熯"起来不易粘底。于是,"用极少的油煎",也成为包括《现代汉语词典》在内的许多工具书对"熯"字的注解。1908年,由法国天主教上海土山湾慈母堂印制的《土话指南》中,有教人早餐时用上海话对话的例句:"今朝个面饼,要用奶油来熯否?"涂上黄油的熯面饼,这就是洋为中用的烘焙方法了。可见,这个"熯"如果要被上海人继续用下去的话,其所蕴内涵恐怕也要有所变化了。

昏图读出切脚语

在老上海人和苏州人口中,至今还可以听见把熟睡打鼾称作"打昏图",一些文献中也有此类记载。评弹《战火中的青春》:"因为白天比较辛苦,困下去一息息,鼻鼾浓浓,昏图来了";沪剧《阿必大》:"宝贝啊,要困到屋里去,哎唷,昏度(图)响来!";倪海曙《杂格咙咚》:"日里勿进茶水,夜里难打昏瘏(图)";《常熟县志》:"谓睡声曰唔涂(图)";《张江镇志》:"昏瘏(图):打鼾,呼噜声"。

有人以为这个"昏图"和"呼噜"一样,只是形容打鼾的拟声词。但事实并非如此。汉语在其发展历史中,有一个特殊的表达方式,叫作"切口"。就是用反切造成的词语当作隐语使用。明代田汝成在其《西湖游览志余》中说:"杭人有以二字反切一字以成声音,如以秀为鲫溜、以团为突栾、以精为鲫令、以孔为窟笼……"就是在说话时,把目标字的声母、韵母拆分成另外两个字,而隐去想说的那个字。在上例中,用"鲫溜"代替"秀",用"突栾"代替"团",依此类推。明代李诩《戒庵老人漫笔》"古今方言大略"一卷中,也有相关的记载。古人专为这类词语起了一个名称,叫作"切脚语"。宋代洪迈《容斋三笔》中就有"切脚语"一节,云:"世人语音有以切脚而称者,亦间见于书史中。如蓬为勃笼、盘为勃阑、铎为突落、叵为不可……""昏图"也是这类"切脚语",它所反切的就是"呼"字;"打昏图"就是"打呼"。民国八年出版的《太仓州志》中,也说:"呼为唔涂(昏图)。"

有些"切脚语"慢慢固化成为常用词,如普通话中的"窟窿(笼)",上海话中的"昏图""突栾""壳张"等;还有一些"切脚语"被保留在了其他方言中。2016年1月,网络上发布了余冢沟题为《原音词,陕北话里传承的远古声音》的文章,里面就有北方话中还在使用的"切脚语"的例证。

(原载2019年6月16日《新民晚报》)

霍闪催雷雷催雨

"霍"是个会意字,从雨,从隹,意为顶级降雨强度,即短时间内大量降雨,所以它的基本含义是急速。除此之外,还有另外两个比较特殊的含义较长时期地保留在上海话中。

其中之一,是表示紧贴、拱卫、围绕。秦汉间成书的《尔雅·释山》云:"大山宫,小山霍。"宋代邢昺疏曰:"小山在中,大山在外,围绕之。山形若此者名霍,非谓大山名宫,小山名霍也。"东汉《白虎通·巡狩》:"南方为霍,霍之为言护也。"上海人把紧紧贴靠着也称作"霍"。"小囡霍勒娘身浪",意为小孩黏着母亲;"霍壁脚"意为贴在墙边偷听、偷窥;"霍肉"表示贴着肉,也比喻直接相连的关系;"霍牢"指吸住,也比喻管住、控制住等。《上海话流行语》中有例句说:"辩家伙拨老婆霍牢勒,多用一分洋钿也要转去汇报",用"霍牢"一词形容被看得很紧。

还有一个比较特殊的含义是表示闪电的"霍闪"。沪上农谚讲:"霍闪催雷雷催雨","南天霍闪火门开,北天霍闪有雨来"。过去人们还把天上专管闪电的女神称作"霍闪娘娘"。上海话中,"霍"读若"huo"(入声),而"闪"读若"xian"。清代光绪年间的《常昭合志稿》:"霍闪之闪,音如显。"也就是《唐韵》《集韵》等古籍标注的"失冉切"。所以,有时也被写作"险、显、猃"等。这个现在只能在老上海人或郊区农村居民口中听到的词语,最早可追溯至唐代。卒于唐昭宗乾宁初年的顾云有《天威行》诗曰:"金蛇飞状霍闪过,白日倒挂银绳长。轰轰砢砢雷车转,霹雳一声天地战。"分别描写闪电和雷鸣。明代吴承恩《西游记》第八十七回:"今日见有雷声霍闪,一齐跪下。"清代张慎仪《蜀方言》:"电曰霍闪。"

另有不少文献把"霍闪"写作"矆睒"。例如《清代末期的上海话》中有例句说:"雷响咾霹雳个声气,矆睒咾闪电个亮光,使得人吓来。"清代翟灏《通俗编》:"欲状电光之疾,本无定字,用霍闪似不若矆睒之雅。"不过,以实际流传的效果看,通俗的"霍闪"比之貌似高雅的"矆睒",被认可程度似乎更高些。

沐浴、洗澡即"汨浴"

"洗"这个字上海人常用"汏"(音 da)代替,汏手、汏菜、汏衣裳;唯独"洗澡"这件事,除了说"汏浴"也说"汨浴"。《吴歌甲集》:"下昼提水烧浴汤,姑娘潝浴娘拖背。"叶圣陶写的短篇小说《一桶水》里,也有"给你潝个浴"的句子。金宇澄《繁花》:"范总说,要么大家去潝浴,有吃有唱";当然,金宇澄说的已经是新概念浴场洗澡的事了。

潝,《集韵》:"呼骨切,音忽",上海话读音与其一致,也读若"忽"(hu,入声)。"潝"在古代汉语中形容水流的样子或水流的声音。两晋郭璞《江赋》中,有"漓湟潝浃,瀎潏濿瀹"的表述。所以在上海人的概念中,"潝浴"不仅有水,还要稀里哗啦、敲背拍腿地弄出点动静来;那个"混堂潝浴"是坊间肆弄不竭的话题,2019 年 6 月 18 日,《新民晚报》专载《潝浴》一文,细述沪上澡堂趣事。

叶圣陶

明代《吴音奇字》认为应该用"搲"字,即"搲浴"。"搲"的读音与"潝"相同,《集韵》标注其有"去尘"的意思。就字的义符偏旁而言,一个突出用的是水,一个强调是行为动作。起码说明"潝(搲)浴"一说确系古已有之的流行词;这在各种明清小说文献中,可以找到大量例证。

"潝浴"一词的广泛运用,使之在旧上海产生出一个新的喻意:专指妓女借从良的名义骗取钱财。生于清代光绪年间的上海人胡祖德在其《沪谚外编》中说:"妓女负债过重时,择一富翁嫁之,俟债务代为理清后,即席卷细软求退,以便重整旧业,谓之潝浴。"这和今天所说的"洗白身份""换件马甲"有差不多的意思。鲁迅先生还把"潝浴"引申用来讥讽那些为了取得虚名而去国外求学的人。他在1935年致增田涉的信中写道:"所谓作家,在上海文坛失败,多往日本跑,这里称为'涩浴'或'镀金'。"

帝自屏罅觇昭仪

"罅"普通话念"xià",上海话读若"忽"(hu,入声),两厢都是表示裂口、缝隙的意思。《说文解字》:"罅,裂也,缶烧善裂也。"义符"缶"在此处是指有裂缝的瓦罐,"虖"是"乎"的原形,用作形声的音符。

依然成器的瓦罐,有裂缝应该也不会太大,否则当称其为"片""爿"而不是"缶"了。因此,"罅"最初可看作比较纤细的缝。西晋左思的《蜀都赋》中,有对各种果实成熟景象的描写:"紫梨津润,樝栗罅发。蒲陶乱溃,若榴竞裂。"其中"罅发"是指栗子的外壳坼裂了。宋代《太平广记》有一则记事讲道:"以金锥插于石罅",其缝也仅容得下一枚锥子。《史记·田敬仲完世家》中,为了借喻较为宽大的缝隙,专门加了个定性的形容词:"弓胶昔干,所以合也,而不能傅合疏罅。"意思是说,比较大的裂缝(疏罅)用胶粘靠不住。

后来,"罅"也直接用来形容比较大的口子了。宋代传奇小说《赵飞燕别传》中,写汉成帝偷窥赵飞燕妹妹昭仪洗浴的情景:"帝自屏罅觇"。再看清代纪晓岚在《阅微草堂笔记》中的描写:"二大蛇从山罅出","自胸至腹,裂罅数寸","见女子两纤足自纸罅徐徐垂下";这些缝隙明显大了许多。

此外,上海话中还留有一些与"罅"相关的词语。例如"罅缝""罅隙""罅档""人罅膀里"等;其中比较特别的是"髂罅档",也叫"髂罅郎当",是指人的裆部、两腿交叉的地方,是上海人对隐私部位比较隐讳的说法。《吴歌已集》有段歌谣:"妮姐河里汰衣裳,螺蛳沿到髂罅裆。"小说《何典》中也有使用该词的例句。

长伸两脚眠一寤

上海人把睡了一小觉,称作"睏一寤"。这个"寤",上海话读若"忽"(hu,入声),可以把它看作时间量词。早在东汉许慎所作《说文解字》里,就已经有了"寤"字,释为"卧惊"。好梦惊觉、没能睡到自然醒,当然也能够看作只睡了一小会儿。

在古代汉语中,这个"寤"的"一小觉"概念是被大家认可的。清代胡文英在其《吴下方言考》中解释"寤"字说:"睡未久而忽惊觉也,吴中谓睡不久而醒曰'一寤'";朱骏声《说文通训定声》也说:"苏俗语略略睡曰睏一寤";晚一些的范寅作《越谚》曰:"寤,寐不多时即醒也"。当然,所谓"一小会儿"本身就是个虚数,因此也有人认为:"无论大觉小觉,皆谓之忽(寤)。"宋代狂僧林酒仙有禅诗曰:"长伸两脚眠一寤,起来天地还依旧。"这个"一寤"也可大可小,禅意深刻。

蒙元文化融入时,广袤草原自然环境所形成的语言发声特点,使得入声消退、儿化音兴起。于是,"一寤"有了"一忽儿""一会儿"的表现形式,而且超出了"睡一小觉"的限制,还可以表达片刻、须臾、转瞬、马上等概念。衍生出"一会儿"之后,"寤"字在现代汉语中逐渐退位,现在更是鲜有使用,但它在上海话里还可以听到。除了说"睏一寤"外,还有如:"着寤"表示睡着,"寤头(里)"即睡梦中,"睏失寤"意为睡过了头,"勿落寤"指没有熟睡,"鸡寤觉"形容像鸡睡觉似的打了个盹,等等。

郎唱山歌亮胡咙

小时候常听到老人说上海话时,把"喉咙"念成"胡咙":沙胡咙、哑胡咙、胡咙痛、胡咙口、胡咙胖,总之都把"hu"读成浊音。

有些记录沪语的作者对这个"胡"字不放心,增旁写作"唿"字。《吴歌戊集》里一首民歌就是这样写的:"郎唱山歌哑唿咙,自小贪花掼子风。我小阿囡梳妆台上有十六、廿六、六六三十六个生鸡蛋,送把情哥吃子亮唿咙。亮唿咙、亮唿咙,山西唱歌应山东。"用的都是"唿",还算让人看得明白。但"唿"在古汉语中形容响亮的声音。《集韵》《类篇》:"唿,洪孤切,音胡,喊唿,声也。"明代孙楼《吴音奇字》另有一说:"啒,音胡,方言,啒咙,喉也。""啒"也确有其字。《集韵》:"啒,洪孤切,音胡,咽喉也。"音义相符,只是较为生僻。

其实大可不必舍近求远,"胡"字本意就含有颔下部位、咽喉之处的意味。《说文解字》:"胡,牛颔垂也",指的就是喉的位置。《正字通》:"喉也,颔肉下垂者曰胡。"虽说,《现代汉语词典》中看不出其间的关系,但人们所说的"胡子""胡须"指的也是颔下美髯。据明代杨慎《古音余》记载,"喉"字最早与"胡"同音,"喉载虞韵,音胡"。可见,"胡咙""喉咙"在古代是相通的,通过之后的进化和改变,普通话已经失去了"h"的浊化读法,"胡咙"的说法就只被保留在吴语和上海话中。

㩒粥㩒饭量多少

上海话中有些词的发音方式和普通话差别较大,譬如把拼音"h"发成浊音,有点像法语中的那个小舌音。"㩒"就要用这种发音方法,上海话读若"豪",也就是浊化读出"hao"的声音。

"㩒"是测量多少的意思。宋代《集韵》:"较多少曰㩒,乎刀切";明代《吴音奇字》:"㩒,音豪,方言,㩒粥㩒饭";清代《越谚》:"㩒,音豪,较准称斗,量定多少";民国时期的《嘉定县续志》:"俗言测多少曰㩒"。总之,和普通话中表示称量多少的"约"(yao)字差不了多少。只不过"㩒"没有使用规范量具那么严谨,而是用简单的工具,大体上把某种东西的容量估计一下。清代小说集《坚瓠集》中有首描写姑嫂不合的俚句诗说:"除灰豆亦论颗数,换粪油还逐滴㩒。"用一颗一颗地清点、一点一滴地计量,来形容彼此间关系相处的斤斤计较、锱铢必究的程度。

"㩒"有时也写作"号"。晚清言情小说《续海上繁华梦》中,谱涛说:"斟酒之时,大家不许稍有潜满,倘有喜欢镶(掺)水的人,大家一律要镶(掺),须把茶杯号过,不准略有多少。"这其中的"号",就是"㩒"的假借字。清代小说《何典》中,也是把"㩒"写作"号":"醋八姐还不肯放松他,时常萝卜弗当小菜的把他要打要骂,后来一发号粥号饭起来,遂不免一顿饱一顿饿的半饥半饱过日子。"至于"㩒粥㩒饭"的用法,已经从最初的测量多少,引申为规定数额、限量供应。

厘清"齆齅"快勿出

上海人把催促动作快、赶紧、迅速称作"豪燥",读若"豪烧"。说"豪燥跑",意即快点离开;说"豪燥要到小菜场"(《杂格咙咚》),意即赶紧去下菜场。这"豪燥"两字的写法,依笔者所见,不下十来种。写法的不同,造成了对该词来源的解释各异。

试举五例如下:

写作"毫烧"(自《江南话词汇九十九》等)。有民间传说称,苏州老虎灶蒋姓老板手臂毫毛被烧;取义为速度之快,犹燎毫毛(见《采风》1985年2期)。是为"故事说"。

写作"毫少"。黄炎培《川沙方言述》:"毫少即'火速'二字,'火'音近'毫';北方无入声,故'速'音近'少'也。"另有川沙民间歇后语"乡下人不识癫痫——毫少"为证。是为"音转说"。

写作"豪悿"(自《汉语方言概要》等)。《集韵》:"悿,先到切,快也。"《嘉定县续志》也记载:"俗促人赶速曰豪悿。"由表示快速的"悿"单字带出"豪悿"一词,是为"借字说"。

写作"豪燥"。该词原意为心情放松状态的舒畅。明代小说集《醒世恒言》:"美娘连吃了两碗,胸中虽然略觉豪燥,身子兀自倦怠。"2017年,陈源源著书也认为"豪燥"的词义是从较早的"舒畅"演变产生的

(《汉语史视角下的明清吴方言字研究》)。是为"义转说"。

写作"躴齃"。该词从音到形都符合联绵词要件。《集韵》:"郎到切,先到切,粗急貌",就是心急慌忙的样子,只是其中"躴"的声母似有差异。更早的《广韵》也标注为"郎到切,苏到切",但其所列两处分别为"下平声豪韵"和"去声号韵",豪、号的声母上海话都读浊音的"h";且其又专门注"躴"字曰:"又音牢"。这些都给该字古代的原读留下细考的空间。此外,明代孙楼《吴音奇字》则直接标注"躴齃"的读音为"音豪噪"。是为"联绵词说"。笔者以为此说较具竞争力,只可惜"躴齃"两字太过生僻。

除以上而外,《通俗编》记为"豪搔",《开埠初期的上海话》记为"浩燥",《上海话老派新派的差别》记为"豪慅",《汉语方言概要》又记为"毫燥",《张江镇志》记为"豪少",等等。真正要厘清这些词的形、音、义,恐怕"豪燥"不得、快勿出。

"下饭"未必自甬来

一般以为,老上海人口中表示菜肴的"下饭"是从宁波传来沪上的,其实未必。古代文献中有许多用"下饭"一词的例句,其作者都不是宁波人。

宋代范仲淹的玄孙范公偁在《过庭录》中写王子野罗列珍品,谓水生曰:"何物可下饭乎?"生曰:"惟饥可下饭";范氏祖籍苏州吴县。宋代张瑞义的《贵耳集》记载:"刘岑官至侍郎,未达时甚贫,用选官图为下饭";张氏原籍郑州,后居苏州,作此书时被谪广东。明代李诩是江阴人,其撰写的《戒庵老人漫笔》中收入江阴俗语对子云:"烧炭用柴,必横柴而竖炭;煎浆下饭,须热饭而冷浆。"明代戏曲理论家何良俊著《四友斋丛说》讲,他的老师沈人杰面对"黄酒一大角、下生葱两盘"的宴请说:"我南方人吃不得寡酒,须要些下饭。"何是华亭人,就是今天的上海奉贤区;毕生就在沪、宁、苏州,没去过宁波。还有明代钱塘(杭州)人陆人龙《型世言》:"茶罢,便是几盘下饭,也不过只鸡鱼肉而已。"此外,大家熟悉的《水浒传》《初刻拍案惊奇》中也有"下饭"的记叙,作者施耐庵、凌濛初分别是苏州人和湖州人。

"下饭"有时也写作"嗄饭"或"饾饭"。明代冯梦龙《醒世恒言》:"那酒家只道他身边还有铜钱,嗄饭案酒流水搬来。"清代钱德苍编的戏曲剧本集《缀白裘》:"老老:个两日吃饭还有点嗄饭,今日只得一口淡饭哉!"冯梦龙和钱德苍都是苏州人。

可见,"下饭"这个旧时民间常用词未必来自宁波话。

(原载 2019 年 9 月 22 日《新民晚报》)

急齁拉齁顄顩相

顄顩,就是《现代汉语词典》中标注为方言的"猴急"两字的本字。宋代《广韵》:"顄,胡钩切,大言";《集韵》:"顄,胡沟切,音候;顩,何葛切,音曷。顄顩,扬言也";清代《吴下方言考》:"顄顩,大言,谓因急而大声言也,吴中谓人急迫发言曰'顄顩',字从页,先见于首面也"。袁家骅在《汉语方言概要》中说:"顄顩,急迫貌,大声语无伦次",也强调形容相貌。

但是,更多的时候,"页(頁)"偏旁所表示的"先见于首面"的相貌感被忽视了,"顄顩"变成了"猴急""喉急""喉极"等。明代姚旅《露书·风篇》:"猴急,怒也";清代小说《九云记》:"老蛆猴急,因命小姐沿坑而上"。元末明初《水浒传》用"喉急":"李逵道:'又没得些钱来相请哥哥,喉急了,时下做出这些不直来'";明代《喻世明言》《初刻拍案惊奇》等也可见到这个"喉急":喉咙里表达出来的急切。而《二刻拍案惊奇》里用的则是"喉极":"疑的是妇人家没志行,敢怕独自个一时喉极了,做下了些不伶俐的勾当。"此外,明代《吴音奇字》写作"睺极",《玉篇》写作"頯頯"。

袁家骅

治学严谨的徐复老先生考据"頯"字之后表示,古代韵书中并未列有"猴急"的意思。也许它只有在联绵词的情况下才具备该义。事实上,上海话中的许多和急切、失致、紧迫有关的词语,譬如"发极"(急躁)、"极皮"(着急耍赖)、"极相"(着急的样子)、"极话"(撒泼耍赖的话)、"赖极皮"(耍赖的人)、"极形极状"(失态)、"极地爬天"(竭力)、"极出乌拉"(气急败坏)、"极里极躪"(十分急迫)、"急躪拉躪"(迫不及待)、"猴急阿大"(急不可耐的人)等,也的确很少用"頯"字。

体温升高发寒热

上海人把比正常体温高的体温称作"寒热"。"有寒热哦?"意为有没有热度;"量量寒热",意为测量一些体温;"寒热三十九度",意为发烧发到三十九度了。

"寒热"一词古已有之。最初就是字面意思:冷和热。例如《礼记·月令》说:"(孟秋之月)寒热不节,民多疟疾。"汉代《淮南子》说:"寒不能生寒,热不能生热,不寒不热,能生寒热。"魏晋志怪小说《灵丹化雀》说赵高因怀有神丹,"冬卧坚冰,夏卧炉上,不觉寒热"。

放到人的身体上讲,就是中医所谓"恶寒发热"的症状。《史记·扁鹊仓公列传》说了两个病例,都属此类情况:"济北王侍者韩女病要背痛,寒热,众医皆以为寒热也";又"临菑氾里女子薄吾病甚,众医皆以为寒热笃,当死,不治"。这种既寒且热、内寒外热的症候也被写作"寒热交作""颠寒作热";古人以为寒热和阴阳相对应,宋代《类说》专门有"阴阳寒热"一节,所谓"寒极生热,热极生寒;寒气生浊,热气生清"。明代小说集《剪灯新话》讲牡丹灯的故事说:夜遇挑双头牡丹灯者,"辄得重疾,寒热交作。"《古今小说》写:"(舜美)回至店中,一卧不起,寒热交作,病势沉重将危。"清代《常言道》说邛诡跟脱空祖师学道回来犯病,"有时颠寒作热,要死不要活,想来是穷人犯了富贵病。"

"寒热"后来也用来指发烧、发热。宋代《太平广记》记叙前蜀有个叫王允光的官员,诬陷张进致死,招致鬼魂报复,"后允光病寒热,但见张进执火炬烧四体,高声唱'索命'。"清代《阅微草堂笔记》述佃户张天锡无理于鬼魂,"鬼乃随其至家,夜则墙头檐际责詈不已,天锡遂大发寒热,昏瞀不知人。"

二十世纪二三十年代,"寒热"

穆时英

一词在许多中国近代文学家的作品中出现,并且被固化为特指体温上升。如穆时英《公墓》:"每年冬季总是在蝴蝶似的看护妇、寒热表、硝酸臭味里边过的";《莲花落》:"她有点寒热,偎在我的身边";张爱玲《半生缘》:"曼桢前两天发寒热,睡了好两天呢";《异乡记》:"到家已经夜里八点钟,累极了,发起寒热来";冰心《南归》:"我正发着寒热,楫归来了";王西彦《古城的忧郁·蛊惑》:"好像昨夜发了高度寒热,四肢软绵绵的"。这种用法,被上海人一直沿用到今天。

合扑转来掼一跤

沪语小说《繁花》里,写苏州河边和人打架:"一人窜上来拉,建国一绊,合扑倒地。"上海人都明白,这个"合扑"就是背部朝天趴下,和"四脚朝天""仰八叉"的姿态刚好相反。相关的说法还有:"合扑瞓"(俯卧)、"合扑转来"(翻过身脸朝下)、"合扑一跤"(摔了个狗吃屎)等。

依笔者看,"合扑"一词是从元曲兴起后开始流行起来的,证据是许多元曲释词的工具书都收录有该词,说明它并非之前的常用词,而是需要注释的新词。民间戏剧曲艺主要是用说唱的形式通过声音传播的,因此,在其转变为文字记录时,词语的形态就会因人而异,出现千差万别的随意性。"合扑"也是这样,元代关汉卿《救风尘》:"遮莫向牛屎堆里,忽地便吃了个合扑地。"同样是元代,秦简夫《东堂老》写"阿扑",杨朝英《太平乐府》写"合伏"。再看明代《金瓶梅词话》:"你家老婆在家里仰扇着挣,你在这里合蓬着丢!";明末清初《生绡剪》:"黄中一个倒栽葱,合拍跌翻";清代《双鼠奇冤》:"仰缸跌子,好似一只大元宝;合扒跌子,好像一个地壁虫"。分别写作"合蓬""合拍""合扒",此外还有"合仆""合爬""合㔸"等的写法。

在元代之前,表示"合扑"意思的词多为"仆"或"踣"等一个字。古典文学大师顾学颉认为"合扑"是从"俯伏"一词演化而来的。因为"古无轻唇音",所以唐宋之前"伏"的读音和现在的"扑"相近。也是一说。

现在要听这个"合扑",恐怕需到上海人聚集的地方才容易办到。

沪语"核""槅"本不同

新版的《现代汉语词典》里,"核"仍然被列为形、音相同,但意义上需要分别诠释的字。"核"字的两个基本含义,一是表示审核、考察,它的原形是"覈";另一个是指果实中心的坚硬部分,它的原形就是"槅"。

两字简化为一个字后,它原来的两个不同的含义,在上海话的读音里还是分得清的。前者读若浊音的"合"(he,入声),和普通话的读音接近;后者读若"活"(we,入声),还有上海郊区一些地方也把"活"读成"伐"(ve,入声)。这后一种读音,可以在古代韵书和字书中找到依据。《集韵》《类篇》等都标注核(槅)可读为"胡骨切"。为便于明确区分这两种不同的音义,有些书籍,譬如《上海方言词典》《上海话大词典》《崇明方言词典》《自学上海话》等,又把表示果实内核的"核"写回"槅"去。这起码在上海话的表述、记录中是有一定意义的。

上海人口中和这个"槅"字联系最多

的要数"橄榄榔"。小孩玩的"盯橄榄榔",大人钟爱的"橄榄榔雕"。还有不少与之相关的歇后语:"橄榄榔落地——两头落空","橄榄榔屁股——坐勿牢","橄榄榔垫床脚——活里活络","含橄榄榔布道——讲勿清爽"。除此之外,上海人也把类似硬核、内核的东西称作"榔";譬如称眼珠为"眼榔",称肿大成硬块的淋巴结为"臀阳榔"。不过,一些新概念词汇,譬如细胞核、原子核、核武器等不宜用"榔",更不能读成"活"(we,入声),否则就要闹笑话了。

(原载 2019 年 7 月 7 日《新民晚报》)

"滑汏"沿用两千年

有个不被现代汉语收录,但为上海人熟悉和常用的词语,叫作"滑汏";"汏",上海话读若"达"(入声)。它的原意是打滑、滑溜、滑动,也被引申用来形容圆滑、狡猾。这个"滑汏"还在上海人嘴里衍生出许多熟语:"滑汏汏"(滑溜溜)、"打滑汏"(打滑)、"滑雌滑汏"(道路泥滑)、"滑汏精光"(一无所有)、"滑滑汏汏"(湿滑不堪),等等。

该词的前面部分"滑"字,没有异议;后面那个"汏"字,各自发挥,差别殊甚。

民国时期的《吴歌戊集》写:"我家奴妮十七八,梳出头来滑贴塌。"到了《吴歌己集》便写成:"我家媛囡十七八,梳起头来滑滴塔。"清代小说《海上繁华梦》写作"滑趒":"一脚踏在浇湿的地板上面,一个滑趒,跌倒在地。"明代小说《醋葫芦》写作"滑蹋":"成珪又努力一柱,一个滑蹋,几乎把头皮都被席子擦破。"此外,还有的写作滑达、滑汏、滑脱、滑挞等。明代孙楼《吴音奇字》认为就是"达"字:"达,音挞,方言,脚滑达达。"

看看更早的文人怎么写。

宋代苏东坡《秧马歌》:"耸踊滑汰如凫鹥,纤纤束藁亦可赉。"唐代皮日休《吴中苦雨因书一百韵寄鲁望》:"盖檐低碍首,藓地滑汰足。"徐复老先生还举出了最早的例证,东汉灵帝时武都太守李翕的"天井道碑"遗文:"天井临深之厄,冬云则冻,渝夏雨滑汰,顿踬伤害。"徐老说:"唐宋人诗多作滑汰,不如汰字之古。"《说文解字》注"汰"字曰:"滑也。"这也是本文用"汰"字的原因。当然,除了上述其他借用字外,"达"和"达"也都有"滑"的字义;晋代《字林》分别注两字为"足滑也""滑也"。

总之,还在使用"滑汰"一词的上海人也许不曾想到,他们守护的是远自两千年前汉代传下来的词语!

(原载 2020 年 1 月 19 日《新民晚报》)

沪语"活络"用处多

和北京的朋友聊天说某某为人活络,对方一脸茫然。"活络"这个普通话中用得已经很生疏的词语,在上海话中依然大行其道,且其含义远超《现代汉语词典》中的释义。

"活络"一词源出久远,最初就是圆通、灵活的意思。宋代罗大经《鹤林玉露》卷八:"大抵看诗要胸次玲珑活络";宋代朱熹《答黄直卿书》之五:"既先有箇立脚处,又能由此推考证验,则其胸中万理洞然,通透活络"。

上海话传承发展、推陈出新,"活络"一词可有如下含义:

一是形容为人品性的通达、机敏,多用作褒义。余秋雨的散文《庙宇》中描写那个胖和尚:"脸面颇为活络";评弹《战火中的青春》说:"张阿毛认识几个字,做人活络"。有时也会略偏点贬义。叶圣陶《招魂》:"他不过比大家活络一点,所以给他沾了光";《文汇报》曾刊文说:"现时头子活络的男士,不必干那八小时的活儿,便进分可观"。所称"活络"都带点揶揄的语气。

二是指构件或事理的灵活、可变通。譬如上海人说的"活络扳头"(可调节口径的扳手)、"活络门闩"(可随意开启的门闩)等。茹志鹃的小说《着暖色的雪地》:"他在爸爸和伯伯之间取了一个音,就叫他'摆摆',这比较活络",意思就是两面变通、灵活使用。

三是特指说话等不明确、不确定。《醒世姻缘传》第四十八回:"狄大娘定个日子,好叫姐姐家去,这活络话怎么住的安稳?"《歇浦潮》第五十九回:"你这人不知怎样怪脾气,对你讲话,没一回不是活络回答的。"该书第五十七回还有一句:"如玉此时方明白吴四说的都是真话,不是活络门闩。"用的也是这个意思。

四是形容摇动、不稳固。上海话歇后语:"橄榄棚垫床脚——活里活络"。有一篇记叙全国劳模王崇伦、名为《走在时间前面的人》的文章写道:"长凳有四只脚,如果凳脚活络了,人坐上去就要跌觔斗";小说《亭子间嫂嫂》用来形容波动的心情:"一颗心也弄得活里活络,不知怎样才好"。

五是表示活动、运动。评弹《海上英雄》:"他算是活络活络筋脉,免得等一歇到海水里去两脚牵筋。"

六是比喻人手头宽裕,有富余的、可灵活使用的钱,即上海人所谓的"活络铜钿"。小说《初中生肖元元》:"小阿弟,借点分,老阿哥今天手头不活络。"

甚至还有借用来指菜肴中鱼的头尾。《汉语方言概要》中就列有"红烧活络"的说法。可见,"活络"在沪语中用得确实是很活络的。

镬铲、镬灶、镬底陀

古代青铜器中有一种用来烧煮东西的大锅叫"镬"。镬,《广韵》:"胡郭切",上海话读若"学"(入声),就是我们平时厨房里用的"钢种镬子""炒菜镬子""牛奶镬子"的那个"镬"。

最早的"镬"大多和鼎一样,有三个脚,便于在下面生火烹饪。据信,从汉代开始,灶逐渐普及,镬的脚也就慢慢消失了。东汉高诱注释《淮南子》说:"有足曰鼎,无足曰镬。"唐代颜师古注释《汉书》时也说:"鼎大而无足曰镬。"古时候,镬除了煮食物,还作为一种酷刑,用来煮活人!即便后来这种被称作"镬亨"的刑法被废除了,人们还是相信坏人死后在地狱会有"汤镬"伺候。纪晓岚《阅微草堂笔记》:"君忤忤父母,于法当付镬汤狱。"这同时也说明古代的"镬子"够大的。宋代《绀珠集》记载,当年孟尝君用来招待食客的两口大镬,"大者容四十石,小者容三十石。"

也许和元代后入声词大量消失有关,这个"镬"字在普通话中已不怎么见用,但上海话依然留有许多与之相关的词语。余秋雨在散文《乡关何处》中回忆家乡的饭食:"偶尔哪吃白米饭了,饭镬里通常还蒸着一碗霉干菜,于是双重香味在还没有揭开镬盖时已经飘洒全村。""饭镬""镬盖"即是饭锅、锅盖。《中国歌谣集成(上海卷)》有数落女儿不孝的歌词:"我格囡么乌梅汤淘饭黑心肠,镬灶水揩面黑良心。""镬灶水"指刷洗锅子的脏水。"镬灶水揩面黑良心"也是一句上海话熟语,其他相关的熟语还有:"镬里勿争碗里争"(眼光短浅)、"隔灶头饭镬格外香"(无端羡慕嫉妒)、"上勿得桌落勿得镬"(不中看也不中用)、"隔壁打翻镬灶水"(事有牵连)。此外,镬铲、镬台、镬灶、镬灰、镬焦、镬底陀、起油镬、镬里鹞鹰、踏穿镬盖等,都是上海人熟悉的词语。

(原载 2020 年 9 月 6 日《新民晚报》)

猢狲屁股坐勿定

古人把猴子也称作"猢狲"。唐代张鷟撰写的笔记小说集《朝野佥载》中就有关于"猢狲"的记载。宋代杨万里有首《无题》诗写道:"坐看猢狲上树头,旁人只恐堕深沟。"也有人写成"胡孙"或"胡狲"。唐代高僧释慧琳在《一切经音义》中说:"猴者猿猴,俗曰胡孙。"据李时珍《本草纲目》说:"猴形似胡人,故曰胡狲。"早年是"胡"字增加了义符、借用"猢"字,还是为便于辨认把"猢"简化、俗化为"胡"字?我们不得而知。

上海人把猢狲的"猢"读成"活"(we,入声),并写成"猚"或"狱"等以示区别于读"hu"的"猢"。"猚"和"狱"明显是增旁新造的字。上海话"青肚皮猚狲"(不长记性者)、"猚狲撮把戏"(耍猴)、"猚狲勿赅宝"(爱显摆)、"猚狲戴帽子"(煞有介事)、"油煎猚狲"(轻狂浮躁者)等,都不能把"猚狲"读成"猢(hu)狲"。说起来,用"猚"或"狱"代替"猢"也是有根据的。《中华字海》引用《水浒传》第二十四回王婆的骂人话:"含鸟猚狲!我屋里哪得什么西门大官人?"《水浒传》成书于元明,即便是袁无涯刻本《水浒全传》,也是明代产物。清代文献可见者更多。乾隆时的说唱集《大双蝴蝶》:"张姆姆、李婶婶,手里抱子小狱狲";清代王有光《吴下谚联》有"狱狲戴面袋"句;胡祖德《沪谚》有"树倒狱狲散"句。清代末期上海徐家汇土山湾印书馆印行的《生活方言练习》中,专有"论狱狲戏"一节,注音为"weh-sung",其中的"h"表示入声。

m

老酒㵲㵲享乐惠

贺友直

饮茶需要品,喝酒讲究咪。上海人把慢慢品尝、抿着喝酒称作"咪"。2013年8月,《新民晚报》刊文《搭贺友直一道"咪老酒"》,讲"贺老欢喜咪老酒,中午十一点半、晚上六点两个时段,伊侪要咪老酒"。沪语小说《繁花》写春香在小毛办的筵席上敬酒,"咪了半盅"。和北方人酣畅淋漓、大快朵颐的追求不同,在上海人的感觉中,"咪"突出的是一种情调,是对生活不紧不慢的享受,是对闲暇快感下意识的延长;这也可以看作小资情调在男人身上的表现。《上海滩》杂志早年曾刊文描写:"屋里搭一张骨牌凳,花生米小绍兴鸡老酒咪咪一样乐胃"。这个"咪"偶尔也用来形容品茶。《吴歌丙集》:"香茶放在香几上,大家咪咪免睏懒。"

但是,这个"咪"有点"来路不正"。"咪"和"哶"原来是同一个字,表示羊叫声,读若"mie",《篇海》:"迷尔切",后来也引申为猫叫声。口字旁原来是用来表示象声意味的,后来被用来形容小口、少量抿饮,可能还是与它的口字旁有关。这时,"口"被视作义符,"米"被视为音符。2006年,南通大学陈俐曾撰文论证小口小口地喝应是"浘"字;2007年版的《上海话大词典》也收录了这个"浘"字。

浘,《广韵》:"绵婢切",《说文解字》释为"饮也"。南北朝时的大学问家顾野王在字书《玉篇》中释:"浘,亡俾切,饮也";当代大学问家杨树达在考据"浘"字时也说:"今长沙谓以口饮酒少许为浘,音正如泯"。说明喜欢慢慢品酒,从而传承了这个"浘"字的不仅仅是上海人。

小了米米一沰沰

上海人形容十分微小的东西会用"米米"一词。"米米小"表示非常小,"米米头"是指婴幼儿,"小了米米一沰沰"意为极小、小得只有一丁点儿。小说《亭子间嫂嫂》:"你想这样米米小的一个人,出世才只三四天,已经没有爹爹了";《简明吴方言词典》:"做一眼米米头官也介神气"。米粒原本不大,拿来比喻微小,亲民易懂。

民国十五年《南川县志·土音土语》有记录说:"婴儿曰奶米米;米米,状其细也";民国三十三年《长寿县志·土风方言》:"婴儿曰奶米米,读阳平"。这说明用"米米"一词的不止上海人,同时也喻示在历史上汉语确有以"米米"表微小的用法。

除了"米米"之外,笔者还见到有下列一些写法:"靡靡""弥弥""咪咪""微微""蔑蔑""尐尐""籹籹"等。

靡,确有细、小的意味。扬雄《方言》说:"私小也,秦晋曰靡";又说:"靡,细也;单言之曰'靡',重言则曰'靡靡'"。但细品这里的细小,可能指的并非外表和形状,而是质地和风韵。《诗·国风·王风·黍离》:"行迈靡靡,中心摇摇。"《史记·殷本纪》:"北里之舞,靡靡之乐。"《聊斋志异》:"音声靡靡,风度狎亵。"重叠的"靡靡"多表示纤弱、阴柔而不作微小讲。

"弥弥"有时是指程度上的轻微、少许。《汉书·韦贤传》:"弥弥其失,岌岌其国。"颜师古注引应劭曰:"弥弥,犹稍稍也。"苏轼有《西江月》词:"照野弥弥浅浪,横空隐隐层霄。""弥弥"与"隐隐"对仗,形容水波微微翻动。有时候,"弥弥"表达的是相反的意境。《诗·国风·邶风·新台》:"新台有泚,河水弥弥",指水满横流。《宋史·乐志七》:"献兹重觞,降福弥弥",表示福祉丰盛的意思。

最早将"蔑"释为"小"的,是东汉郑玄注疏《尚书·周书·君奭》"兹迪彝教,文王蔑德,降于国人"句时。三国的韦昭及两晋的郭璞,在注释《国语》和《方言》时,也都说道:"蔑,小也。"明代李实在《蜀语》中说:"小曰蔑蔑;凡言人物小谓之蔑蔑。"民国二十四年《云阳县志·方言》:"蔑蔑,小也。"但是,蔑在古代读若"莫结切",是个入声字。

此外,《汉语大词典》:"咪咪小,形容幼小。"《上海方言词典》:"微微小,形容非常小。"《上海闲话》:"尐,音读如米,一尐尐:较少、很少。"《万源县志》:"小儿曰细娃,曰奀奀。"各种写法自有缘由。

"眯眯眼"即"眯觑眼"

在上海人的印象中,所谓"眯觑眼"并非临时起意,而是生就一双睁不大、老是眯缝着看人看物的眼睛。"眯觑"上海话读若"mi qi"。

说起来,早在宋代就可以发现使用该词的端倪。沈端节《西江月》词:"幸自心肠稳审,怎禁眼脑迷奚";杨无咎《瑞鹤仙》词:"渐娇慵不语,迷奚带笑,柳柔花弱"。该词在明清时期的文学作品里就被广泛使用。明代《醒世恒言》:"用那双开不开、合不合、惯偷情、专卖俏、软眯瞪的俊眼仔细一觑";《新平妖传》:"交床换面神难察,迷瞪色眼真羞杀";清代《双鼠奇冤》:"眉毛有高低,一双大迷觑,一只猪耳朵";《官场现形记》:"跟局的是个大姐,名字叫迷齐眼小脚阿毛";《海天鸿雪记》:"宝林凑紧了那双迷齐眼,看了看质斋"。还有民国时期的《吴歌乙集》:"眯趣眼,打绰板,绰板头上挂油盏。"

因为患近视眼的人惯常眯缝着眼睛看东西,所以也有把近视眼称作"眯觑眼"的。清代《说文通训定声》:"今苏俗谓近视者曰'頪觑眼'";民国十九年的《嘉定县续志》:"眯眮眼,俗呼短视也"。

此外,"迷觑"有时也被当作动词用。明代《二刻拍案惊奇》:"笑欣欣调笙对坐,醉眼迷眵";清代《品花宝鉴》:"富三爷笑得两眼迷齐";民国时《歇浦潮》:"戴着副假金丝眼镜的中年男子,眯挤着双眼,几乎把个鼻子凑到邵氏脸上"。

上述的"迷奚""眯瞪""迷瞪""迷觑""迷齐""眯趣""頪觑""眯眮""迷眵"等词意思相同,只是写法不一。笔者以为,用"迷觑"两字是合适的。眯,《集韵》:"母视切,音米",最早是指有东西弄到眼睛里了;《广韵》:"物入目中也,又尘粃迷视也。"觑,《集韵》:"七虑切,蛆去声";《广韵》:"伺视也",就是窥视、凝视的意思。和眯缝起眼睛的神态都对得上号。

(原载 2019 年 9 月 8 日《新民晚报》)

早秋迷露难成霜

有首明代的民谣这样唱:"郎看姐,姐看郎,四目相关难抵挡。只怕板门上门神空相对,早秋迷露难成霜。"最末一句以"霜"谐"双"的音,比喻相爱的男女担心不能如愿成双成对在一起。歌谣中的"迷露"指的是雾,老上海人都把雾这种天气现象称作"迷露"。

许多流传下来的农家谚语里都有这个"迷露":"迷露勿收就是雨","三朝迷露发西风","十月迷露塘滥,十一月迷露塘干",包括上面那句"早秋迷露难成霜"。还有一些诗词、民歌中也有这个"迷露"。清代《清嘉录》中记录蔡云写的一首诗:"昏昏迷露已三朝,准备西风入夜骄。深巷卖饧寒意到,敲钲浑不似吹箫。"民国时的《吴歌甲集》中也有:"苦竹头造桥断子当中段,教我迷露里撑篙那见天""一朝迷露间朝霜,姑娘房里懒梳妆"这样的句子。可见,这个现在已经不多见的名词一下子还不能完全退出我们的视线。

古人对自然现象的认知水平有限,不能准确定义和区分雾和露;有时也一起统称为"雾露"。汉代严忌写的《哀时命》:"雾露濛濛其晨降兮,云依斐而承宇";魏晋时学童课本《开蒙要训》就有"雾露霜雪,云雨阴晴"的句子;宋代文天祥著名的《正气歌》:"一朝蒙雾露,分作沟中瘠";明代小说《韩湘子全传》中窦氏问韩湘子是不是驾云而来,韩湘子回答"云便不会驾,略略沾些雾露儿,故此来得快"。

雾、露既迷蒙难辨,便分别与"迷"字组词。结果,"迷雾"已走进《现代汉语词典》,"迷露"则留在吴侬软语人家。

(原载 2019 年 10 月 27 日《新民晚报》)

同符合体"艹茻䒰"

曾几何时,微信网络上流行"牛牪犇""又双叒叕"这样加重语气的表达方式。这类字在语言学上叫作"同符合体字",据专家统计,这类字总数超过三百七十个。其中有个由四符合体的字——"茻",在上海话中依然见用。

茻,上海话读若"莽"(mang),表示稠密、茂密、密集的意思。例如,"人头茻"(人多)、"雨落得茻"(雨点密集)、"秧莳得忒茻"(秧苗插得过密)、"字写得来密密茻茻"(字写得密密麻麻)。2000年出版的《中国歌谣集成(上海卷)》里有一首名为"上海景"的风物歌,其中写道:"两旁么,店铺密密猛呀,高高那个楼房么,足足几十丈",其中的"密密猛"当为"密密茻"。有些文献上还将"茻"写成㮰、猛、孟、绶等字,应该都是记音字或新创的增旁字。例如明代《戒庵老人漫笔》:"稠密谓之猛"。

茻,看着就是绿草繁茂、郁郁葱葱的意象。历代古人对它的解释:汉代《说文解字》:"众草也,从四屮,凡茻之属皆从茻,读与冈同";宋代《集韵》:"文纺切,音惘";元代《六书正讹》:"茻,众草也,象形";清代《吴下方言考》:"吴中谓草木茂密为茻"。

如上所述,这个由四株象形的草组成的字,在上海人口中不仅可以指示植物,也能形容其他稠密、密集、布满眼帘的东西。此外,历史上还曾有过"茻密""紧茻"等词语。

(原载2019年6月30日《新民晚报》)

"面皮""面汤"易误读

二十世纪五十年代汉字简化以前,"面"字的两种基本含义是分别用两个字表示的:和面粉、面食有关的,写作"麵";和脸面、表面有关的,才写作"面"。

之后,普通话适应这种变化,多用"脸"表示后一种含义,因而矛盾并不突出。而上海话则并未同步跟进,还是"面孔"(脸)、"面布"(洗脸布)、"面盆"(脸盆)、"揩面"(洗脸)、"面汤台"(洗脸桌)、"面架子"(脸盘儿)盛行。其中最容易混淆的,一是"面皮",二是"面汤"。

上海人说的"面皮",和包饺子、做粉条完全没有关系,指的是人的脸皮、面子;说人"老面皮",是斥责对方脸皮厚、不知羞耻。当然,这种表达历史上是有出典的。据宋代《太平广记》记载,唐代郎中张元一曾当着武则天的面,嘲讽河内王在契丹进犯时狼狈逃跑的景象:"裹头极草草,掠鬓不菶菶。未见桃花面皮,漫作杏子眼孔";明代《二刻拍案惊奇》:"凭着我一半面皮,挨当他几十挑米,敢是有的";明代拟话本集《石点头》写紫英不得已见父亲:"我念生身养育之恩,只得老着面皮去见他"。

"面汤"一词也容易引起误解。先看以下的例句。《初刻拍案惊奇》:"董天然两个早起来,打点面汤、早饭齐整等着";《开卷一笑》:"金鸡喔喔叫,慌忙扒起身,面汤与茶点,色色俱调停";《19世纪晚期的上海话》:"教店家搬面汤水来,烧茶弄夜饭"。这不明明白白都是说汤面或盛有面条的汤么?错!它们指的全部是洗脸水。清代戏曲剧本选集《缀白裘》里有段词说得比较清楚:"银筝个个丫头,面汤水、脚汤水,是介掇出掇进。""面"指脸,"面汤(水)"是相对"脚汤水"而言的。

此外,一些含有"面"的上海话熟语,保不定也会在不十分熟悉沪语的人中间产生歧义。"面长面短"不是可伸缩的拉面,而是指人的长相;"面白醲醲"不是细轧的精白面粉,而是形容脸色苍白憔悴;"面生勿熟"不是面食没蒸熟,而是表示似曾相识;"翻转面皮"不是形容印度飞饼,而是说翻脸换表情。

可见,"面""麵"相通,给理解上海话的书面语增加了一定的难度。

(原载 2020 年 3 月 1 日《新民晚报》)

此"煝头"非那"霉头"

上海人把没有明火的慢慢燃烧称作"煝"。音近"眉";《广韵》:"明秘切,音媚。""煝根香烟",就是点起根烟抽;"灶肚停火,柴让伊煝一歇",意为火熄灭后让炉灶里的柴再隐燃一会儿,便于利用余热。顺着这个意思,"煝头"就是指搓成空心圆杆、用以引火的纸捻儿。

"煝头"也被写为"眉头""煤头""焜头"等。清代有篇弹词《双珠球》说:"到了春二三月,春兴发作,一心要去将春玩景,拿了烧香做了眉头了,外边去开心作乐";小说《歇浦潮》:"原来皙子素患近视,点着纸媒头儿寻书,不料书签在火上燃着了"。按照《吴下方言考》的说法,"吴中卷纸引火曰'焜头'"。煝在古代

周而复

读若"毁"(《集韵》:"虎委切"),《玉篇》释为"烈火"。

上海话中另一个读音相同的词是"霉头",常见的用法叫"触霉头"。这也是清末民初时形成的词语,意思是遇到倒霉、不吉利的事,或是被别人的行为、语言恶心到了。鲁迅《花边文学》中《骂杀与棒杀》:"这'中郎'总不免找人好笑,大触其霉头。"周而复《上海的早晨》:"大太太和朱瑞芳两个人相互约好,不下楼招呼客人,让林宛芝一个人称能,给她触触霉头,看看她的笑话。"

有时,上海人说"触霉头"的程度,还和空间概念有关。近期,微信公众号"往事钩沉话川沙"发布的《川沙乡土民谚俗语合辑》里说:"霉头触到哈尔滨",意为摊上了大霉运。小说《亭子间嫂嫂》的比喻更远,说自己:"真真瞎了眼睛,霉头触到印度国!"比出国境还要厉害的是小说《繁花》里的汪小姐,在餐厅包房里对阿宝说:"我的霉头触到了南天门,碰到赤佬了。"这不就是要上天了!

晒脱一眼"霉黯气"

每年的六七月份上海最难熬的黄梅天过后,总会听到人们谈论"霉黯""黯气""霉黯气":"看看衣裳浪有霉黯哦?""箱子拿出来晒脱一眼霉黯气!"其中,"霉黯"是指黄梅季节多雨潮湿加上高温,衣服、器皿、食物发霉变质出现霉斑的现象;"黯气""霉黯气"是指东西发霉的味道。

清代乾隆年间《宝山县志》记载："今黄梅时，雨润土潝蒸而成雨，服器皆着潮湿致黦，俗云'霉黰'是也。"清代顾禄《清嘉录》也记载："呼梅蒸为霉黰，有湿气着衣物生斑沫之义。"直到1985年，许宝华、汤珍珠等发表的《上海方言的熟语》中，依然列入将受霉状态形容为"乌黰白花"的词语。

黰，上海话读若"贞"。传说为宋代苏轼所撰的《格物粗谈·服饰》中就有"衣裳黰坏"的说法，但明代张自烈《正字通》认为"黰"是"鬒"的异体字。明代话本小说集《型世言》："寻了一领又蓝又青一块新一块旧的海青，抖去些鬒气穿上。""鬒"的读音和"黰"相近，《集韵》："止忍切，音轸"，最初的意思是指乌黑亮丽的秀发。《左传·昭公二十八年》："昔有仍氏生女，鬒黑而甚美，光可以鉴。"注曰："美发为鬒。"

除此之外，《正字通》和明代的另一本字书《吴音奇字》都认为"霉黰"的"霉"应该是"黴"字。"黴"被《现代汉语词典》注释为"霉"的繁体字，但在古代它俩是并列存在的。"霉"指"雨中暑气"（《康熙字典》），而含有"黑"字义符的"黴"是指"物中久雨青黑"（《说文解字》）；一个是视觉感受，一个是嗅觉感受。当然，写作"霉黰"的好处是比较容易让人看明白，甚至还有写成"霉蒸""霉烝"等更加亲民易懂字形的。

汤珍珠

（原载2019年7月14日《新民晚报》）

晚爷晚娘 "慢" "蛮" "霉"

后爹后妈、继父继母,上海人叫作"晚爷晚娘",其中这个"晚"读若"慢"(man)。笔者见到最早出现这样写法的,是元代《西游记杂剧》第四折《擒贼血仇》里刘洪的供状:"你为亲爷害晚爷,这供状桩桩是实。"之后元末明初《水浒传》第七十八回也有提到:"董平大笑,喝道:'只你便是杀晚爷的大顽。'"2015年1月,《新民晚报》连载小说《第一商会》中,老夫人对鲁俊逸说:"干脆让阿秀随你,给瑶瑶做个晚娘。"当然更不用说那部以《晚娘》为名的泰国电影了,钟丽缇饰演的"晚娘"就是后母。

《上海掌故词典》说:"由于该方言的出典说法不一,故有不同的写法。"说体现先后有别、后到为慢,所以写成"慢爷慢娘"。小说《海上花列传》:"俚个爷……是俚慢娘个姘头。"说不如亲生父母慈善、凶蛮有余,所以写成"蛮爷蛮娘"。长诗《五姑娘》:"阿是要拿长工阿天当个蛮爷待。"还有说旧传统认为有继父继母是倒霉的事,所以写成"霉爷霉娘"。

以"m"为声母辅音的"慢""蛮""霉",都顾及了上海话的读音,代替的是与词义最相符的"晚"字。我们发现,"晚"字在古代的读音,也是以类似今天汉语拼音"m"为声母的。当"晚"的声母慢慢从"m"变为"w"时,其在上海话"晚爷晚娘"中,依然保留了原来的读音。像这样把"wan"读成"man"的例子还有不少,例如"万"(wan)字,在麻将桌上依然念若"man";说小孩顽皮,老上海人也读成"man bi"。

细品"奆叫"和"冒野"

2010年5月的《文汇读书周报》有篇文章,说当年毛泽东听了科学家承认自己预测粮食产量的方法有误后,大笑道:"原来你也是冒叫一声!""冒叫"一词,不见于现代汉语词典,却能在上海话中听到;意思是夸大地预言一下、依据尚不充分时带有冒险成分的估计。说"今年的计划产值我冒叫一声,要超过十个亿!",意思是预估今年产值超十亿元。如果明知不实、带有欺骗性质的主观故意,上海人就叫作"冒野"。有些人事先不知对方的事而装作知道、用话将对方镇住使其口吐真情,这也叫"冒野",或叫"冒工水"。"冒叫"和"冒野"是有本质区别的。

《上海闲话》释"冒野"时说:"冒系'奆'的俗写","奆,是吴语中保存下来的一个古音古字"。《说文解字》:"奆,大也。"段玉裁注曰:"此谓虚张之大"。同书对"冒"的注释是:"蒙而前","以物自蔽而前也,谓贪冒若目无所见也"。据此,"冒叫"应为"奆叫",言其含虚张的内容;"冒野"倒是该用"冒"字,言其全然是睁着眼睛说瞎话。这样就容易把两种不同性质的行为区分清楚了。

这里还有一个小插曲。许多文献注释"奆"字时,都会引用扬雄《方言》里"以大言冒人曰奆"这句话,但国学大师徐复曾在《吴下方言考校议》里辨证:此说"疑据《康熙字典》而误引。今本《方言》无此句"。不过,这似乎并不影响笔者对上述"奆叫""冒野"的理解。

滥爆粗口骂山门

骂街撒泼、登门辱骂、晋词寻衅、破口大骂、言辞侮辱、当众谩骂，总之是没有特定对象地爆粗口，上海话用三个字就可以概括："骂山门"。鲁迅《伪自由书》中《大观园的人才》："早些年，大观园里的压轴戏是刘姥姥骂山门"；小说《黄浦春潮》："那个人用报纸用劲的夹住，回过身来就骂开了山门"；2018 年 11 月 20 日《新民晚报》所载《过街楼下》文章说："（打破人家玻璃窗后）我慌了手脚，缩回了头，蹲在窗下，等着对面人家骂山门"。

山门一般指庙门，因庙多建于山上而得名，也可以指据山而建的关卡。此外，按《伽蓝七堂制》规定，佛寺正门共设三扇门，正大门为"法门"，两侧对称为"相门"，合称为"三门"，所以"骂山门"也可以写作"骂三门"。骂街怎么会扯上"山门""三门"呢？这里有两则年代久远的民间传说：

一则和明代江南才子徐渭（徐文长）有关。因受考官排挤，孤傲自负的他先后九次科考都名落孙山。后来在慈溪五磊讲寺的大雄宝殿，借着酒劲大骂寺里供奉着的文殊菩萨，以发泄内心的郁闷。于是，"徐文长骂山门"的名声就此传开，后世间称为"骂山门"。

另一则的故事更早。说是东汉时期官场黑暗腐败，吴地曾有许生领导的农民起义军，盘踞深山，高筑山门，以抗拒官军。于是，吴郡司马天天派人去山门前辱骂搦战，想激怒义军出战。由此，"骂山门"一词非但传入民间，也成为战场攻守的一种兵法战略。

民间传说的真实程度姑且不论，"骂山门"一词记录在清末民初《清稗类钞》以及之后许多文献里,也确是上海人口中的常用熟语。

凑合无隙曰脗缝

《上海闲话》一书中曾抱怨说:"《辞海》只把'脗'作为'吻'的异体字,音读'吻',没注意到'脗'也是吴方言词。"

"脗"在古代有两个读音。元代《韵会》:"武粉切,音吻";明代《正字通》:"音敏"。《庄子·齐物论》:"为其脗合,置其滑涽",意为与万物吻合为一体,置混乱纷争于不顾。其中"脗"字后人注音"wen"。按照王力先生的说法,"w"和"m"的不同发音,是汉语历史发展的产物,本身就有转承关系。

在吴方言和上海话中,"脗"继承的是读若"敏"的音,意思和另一个读音的"脗"相近,表示合并、合拢。例如"脗拢"(合起)、"一脗勿差"(严丝合缝)、"一拍脗缝"(一拍即合)、"口脗不言"(不说话),等等。当然,其中最为常用的词组是"脗缝"。清代《土风录》卷八:"脗缝,《侬渠录》云:'吴人谓合唇曰脗嘴,合而无际曰脗缝';脗音泯。"乾隆时期的《苏州府志》说得更清楚:"谓凑合无罅隙曰脗缝。脗,美韵切,合唇也,唇合无间。"

想到此处突然发现,古代对个人合唇脗嘴、闭口不言的形容,和现代人情侣之间的热情拥吻何其相似乃尔!"Sealed with a kiss",也是两人脗缝无间、不需多言。从这个意义上说,"脗"是"吻"的写实记录,而"吻"是"脗"的浪漫表现。惟其如是,把"脗"念作"敏"(min),让"吻"(wen)去专事浪漫。上海人的选择是对的。

(原载 2020 年 12 月 27 日《新民晚报》)

有馅无馅皆馒头

在老单位食堂买馒头时,常会受到北方同事的揶揄和纠正:"肉馒头、菜馒头?那叫包子!"普通话有馅料的叫"包子",没馅料的才叫"馒头"。上海人不管,有馅无馅一律都叫"馒头":肉馒头、菜馒头、白馒头、淡馒头、豆沙馒头、小笼馒头、生煎馒头、黑洋酥馒头……

"馒头"一词是有出典的。元末明初罗贯中《三国演义》第九十一回说:诸葛亮平蛮回至泸水,风浪横起兵不能渡。孟获曰:"泸水源猖神为祸,国人用七七四十九颗人头并黑牛白羊祭之,自然浪平静境内丰熟。"诸葛亮不忍,遂命行厨宰牛马和面为剂,塑成假人头,眉目皆具,内以牛羊肉代之,为言"馒头"。祭罢,云收雾卷,波浪平息,军获渡焉。如果演义之说不足为信,那么,宋代高承专门记叙事物原始之属的《事物纪原》里是这样记载的:"诸葛武侯之征孟获,人曰:'蛮地多邪术,须祷于神,假阴兵一以助之。然蛮俗必杀人,以其首祭之,神则向之,为出兵也。'武侯不从,因杂用羊豕之肉,而包之以面,象人头,以祠。神亦向焉,而为出兵。后人由此为馒头。"说明当年的馒头就是有馅料的。

之所以叫"馒头",是为谐音蛮人的"蛮"字,即"蛮人之头"。明代郎瑛《七修类稿》说:"馒头本名蛮头。"宋代《类说》里也讲了一个故事:新繁县李氏卖桑叶"大获其利,因买肉面造馒头食之";显然,这馒头肉是馅、面是皮。倒是没馅而又称作"馒头"的东西面世要晚很多。

今天的上海人,还是有馅无馅都用"馒头"来作通称,好像离开孔明的时代并不遥远。2015 年 5 月 25 日,《解放日报》发文讲述"生活在光明邨的风与味",其间依然大讲"肉馒头""菜馒头"。

墨黑、漆黑、墨漆黑

形容黑色说:墨黑、乌黑、黝黑等,都是用含义相近的字组成的复指结构词组,比较容易理解。但上海话中,常有"墨测黑""墨测乌黑"的说法。《何典》:"把件湿布衫敞开,露出那墨测黑的胸膛";《官场现形记》:"这间屋是墨测黑,连个窗户都没有";小说《你为谁辩护》:"外面墨测乌黑的,你当心啊!"那么这个"测"是何意?还有些书籍将"测"换成赤、龊、出、焠、彻、黜等字,它们和"测"一样,也都不符合构成复指词组的要件。

《吴下方言考》说:"吴谚谓室暗不见曰抹漆黑。"漆,也有黑的释义。《康熙字典》:"物之黑者曰漆。""抹漆黑"应该就是"墨漆黑";墨和黑,两黑相遇,完成复指结构。我们还可以看到历史文献的用例。宋代释了一《颂古》诗:"殿上从来好功德,如何侍者却疑惑。赵州露出赤心肝,问著依然墨漆黑。"和那位释了一差不多时期,也是和尚、也是《颂古》打油诗,释道颜写道:"半夜墨漆黑,捉得一个贼。点火照来看,元是王大伯。"清代传奇《才人福》:"小子生来胆如铁,四顾无人来下笔。先生不敢改一字,自家圈得墨漆黑。"这些诗的艺术水准姑且不论,"墨漆黑"的用法是清晰明白的。"漆"和"测"的读音相近,"墨测黑"应该就是从"墨漆黑"而来的。

《上海方言词典》将之写作"墨黢黑"。黢,《集韵》:"促律切",《玉篇》:"黑也",《现代汉语词典》:"qū,黑";与"墨漆黑"音义也是相符的。

末甲、压末、压末甲

上海话可有许多词表示"最后"的概念,其中之一便是"末脚"或"阿末脚"。1910年的《生活方言练习》一书中,有"狼来了"的故事,讲:"到末脚有一日小团真正看见一只豺狼。"1916年的《圣日功课》讲圣经故事:"个个一次暴动个事体,是拉六个月末脚个辰光。"1923年的《上海方言课本》里也说:"到末脚拨伊拉寻出来是个东洋学生子。"

据信,"末脚"是由"末甲"讹化而来的。中国古代的科举制度,自宋代始把殿试结果分为三等。一等只取三人,就是我们熟悉的状元、榜眼、探花;二等多人,赐"进士出身";三等更多,赐"同进士出身",相当于当今"享×级"待遇。三个等级分别叫一、二、三甲,"享×级"的三甲,也叫"末甲"。《宋史》记载:抗金名将宗泽"登元祐六年进士第。廷对极陈时弊。考官恶其直,置末甲"。意思是说,宗泽殿试时对时政剖析太过直白,弄得考官不高兴,被列为最低的三等。这个"末甲",就是最后、最末尾。

清代的康熙皇帝雄才大略,自幼学习刻苦。掌权后为了防止官员舞弊,阻止没有真才实学的纨绔子弟入科,规定但凡大臣子弟参加科举,一律压入末甲。这样就有了"压末"的说法,也叫作"压末甲"。民国时期的小说《歇浦潮》:"偏偏我今儿运气不好,轮着压末个请客";上海人还把最后一名称作"压末名"。以后又讹化为"末脚""阿末""阿末脚""辣末""辣末甲(脚)"等说法。也没人在意当年的"末甲进士"的故事了。

m

"物事"读 me 勿读 we

上海话泛称东西、物件、事项为"物事";其中的"物"读若"me"(入声),为强调读音,有些地方索性就写成"末"或"没"等。百度百科上,已经将"物事"划入"吴语词汇",而在古代,这是个十分常见的词。

关于宋代理学思想家程颢和程颐的《二程语录》:"夫小人心中,只得些物事时便喜,不得便不足";宋代《京本通俗小说·碾玉观音》:"主上赐予我团花战袍却寻甚么奇巧的物事献与官家"。两处的"物事"都是指东西、物品。汉代何休注疏《春秋·隐公三年》:"渐者,物事之端,先见之辞";明代冯梦龙《山歌》:"你搭自家弗小心,吃个白日撞偷子物事"。这里的"物事"表示事情、事端。唐代魏征著《隋书·张衡传》:"(衡)临死,大言曰:'我为人作何物事,而望久活?'";明代小说《警世通言·皂角林大王假形》:"这神道是个作怪的物事"。其中的"物事"是蔑称指人,有点像现代贬义的"东西""家伙"一类词。

上述这些用法在上海话中依然可见。譬如,"侬算啥物事!"这是两人恶语相向时故意贬低对方的话语,好比普通话说"你是什么玩意儿!"。2018 年 1 月,连载于《新民晚报》上的小说《弄潮》里说,柏兴在九如书场听书,"忽然台下有人向台上抛起了物事",就是指扔了件东西。

那么为什么上海话"物事"的"物"用的是辅音"m",而非普通话的"w"呢?这是因为上古时候没有发"f""v""w"这样的轻唇音的。按照王力先生的说法,"f""v""w"这类唇齿音,是在汉语语音发展变化过程中,从"m""b""p"这类双唇音里分化出来的。也就是说,上海话"物事"的"物"保留了原来在古汉语中发双唇音的特征。类似的例子还有:"味道"的"味"(咪)、"网络"的"网"、"盼望"的"望"、"晚娘"的"晚"、"胭缝"的"胭"、"问一声"的"问",等等;它们在普通话里是以"w"为辅音,在上海话里则都是以"m"为辅音。

求得风静吃麦糗

清代秦荣光编写的《上海县竹枝词》中有这样一首:"新麦登场煮饼宜,蒸粞饭甑最充饥。香闻炒麦磨成粉,欲吃还求风静时。"秦荣光的弟子胡祖德为之作按云:"麦熟时,乡人多将小麦制饼,圆麦磨粞蒸饭,大麦炒熟磨粉拌糖食之,名麦末(末,俗读平音如门)。俗语:求得风静吃麦末。"

麦子曾是古人的主食,史料中有大量关于"麦饭"的记载。汉代启蒙字书《急就篇》中,就有"饼饵麦饭甘豆羹"的表述。劳动人民一路传承、创新,麦子能有许多种吃法:麦蚕、麦粞、麦料、麦粥、麦馒烧,其中,"炒熟磨粉拌糖食"的,就是上海人至今熟识的"炒麦粉"。2017年3月,《新民晚报》连载小说《工人新村》中就讲到这个炒麦粉曾是"去外地插队落户的插兄插妹们的最爱"。

炒麦粉最早叫"麦麨",唐代皮日休《开元寺佛钵诗》:"乳麋味断中天觉,麦麨香消大劫知。"上面提到的"麦末"指的也就是炒麦粉,干吃炒麦粉时怕被风吹走,所以"求得风静吃麦末"。也有直接写作"麦门"的,《上海方言词典》:"炒麦粉:麦

炒麦粉

门";2020年7月18日,《新民晚报》刊文《麦焖和糌粑》,写作了"麦焖",说"麦焖就是炒麦粉",取义"吃时要慢慢焖湿了下咽"。胡祖德在《沪谚》中,将"麦末"写作"麦𪎊",《集韵》:"谟奔切,音门,粉滓也",感觉上就是"末"或"门"所借音的本字,也比"末"或"门"更加写意。不过,有人认为,这个"men"的读音,本来就是北方话"末儿"传来南方时,被舌头不爱打弯的吴人、上海人合音讹读为"men"的。据信,麦子确实是从欧亚草原传入中国的,相关的名词来自北方也不无可能。这样一来,反而是"末"字更为贴切了。

古词钩沉说"儚偰"

上海话形容人小气、吝啬、小心眼的词很多,譬如《上海话大词典》在"德才"一节中就列有:小气、赅刁、抠、精刮、刮皮、酷索等。还有一个也是形容吝啬,但已很少见用的词:"儚偰";上海话读若入声的"密屑"。

读大学时,常听同舍"老阿哥"提及该词:什么行为实属"儚偰",应该如何与"儚偰"之人相处等,从此留下印象。1997年,由许宝华、陶寰编纂的《上海方言词典》记作"密屑:小气","密屑鬼:小气鬼"。书中"密屑"两字均标为借音字。2006年汉语大词典出版社出版的《张江镇志》将之记作"蔑惜",释为"刮皮,吝啬小气,斤斤计较,只想占便宜"。

这个被标记为"密屑"的词,在古代似乎用得很热闹。据三国魏时张揖撰写的、号称中国第一部百科词典的《广雅》记载:"作事不方正曰攭揳,木不方正曰檷楔,人不方正曰儚偰。"这里的三个叠韵联绵词"儚偰""檷楔""攭揳"都读若"密屑",即《唐韵》的"莫结切"和"先结切"。其中的"蔑""契"为字根兼音符。"蔑"有小的含义,汉代扬雄《法言》:"视日月而知众星之蔑也";"契"的用途更广,包括忧苦、怯懦等含义。三个词语的不同在于其用作义符的偏旁。木字旁的"樏楔",指细小、杂碎、不能成器的木材;提手旁的"㩻楔",即指做事不够周正、堂皇,不符合仪规;而单人旁的"㒒㑩",当然就用来指人,形容人的"不方正",亦即人品局促、格局小、缺少君子气质,也就是上海人形容的小气、赅刁、抠、精刮、刮皮、酷索。

其后的记载多有交错替换,《集韵》:"㒒偖:多诈";《吴音奇字》:"㩻楔:音密薛,不爽快"。总之和端庄、大气相悖。因此,上海人留着用来特指吝啬、小气的人,于大意不谬。

(原载 2020 年 11 月 22 日《新民晚报》)

n

搲搲挼挼百病消

在上海人的概念中,肌肤相亲时,介于触摸和抚摸之间还有一个动作,叫"挼";上海话读若"奴"(nu)。触摸指彼此有接触,譬如手碰到了对方;抚摸一般是手触碰后,还有一段距离的移动,即所谓的"撸"。而"挼"则是在固定位置的轻轻搓揉,动作的幅度比"撸"要小很多。《简明吴方言词典》给出一个例句说:"跌出介大一个块来,我来搭侬挼挼。"那个"块"就是被"挼"的相对固定的点位。

用上海话读"挼"字,基本是遵循了古汉语中它原有的读音。唐代《唐韵》和宋代《集韵》都标注"挼"为"奴禾切,懦平声"。"挼"字最初的意思是两手相互按抚。《说文解字》:"两手相切摩也。"唐代大学问家孔颖达疏正郑玄注释的《礼记》时说:"古之礼,饭不用箸,但用手。既与人共饭,手宜洁净,不得临食挼莎手乃食,恐为人秽也。"意思是说,古人在发明筷子以前用手抓饭吃,因此,饭前不洗干净双手、仅仅搓一下

孔颖达

就吃,是肮脏不礼貌的。"挼莎"就是搓摩自己的手。后来"挼"表示用手按揉、按摩。清末章炳麟《新方言·释言》:"今谓按摩为挼";民国时的《嘉定县续志》:"挼,俗谓按摩也";清代范寅的《越谚》中,收录数十首儿歌,其中一首名为《搨搨挼挼》,云:"搨搨挼挼,百病消磨,饭咳消,食咳消,吃的茶饭长脂臁(膘)",说的是孩子多食后腹部难受,"搨搨挼挼"就是按摩肚子。

"挼"字还可以见到多种写法:挼、挪、挶、擩等。说明这个在《现代汉语词典》中已经找不到的字也曾经热门和畅行过。

腻心八腊腻滞气

"腻"在上海话中的读音、字义和普通话基本相同,但是有两个与之相关而又为上海人耳熟能详的词组,却是普通话中少见的。一个是"腻心",一个是"腻滞"。

"腻心"意为肮脏、恶心、令人作呕。文学理论家许杰在1946年发表的《论枯朽与摧拉》中说自己对那些社会上的蛀虫"惹上一阵腻心";小说《繁花》里描写没人打扫的厕所,以及与死人同眠的老头时,都用"腻心"来形容。上海人还常说"老腻心""瞎腻心""腻心得来""腻心刮搭""腻心八腊",这些都是表示恶心的词语。"腻心"也写作"腻腥"。民国时期的《定海县志》:"腻腥,不洁之意"。也许"心"重在表达主观感受,而"腥"则更多在意客观白描。

"腻滞"意为油腻、黏滑、稠厚的污秽,和另一个汉语词语"凝滞"有点关联,但并不相同;没有"凝滞"所表示的拘泥、呆板等意味,在许多场合它们都是不能互换的。譬如《淮南子·氾论训》:"圣人以文交于世,而以实从事于宜,不结于一迹之涂,凝滞而不化。"上海人常说"腻滞气""腻滞疙瘩""腻滞搭舌""滑滞滑腻",都是在不同场合表示油腻、黏稠的意思。1997年出版的小说《亭子间嫂嫂》:"身上的汗水还没有收干,贴在一起黏滋(腻滞)疙瘩交关难过。"这种用法在更早的文献中也能见到。清代赵翼《瓯北诗话·吴梅村诗》:"无意处虽镂金错采,终觉腻滞可厌。"清代小说《廿载繁华梦》:"身子不大舒服,稍吃些腻滞,就乘机发起病来。"

曾有人对"腻"字在这里的用法提出异议,认为用"脘""湆"等字更加确切。看古代的韵书、字书对"腻"的注释。《唐韵》:"女利切",《说文解字》:"上肥也",《玉篇》:"垢腻也",《康熙字典》:"滑也"。据此,论音论义"腻"都是比较适合的。

勿管伊三七念一

曾有一个著名的沪语知识考题:用上海话念出"222"这个数字。其难度在于三个"2"读音各不相同,中间那个读若"念",就是写作"廿"这个字的读音,意为二十。《1930年代的上海话》:"有交关电台相隔开不过只有十个到念个千周波";《上海轶事大观》:"谚云:'雨打七月念,棉花勿上居'";小说《最后一辆电车》:"三个月龟田开除了多少工人?光是开车和卖票,就有毛念个";《上海产业与上海职工》:"现在念元钱到什么地方去拿呢?"

早先古人记数,把二十、三十、四十分别写作"廿""卅""卌",这在出土的秦代竹简中大量出现。按清代惠栋《读说文记》的说法,到唐代孔颖达编撰《春秋正义》时,"廿"就统一写成了"廿"。现在的字书中,"廿""廿"相同,有时也写成"念"。《现代汉语词典》直接把"念"的第三类释义,标注为"廿的大写"。

有个流传很广的传说,认为南方人为避吴王之女名二十之讳,把"二十"读成"念"。然而,"廿"本身为单音节字,读不出"二十"的音来,且其读音唐代《唐韵》就标为"人汁切",读若"念"的古音,时间早于唐代之后五代时期吴越王钱镠的出世。至于"念"当作"廿"用的情况,最早出现在宋代。2019年第一期《上海外滩》上载有褚半农老师《十二月廿四》一文,对此叙述详尽。

虽说这个表示二十的"念"由来已久,但顺溜使用的也许只是江南一隅,而"廿"则一直在各类文献中扮演主角。唐代李贺《公无出门》诗:"鲍焦一世披草眠,颜回廿九鬓毛斑";宋代传奇《李师师外传》:"(帝)命迪出内府紫茸二匹,霞毾二端,瑟瑟珠二颗,白金廿镒";明代袁宏道《满井游记》:"廿二日天稍和,偕数友出东直,至满井";清代纪晓岚《阅微草堂笔记》:"河间先生典校秘书廿余年"。连清代奉旨编修、圣上钦定的《康熙字典》中,"念"和"廿"都不相通用。直到中华人民共和国成立后规范普通话,"廿"字的使用逐渐式微。然而,上海人不管三七念一、四七念八,依然把"念"当"廿",用得不亦乐乎。

螺蛳底臀饶头大

"饶头"指额外多得的那部分东西,大多用在买卖货物时。上海话熟语"买少饶头多",形容花钱买的不多而额外添加的倒不少;还有"螺蛳底臀饶(袅)头大",以"饶"谐音"袅",也表示外加部分多。《吴歌戊集》:"娘问囡吾买肉买得能长远?扳牢砧磴讨饶头",描写怀春少女借口讨要饶头,在肉铺搭讪情郎。

饶,原有富余、增溢、多出来的含义。《玉篇》:"多也、饱也、丰也、厚也、余也,又益也、剩也。"最初并不特指市贾买卖中的讨价还价。《礼记·曲礼》:"大飨不问卜,不饶富",意思就是说宴会不要超出礼数规制的定额。《史记·陈丞相世家》:"大王能饶人以爵邑,士之顽钝嗜利无耻者亦多归汉",意思是额外给人爵位食邑。清代小说集《照世杯》:"将那平日害人得来的银钱倾囊竭底的白送与那些相识,还要赔精神赔气恼做饶头哩。"《七剑十三侠》:"鸣皋提起拳头,结结实实的痛打一顿,再加徐寿、李武两个加上些饶头儿,打得铁昂口喷鲜血。"从规制定额、爵位食邑,到赔精神、赔气恼,甚而他人的拳脚,都可成为额外的"饶头"。

清代朱骏声《说文通训定声》:"今苏俗买物请益谓之讨饶头";胡文英《吴下方言考》:"吴中谓物之增益者曰饶头";清末民初章炳麟《新方言》:"江宁市间买物欲其增益曰饶"。也就是说,大约到了清代,"饶头"的含义逐渐聚焦购物还价。当然,今天在上海话中,这个"饶头"还时常超出原有的范围,活用到其他场合。譬如,上海人还把正剧之外的戏码称作"饶头戏",把不值钱的东西或倒贴给对方的人称作"饶头货"。形象生动,更加丰富了"饶头"的含义。

今"绒线"非古"绒线"

北方人说的毛衣,上海人称之为"绒线衫";编织毛衣的原料当然就是"绒线",也就是羊毛纺成的毛线。

早年《新民晚报》上有篇文章写道:"要说什么是最具海派特征的上海女人形象,我想就是绒线衫。……上海女人称结绒线为绒线生活,是很海派的近代女红。"被称为"上海小姐"的张爱玲就对绒线衫情有独钟,曾在小说《桂花蒸 阿小悲秋》中拿来作为道具:"百顺说:'姆妈,明天我好穿绒线衫了。'阿小道:'发什么昏!这么热的天,绒线衫!'"1950年7月,张爱玲参加第一次文代会,和大多数着清一色列宁装的与会女士不同,她的时装依然是深灰色旗袍,外面罩一件网眼绒线衫。

这"绒线"两字并非新词，明代描写宋代民间生活场景的小说《金瓶梅词话》里，就曾多次出现"绒线"。第三十三回，西门庆想"开个绒线铺"，对月娘说："应二哥说他有一相识，姓韩，原来是绒线行。"然而，"西门庆新搭的开绒线铺伙计，也不是本分人。"第七十八回，写西门庆临终安置遗产："贲四绒线铺本银六千五百两。"

张爱玲

都知道毛纺业发端于十八世纪的英国，即便是《金瓶梅》成书的万历年间，也只在十六、十七世纪，更何况当时尚无和英国有成规模的通商。因此，此"绒线"并非张爱玲笔下、清代以后传入中国、用羊毛纺成的"绒线"，指的只是丝线或棉线。细观西门庆开绒线铺的前提，是"湖州一个客人何官儿，门外店里堆着五百两丝线，急等着要……拆些发脱"。之后，西门庆"写立合同，同来保领本钱雇人染丝，在狮子街开张铺面，发卖各色绒丝"。冶文彪 2017 年发表的以宋代汴京为背景的长篇小说《清明上河图密码》第四部，也有类似的描写，说绣娘于燕燕日常所用的丝线，是在西水桥门内何家绒线铺买的。明代万历年间的刑部侍郎吕坤，曾上疏建议政府收购丝织品以稳定民心，他列出的"洮兰之绒、山西之䌷、浙直之段绢"，指的也都是丝织品。至此，所谓"绒线"即是绒丝、丝线的真相大白。现今上海话中的"绒线"，是已经赋予新意的旧词。

(原载 2020 年 3 月 29 日《新民晚报》)

糯米团子韧吊吊

汉语中有一个形容柔软而结实的字:"韧"。韧的原义是动物的皮革,但让人更早感到坚柔难啃的,是食用的肉,而不是吃完肉剩下的皮囊。所以,"韧"的原形为肉字旁的"肕"。《集韵》:"韧,本作肕";《玉篇》:"肕,坚肉也"。记录唐代朝野逸闻的《卢氏杂说》讲了个故事:"张茂昭为节镇,频吃人肉,及除统军到京,班中有人问曰:闻尚书在镇好人肉,虚实? 昭笑曰:人肉腥而肕,争堪吃?"意思是张茂昭面对传闻说他常吃人肉的质疑时,回答道:人肉又腥又难嚼,并不好吃。可见,用"肕"字形容肉食坚韧不假。

"肕"之后也被用来形容其他有韧性的东西。例如元代《农桑辑要》:"山柳赤而脆,河柳白而肕。"但更多的是被"韧"替代,以适应其更广的用途。

上海话"韧(肕)"读若"宁",除了表示坚柔外,还有其他多种含义。譬如,形容食物受潮变得不干不脆了,叫"还韧";有黏性的食物等,叫"有韧头";稠厚的米汤,叫"米韧汤";做事不痛快、为人不爽快,叫"韧皮条筋";还有学手排档车的油离配合技术,叫"韧(牢)离合器"。

在上海话中,"韧"还有个 ABB 的结构形态,喻意生动,使用频繁,广受欢迎。《吴下方言考》:"吴中谓饼之凉而不中食者曰纫(韧)饎饎";《吴歌乙集》:"九月九,糯米团子韧娑娑";《崇明方言词典》:"小米粥韧笃笃真好吃";《上海方言词典》:"韧冻冻:形容物体柔黏而略有弹性";《解说上海话》:"韧吊吊:形容东西韧性很大";2016 年 9 月《新民晚报》连载小说《同和里》写小皮匠拿来一包猪头肉:"我抓了一块放进嘴里,油濡濡、韧嘎嘎,太香了。"

不管是韂韂、妛妛、笃笃、冻冻、吊吊、嘎嘎,上海人口中这些以"韧"为词根的上海话熟语,反映出了描摹对象不同时事物的不同特质或作者的不同感受,让读者感同身受,如临其境。

(原载 2020 年 1 月 12 日《新民晚报》)

朝来网得鲑鳎鱼

"鲑鳎"上海话读若"捏揭","鲑鳎鱼"是比目鱼的一种,长得扁扁长长,也叫"板鱼";那是上海人餐桌上常见的海鲜美味,清蒸、红烧、切块面拖,味道俱佳。有首上海竹枝词唱道:"朝来网得箬摊鱼,风味清腴鳜不如。自笑痴情怜比目,泥郎亲手纵王余。"词中的"箬摊鱼"就是"鲑鳎鱼"的不同写法。百度百科上写作"玉秃鱼";明代《吴音奇字》则另有表述:"箬鲽,音虐塔,方言,箬鲽鱼"。说说这三个鱼字旁的字。

鲽,《唐韵》:"吐盍切",《集韵》:"讬盍切,音榻";早在汉代的多种文献中,就有明确无误的指向。《说文解字》:"鲽,比目鱼也。"《尔雅》:"东方有比目鱼,不比不行,其名谓之鲽。"南朝时的《后汉书·边让传注》也说:"比目鱼,一名鲽,今江东呼为板鱼。"然而,世界上的比目鱼有好几百种之多,自十八世纪现代生物分类学兴起之后,比目鱼统称为"鲽形目",目下包括鲽、鲆、舌鳎等科,现在菜场里的多宝鱼、左口鱼也都属于比目鱼。上海人熟悉的鲑鳎鱼,就像一条长长的舌头,按其生物学特征归入舌鳎科。此外,"鲽"在兼任高一级学名后,读音改为"dié",和"榻"音相去甚远。

鳎,原来是指娃娃鱼,也兼指比目鱼。《集韵》:"达协切,音沓,东方比目鱼名也。"

鲹,是一个增旁字,出现在清代光绪年间修编的《浙江通志·物产》里。"鱼"表义,"若"表音。上海人不用卷舌音,日母的"若"(ruo),生生被读作泥母的"捏"(近 nia,入声)。这也不奇怪,"若"字加个竹字头,就是端午节包粽子所用粽箬的"箬",上海人照样读为"捏"。

综上所述,《上海方言词典》用的"鲹鳎鱼"的写法,是合适和足够权威的。

(原载 2019 年 12 月 1 日《新民晚报》)

更加"肉麻"称"肉痛"

"肉麻"一词在上海话中,除了和普通话一样表示"由轻佻或虚伪的言行所引起的不舒服感"之外,主要是用来形容心疼、舍不得。说"肉麻钞票",意思是舍不得花钱;说"拨了我侬覅肉麻",意思是你给了我东西后别心疼。

在舍不得的程度上比"肉麻"更严重、更加沪语化的是"肉痛"一词。就词义而言,"痛"的感觉当然要超过"麻"。周而复《上海的早晨》:"德公,沪江捐献了三架飞机,是不是现在还有点肉痛?""他用了各种剥削方法好容易积累了一些资金,现在四十二亿就要像煤烟一样的在他手中消逝,实在肉痛。"在上海人看来,发自内心的不舍、关乎自身利益的折损,仅仅"麻"是不够的,一定是入骨入髓的切肤之痛!1930 年的《嘉定县续志》:"肉痛,俗谓不忍割舍也。"

诚然,"肉痛"也并非现代上海人的自创;在古代文献中,该词的运用也不鲜见。明代《醒世恒言》:"那钮成一则还钱肉痛,二则怪他调戏老婆";《初刻拍案惊奇》:"严公原是积攒上头起家的,见了这般情况,未免有些肉痛";清代《文明小史》:"后来他父亲肉痛这钱,又倚间望切,想寄信叫他回来";民国时期《歇浦潮》:"她因赵家女主人脾气太坏,深恐日后卖主晓得,要肉痛小孩,所以预先做了个套头"。除了明清之后的小说,"肉痛"还可追溯到更早的唐代。李延寿《南史·孝义传》中,有个讲述亲人间遥相感应的故事:"齐人谓人曰:比肉痛心烦,有如割截,居常惶骇,必有异故。信寻至,以父病报之。"意思是说自己突然有烦躁心疼的感觉,然后果然收到父亲病亡的信报。

"日逐"意为每一天

"日逐"上海话读若"捏捉",意为每天、天天、一天接着一天。

这个已经相对老旧的上海话用词,在更早些时候曾经是民间的汉语常用词。譬如五代王仁裕《开元天宝遗事》:"帝与贵妃日逐宴于桃树下";宋代李长民《广汴赋》:"微臣鼓腹康衢中,日逐儿童歌帝功";元代前后的《京本通俗小说》:"闲了经纪,如今在家中,日逐盘费如何措置?";明代冯梦龙《警世通言》:"其妻高氏,掌管日逐出进钱钞应事务"。

描写宋代民间轶事的《金瓶梅词话》里,"日逐"一词用得相当频繁,而且还有与其他相似词语交替混用的情况。例如该书第一章写潘金莲和武松之间的故事:"这妇人每日打发武大出门,只在帘子下嗑瓜子儿。一径把那一对小金莲做露出来,勾引这伙人,日逐在门前弹胡博词抆儿难。……那妇人一脸面上排下笑来,问道:'叔叔,你如今在那里居住?每日饭食谁人整理?'武松道:'武二新充了都头,逐日答应上司。'"其中,"每日""日逐""逐日"都是天天、每天的意思。这与坊间白话、乡里闲聊时人们用词的随意性和多样性的特征是吻合的。

说"日逐"曾为常用词的另一个证明,是它有不止一种形式的记录。清代《海上花列传》记为"日朝",《吴下方言考》记为"日著",《何典》记为"日逐间",元剧《谢天香》及上例《金瓶梅词话》记为"逐日",等等。

此外,"日逐"两字还曾是古代匈奴的部落名,与上述用途天差地别;这是翻阅古籍时尤其需要注意区分的。

(原载 2019 年 10 月 20 日《新民晚报》)

日脚欲落备灯烛

金宇澄的小说《繁花》里,写樊师傅劝小毛:"讨老婆不是买花瓶,日脚过得去就可以了。"上海人说的"过日脚",就是过日子。这种把日子说成"日脚"的用法还有:好日脚、啥日脚、日脚块、平常日脚、日脚难熬(过)、日脚勿多,等等。

清代小说《九尾狐》:"今朝是重阳登高日脚",清代弹词《描金凤》:"明朝送盘吉日,正月初三做亲个好日脚";说的都是具体日期。这个表示日子、日期、时间的"日脚",也可以衍生泛指光景、生计、生活。清代《白蛇传》:"我起先原摆两只碎鱼桶,在门前做生意,过日脚",说的是生计。元末明初《水浒传》第七十四回中,店小二道:"大哥休怪,正是要紧的日脚,先说得明白最好",这店小二说的也是收钱的生意买卖。

"日脚"最初是指下垂的阳光。唐五代韦縠编选的唐诗《才调集》中,有无名氏《夏》诗云:"彤彤日脚烧冰井,古陌尘飞野烟静。"传说有首陈后主写给隋炀帝的诗说:"两人迎客溯,三月柳花飞。日脚沉云外,榆梢噪暝鸦。"这形容的是夕阳西下的样子。类似的还有杜甫《羌村》诗:

"峥嵘赤云西,日脚下平地";白居易的诗句:"日脚欲落备灯烛,风头渐高加酒浆"。也有用来形容太阳穿过云隙射下来的光线的。唐代岑参《送李司谏归京》诗:"雨过风头黑,云开日脚黄。"窃以为这和"白驹过隙"的比喻异曲同工。清代胡文英在《吴下方言考》中,索性把"日脚"释为日晷的影子。

古代诗人设法让高悬空中的太阳生出一双接地、亲民、人格化的"脚"的浪漫联想,居然在上海人"日脚长""日脚短"的市井生活中,落地生根,真正融入寻常百姓家,并且一直沿用到如今。

"入舍布袋"指招婿

老法上海人把落户女家的倒插门女婿称作"入舍布袋",也可以分开来用"入舍"或"布袋"来表示招女婿。依据来自古代先人。清代小说《何典》第五回:"话说刘打鬼自从入舍活家,做了财主婆的老公,思衣得衣,思食得食。"元曲《薛仁贵》二折:"那刘太公菩萨女,却招了壮王二作布袋,交众亲眷插环钗。"

其中"入舍"上海话读若"逆苏",也有人直接写作"逆舍"。"入"的古代读音为"人执切"(《唐韵》)、"日汁切"(《集韵》);吴人鲜见卷舌音,日母字多读作泥母,"入"读成"逆"并不奇怪。此外,那个"舍"字在古代也有读成"苏"音的成例。宋代吴棫《韵补》在注释屈原《离骚》"余固知謇謇之为患兮,忍而不能舍也"一句中的"舍"时,就说其为"春遇切,音成"。还有唐代白居易《效陶潜体诗》"所以阴雨中,经旬不出舍"句,《康熙字典》引注"舍"字为"始贺切"。

"入舍"的词义从字面上就可以看出:入女方之舍。清代钱大昭《迩言·释谚》:"今人称赘婿曰入舍女婿。越以入舍为进舍,字稍不同。"那么"布袋"又从何说起呢?

南宋朱翌著《猗觉寮杂记》说:"世号赘婿为布袋,多不晓其义。或以为如入布袋,气不得出项,故名。"把去女方家里比作装入布袋显然牵强。清代王应奎在《柳南续笔》中解开了这个谜:"附舟入浙,有一同舟者号李布袋,篙人谓其徒曰:'如何入舍壻谓之布袋?'众无语。忽一人曰:'语讹也,人家有女无子,恐世代自此绝,不肯嫁出,招壻以补其代,故谓之补代耳。'此言极有理。又三余帖冯布少时,赘于孙氏,其外父有烦琐事,辄曰俾布代之。至今吴中以赘壻为'布袋'。""布袋"为"补代"之误是说得通的。元曲《散家财天赐老生儿》一折中,赘婿张郎有句唱词也可以证明:"做富汉三十载,无倒断则是营生的计策,今日个眼睁睁都与了补代,那里也是我的运拙时乖。"其中的"补代"应该就是日后的"布袋"。

(原载 2019 年 10 月 13 日《新民晚报》)

ŋ

揿牢牛头牙草根

牙,是高等动物切咬咀嚼食物的器官。古人对"牙"有各种定义。《本草纲目》说:"两旁曰牙,中间曰齿",《纲鉴易知录》说:"上曰齿,下曰牙";总之都是用作名词。而事实上古人间或也有把"牙"当作动词用的。汉代扬雄《太玄经·争》:"两虎相牙,知掣者全";《战国策·秦策三》:"投之一骨,轻起相牙",元代吴师道注曰:"以牙相噬"。"相牙"就是"相噬"。

这种当动词用的"牙"直到明清时期,依然保留在包括上海话在内的吴方言区里,不过其含义仅限于形容细碎地啃咬或小口地蚕食,已经完全没有"两虎相牙"的气势了。明代冯梦龙《山歌》:"姐儿说话弗到家,吃郎君盘问只捉指头牙。"又云:"肥猪肉吃子一星两星便觉油烟气,骨炙儿牙得里头香。"清代传奇《翡翠园》:"吃别人个嫌好道歉,自家屋里卵筋也没得牙牙。"

也许是这种用法已不太常见的缘故,人们开始变化一些字形、假借其他字来表达这个当作动词用的"牙"。清代传奇《文星榜》:"吾拉施食台边现勒现,无非想齩齩革只斛头。"民国时的《沪谚》:"靠亲不老,砑食不饱。"然而,"齩",指牙齿不平整;"砑",是碾压、打磨的意思。原本都没有啃食、噬咬的含义,不如依旧用这个有根有据的动词"牙"。

当然也有继续用"牙"的例子。沪剧《罗汉钱》:"为什么不管儿女双方爱不爱,偏偏要揿牢牛头牙草根?";《简明吴方言词典》:"牙肉骨头""伊勒拉牙珍珠米";2013年出版的《莘庄方言》:"牙:啃;咬"。

"眼热""眼痒"即眼红

被划入近古时期的元、明、清代,是汉语发展的重要阶段。外族文化强势融入,民间文化随小说、杂剧等的兴起登上大雅之堂,层出不穷的新事物、新概念需要新的表达方式,都成为汉语新词出现的原动力。这些创新的词语有的被归化传承,有的热闹一时后被逐渐扬弃;介于这两种情况中间者,则受到地域文化青睐并被保留在了当地方言中。相信"眼热"就属于这一类词。

金宇澄

"眼热"在上海话中,是羡慕、眼红的意思;《上海方言词典》认为其"羡慕的程度比'眼红'稍差"。稍加分析可以发现,"眼红"是别人看到、感受到的,而"眼热"则是只能自家体验的心理活动。该词最早见于明代陈与郊编的杂剧《义犬记》里:"我见世上的事,事事眼热,事事要做"。之后的清代小说里大量可见"眼热"一词,包括《荡寇志》《何典》《官场现形记》《野叟曝言》《二十年目睹之怪现状》《九尾狐》《海上花列传》等。

鲁迅先生在《且介亭杂文二集》的《四论"文人相轻"》中也用过该词:"目

的是在引得愚才眼热,也来出手,然后掏空他的腰包。"

和"眼热"同时流传在上海人口里的,还有一个相同含义、反映自身感受的词:"眼痒";它俩都能通过"望文生义"看明白所表达的意思,因而也被交替使用。金宇澄的小说《繁花》里就曾分别出现过。第十七章:"银凤腰身一动,轻声叹息说,做海员家属,别人是眼热,其实最苦。"第二十四章:"葛老师有一幢洋房,我真眼痒呀!"

不论"眼热"还是"眼痒",这个走过明清两代的词语,上海人依旧十分熟悉。

器物缺损皆曰"齾"

"齾"的原义是缺损的牙齿,《说文解字》:"齾,缺齿也。"后来不只牙齿,也可以用来形容各种硬质器物以及其他东西边沿出现的缺口,如段玉裁所注:"引申凡缺皆曰齾。"唐代韩愈《征蜀联句》诗:"更呼相簸荡,交斫双缺齾",指征战中刀兵的损伤。唐代皮日休《太湖诗》:"三寻齾石齿,数里穿山腹",指瘦漏透皱、缺孔斑斑的太湖石。宋代苏轼《九日黄楼作》诗:"烟消日出见渔村,远水鳞鳞山齾齾",指天边错落有致的山脉轮廓。清代张廷玉《明史》中描写运河源流:"北经苏州城东鲇鱼口,水由齾塘入之",指水流出入围堰的缺口。

"齾"在上海话中读若"额角头"的"额",上海话"鱼""压"两字连读,是个发音短促的入声字。这与尚能找到该字的汉语普通话词典的注音"yà"差别很大,然而,这是符合其在古汉语中的读音的。"齾"在《唐韵》里标为"五鎋切",《广韵》标为"五割切";即便是《集韵》《正韵》标注的"牙葛切""牙八切",那个"牙"古代也不是以"y"为辅音的,而是"五加切",也就如上海话的"额"。正因如此,上海话不会像其他地方方言把"齾"记为"丫",或从"yà"音字里找借代。

这个在《现代汉语词典》里已经不见了的"齾"字,在上海话中还在使用。例如,把器物上的缺口,叫作"齾口"或"齾荡";把减掉、缺掉,叫"齾脱";称买卖还价为"齾价钿";嘲笑换门齿的小孩为"齾齿狗""齾齿佬";形容器物满是缺口,说"齾七齾八";比喻质地至要,说"好刀勿齾",等等。

颐起头来看啥点?

上海人把昂起头、抬起头称作"头颐起仔",这个"颐"读若上海话的"岳"(入声)。"头颐起点辣看啥?"是问对方仰起头在看什么东西;"出鼻头血头要颐起来个",是告诫说出鼻血的时候应该抬起头来。

"颐"这个字起码在汉代就有了。许慎《说文解字》说:"颐,面前岳岳也",说明这是个会意字。页(頁),在古代表示人的头面部;岳,指高大的山。你的面前有一座大山,你当然就会不由自主地昂起头来。明代孙楼《吴音奇字》说得更清楚:"颐,音岳,举头向上也。"清代朱骏声《说文通训定声》更是把抬头的动作加入了神态的意象:"苏俗谚言人趾高气扬之貌曰高颐颐。"

另有一个字:"舁",也有人拿来表示相同的意思。章炳麟《新方言·释言》："昂，今淮南吴越谓仰首曰'昂起头'。"薛理勇《上海闲话》也说："昂，音读如鹤；抬头，仰首。"和"颐"字不同，"昂"字还能在现代许多字书中查到，它有傲慢、卓群的意思。因此，笔者理解：在相同的意境中，"颐"突出的是形态，而"昂"也许更注重神态。

但是，"昂"读若"傲"，与上海人读"岳"（入声）的"颐"读音不同，而这两个字的注音在古代汉语中也是不相同的。"昂"，《广韵》："五到切"，《集韵》："鱼到切"，《韵会》："疑到切，音婺"；"颐"，《唐韵》："五角切"，《集韵》："逆角切，音岳"。声母没问题，不同在于韵母。前者近"傲"，非入声，后者近"恶"，为入声音，区别还是明显的。

（原载2019年12月8日《新民晚报》）

哩啰声自鞔辘来

沪上情结浓重的张爱玲擅长在自己的作品里自然、娴熟地运用上海人所熟悉的方言词语。例如在小说《桂花蒸 阿小悲秋》中，我们可以看到"揿铃""伤风""触祭""洋山芋""出花头""电话号头"等；其中有一段描写阿小听楼上新夫妇吵嘴："女人带着哭声，哩哩啰啰讲话。"

这个"哩哩啰啰"或"哩啰"，也是上海人常用的词语，意思是絮絮叨叨、啰啰嗦嗦、不停地讲着别人未必听得明白的话。钱乃荣《上海话大词典》写作"嗹喽"，明代孙楼《吴音奇字》写作"讑譃"，还有的写作"哩罗""哩罗哩""俐俐罗罗""哩啰哩啰"等；褚半农老师《莘庄方言》说："哩啰哩啰：说话含糊或听不清话意"。

"哩啰"实在是一种象声词，在古代作为衬字、助词，多见于宋末及元代的词曲中。南宋金盈之《醉翁谈录》："为说破，木人昨夜问三台，拍手起来唱哩啰。"南宋洪迈的志怪集《夷坚志》："欲要开金燧，千万频修己，言讫无忘之，哩罗哩。"和南宋同时代的金朝董解元《西厢记诸宫调》："休将闲事苦萦怀，哩哩啰！"此外，郭应祥《生日自作》词、沈瀛《野庵曲》、史浩《劝酒》词以及戏剧《张协状元》等，也能见到类似的用例。

明代字书《正字通》认为这只是元人词曲所借的助语，而早在宋仁宗宝元二年(1039 年)定稿的韵书《集韵》里，就已标注其为"歌助声"，这比 1206 年元太祖铁木真建立蒙古汗国整整早了 167 年！

那么"哩啰"象的是什么声呢?这就说到了另外一个古汉语词"轣辘"。"轣辘"形容的是车轮转动的声响,读音和"哩啰"相似,古人也喜欢以之入诗。宋代梅尧臣《送辛都官知鄂州》诗:"车动自轣辘,㔶轻自舒舒";陆游《春寒复作》诗:"青丝玉井声轣辘,又是窗白鸦鸣时"。这种"轣辘轣辘"单调、重复、使人生厌的车轮声,想必就是之后改成以"口"为义符的"哩啰哩啰"的原形。

新潮旧时各种"撸"

撸,这个被2018年版《现代汉语词典》依然划归方言用字范围的字,随着网络游戏《英雄联盟》——"撸啊撸"(LOL)的兴起,已经在年轻人中间成为热词。"撸货""撸友""撸猫""撸串""撸铁""撸作业"等新词迭出。

在上海话中,一直有"撸"这个字,意思是抚摸或手、手臂把东西聚拢。表示抚摸时,手和触碰对象之间会有位置的移动。《简明吴方言词典》:"用手按住皮肤或头发等向一端滑动",这和固定位置的按摩——捘,略有不同。上海话中也有许多和"撸"有关的词语,譬如"撸平",即用手来回抚摩使东西平整;"撸顺毛",即投其所好、取悦其人;"撸把汗",比喻遇到危难时的窘迫状;"撸舌八哥",形容唠叨啰嗦;"撸撸刮刮",指把东西聚集起来;"撸卵皮生意",指做买卖没有利息;"一只手撸两面光鲜",形容一举两得、两面讨好。

上海话中的这个"撸"有时也写作"挮"或"擄"。在古汉语中,它们都有"抚"和"敛"的意味,同时也还具有其他音义。"撸"字最早出现在宋代金朝韩李彦的汉语工具书《四声篇海》里,是否为当时金人习用汉语的自创不得而知。但其音义单纯:"郎古切,音鲁,动也",且其音符、义符分明,被拿来表达上海方言少有歧义。1980年《上海方言词汇略说》、1986年《简明吴方言词典》、1997年《上海方言词典》以及2007年《上海话大词典》等工具书都收录了该字。近期网络热词不用"挏""攎"而选择了"撸",想必也是基于其意赅易懂的特点。这也不失为一隅方言回归广众用词的一条途径。

(原载2019年10月6日《新民晚报》)

猫咪脚爪㩙一记

这个"㩙"字在《现代汉语词典》中已经不再收录;在现在比较权威的《汉语大词典》里,其注音为"là",注释仅两字:"毁坏"。然而它却依然通行在上海话中。

㩙,上海话读若"喇",音近普通话第三声,意思是有尖锐的东西触划皮肤。譬如"拨猫咪脚爪㩙着一记"(被猫抓了一下)、"手节头㩙破了"(手指触伤了)。也引申为撕扯、抓扒:"我㩙破面皮来求侬"(为求你拉扯下自己脸面)。过去上海郊区有一种像张开的爪子的弯齿长柄农具,就叫作"㩙柴耙",专门用来聚拢柴草等散乱物。除此之外,"㩙"还可以表示触及带刺或粗糙物体给人的刺磨感:"菠萝摸上去蛮㩙手个"(菠萝的触感刺手)。当然也可以理解为一种性状比较独特的毁坏和伤害。

"㩙"字的出现不晚于汉代,在扬雄《方言》中即有记载。宋代《集韵》:"㩙,朗达切,音辣;拨㩙,手披也,或作捋。"清代翟灏撰写的包括各种通俗词语、方言的《通俗编》说得更清楚:"此字本音'辣',而《集韵》有

'洛骇'一切,直读如'赖'上声,今谓以手抓披毁物者,如之。"明代冯梦龙《山歌》中唱道:"扯破子我个衣裳只是忍耐,擸破子我个面孔方才道是你认真",用法和现今上海话中的一样。

除了《集韵》中提到的异体字"㩍"之外,一度以为"擸"也和"擸"通用。虽说"擸"也有毁损的含义,但其读音在古代为入声(《唐韵》:"良涉切",《集韵》:"力盍切,音腊"),和"擸"还是有较大的区别的。

勿吃"拉丝"说"癞䗫"

现代人把"癞蛤蟆"和"蟾蜍"看作一回事,但古人并不这么认为。宋代大学问家苏颂所著《图经本草》中说:"蟾蜍多在人家下处,形大,背上多痱磊,行极迟缓,不能跳跃,亦不解鸣;虾(蛤)蟆多在陂泽间,形小,皮上多黑斑点,能跳,接百虫举动极急。二物虽一类而功用稍别。"他的区分是否精准、科学姑且不论,这种常见于田间河边的两栖动物很受关注、有不同称谓是不争事实。古人对其的命名,除了"虫"字旁的蛤、蟆、蟾、蜍、蝦、蝈、蜥、蠛之外,还有"黾"字旁的䗫、䵴、䵸、鼀、鼃、鼁等。

就上海人熟悉的称谓,《上海话大词典》列出四个词:癞(水)蛤巴、癞蛤蟆、癞水、癞团。蛤蟆摊上一个"癞"字和它的长相有关,赖不得别人。这"癞水"的"水"又作何解释呢? 2007年8月30日有报刊发文,说是由蟾蜍射出的尿味汁液之水引致。章炳麟《新方言》中说:"今江南运河而东至浙江皆谓蟾蜍为癞施。"上海话中,"施""水"读音相近;这个"施"和后来进一步讹传成的"水",实际上都是古汉语"䗫"字的借音字。

䗫,《集韵》:"商支切,音施";《说文解字》:"䵴䗫,詹诸(蟾蜍)也"。国学大师黄侃在其《蕲春语》中也援引了《说文》上述记载,并说:"《诗》

曰：得此䵷䵹。言其行䵷䵹。䵹，式支切。案：今《诗》作施，海宁语谓之癞䵹，亦曰癞䵹格博；格博即虾蟆音转也。吾乡谓之癞格谱；格谱亦虾蟆之异音。"这就说清了"施（水）"的由来。可见，所谓尿水的解释略显牵强。相信清代唱本《双珠球》中的"赖思"、《合欢图》中的"赖狮"以及网络上的"熏拉丝"，都是"癞䵹"之讹。

按黄侃的说法，"格博"是"虾蟆"的音转。另有一位当代国学大师姜亮夫在其《昭通方言疏证》中也有类似的说法："昭人谓蛙之有瘰者曰癞格宝，即癞蛤蟆之声变；惟格宝乃言其形体胀鼓如疙瘩，则依声而以俗言，语义相近之字易专名者也。"因此，不同地方的口音转成不同的记录形式也就不足为奇了。明代《山歌》作"癞虼蚆"，1880年《川沙厅志》作"癞蛤蚆"，1924年《昭通县志稿》作"癞咯宝"，1986年《简明吴方言词典》作"蛤霸"，2000年《通俗常言疏证》作"癞革巴"，2007年《上海话大词典》作"蛤巴"，等等。笔者注意到，前述"黾"部首的古代汉字中，有两个也分别读若"格博"。䵷，《集韵》："丘葛切，音渴，蛙类"；《正字通》："蛙声也，因声阁阁，俗遂立䵷字，䵷即阁阁之音转"。䵳，《集韵》："补火切，音跛，蟾蜍也。"它们应该是"格博"们"嫡嗣"身份的有力竞争者。

诚如《上海话大词典》随便可以举出四种说法一样，这些表示癞蛤蟆的古汉字也有多种表达形式，可以相互组词，也可单用。词组如鼃蜠、鼃䵹、䵷䵹、蜠鼃等。唐代房千里的《投荒杂录》记载："南方又有水族，状如蛙，其形尤恶，土人呼为蛤为膗食之，味美如鹧鸪；及治男子劳虚。"非但说明"格博"曾经单称"蛤"

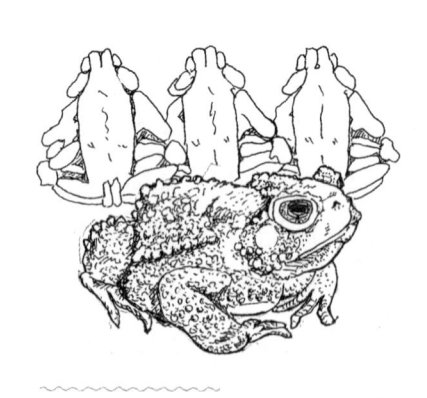

癞蛤蟆、熏拉丝

(雛），也把上海某些地方特色美食"熏拉丝"的历史，推至一千多年前的唐代。不过2020年新冠病毒再次敲响了人们保护野生动物的警钟，以蟾蜍为食材的"熏拉丝"应该也会被禁绝。

（原载2020年4月5日《新民晚报》）

浪声、浪向"浪""誏""埌"

"浪"的基本含义应该是和水有关的：波浪、海浪、浪潮、浪花，而在上海话中，它还承载着表达其他业已罕见汉字的表意功能。

2005年9月连载于《新民晚报》上的小说《阴谋的漩涡》中有段描述："李桂玉对她已不像过去，总是浪声浪气，指桑骂槐"。这里的"浪"借代的应该是"誏"字，表示讥讽别人的闲言冷语。"誏"是个古汉字，《集韵》："郎宕切，郎去声，闲言也，又谑也。"清代胡文英《吴下方言考》："誏，冷言语令人难受也。吴中谓冷话曰'羧誏'。"话从口出，朗朗放声，"言"作义符，"良"为音符。如《集韵》所注，"誏"在古代还被引申为戏谑、玩笑话。清代姜绍书《韵石斋笔谈·石壁题名》："台阁山林半相杂，一时谑誏皆文墨。"古代也有"誏"与"浪"混用的情况。唐代笔记小说集《朝野佥载》中有段讥应武则天专权的民谣："莫浪语，阿婆嗔，三叔闻时笑杀人"，就是告诫人们闲言冷语会得罪武后，招来杀身之祸。宋代《资治通鉴·后周纪》："（李）涛喜诙谐，不修边幅，与弟瀚俱以文学著名，虽甚爱友，而多谑浪"；"谑浪"义同"谑誏"。

"浪"在上海话中还有个特别却常见的用法，即表示"什么之上"；有时也说"浪向（厢）"。清代小说《九尾龟》："勿得知身浪向阿曾碰痛？"弹

沪语古韵

赵元任

词《三笑》:"头浪方巾,身浪海青,脚浪厢皂鞋白袜。""浪"和"浪向(厢)"都是"上"的意思。从1928年赵元任《现代吴语的研究》开始,几乎所有的吴语、沪语工具书里,都列有这个表示"上"的"浪"。2016年,《吴语研究(第八集)》刊有娄关炎《若干吴方言单词音义本字考》一文,认为田塍垠上放置物品是民间常情,因此"'垠'比'浪'妥当,水上怎么能放置物品?",其说不无道理。

未可轻易"浪"代"晾"

在太阳下晒东西,普通话说"晾",上海话说"晾"。这个"晾",上海话读若"浪";上海人常说:晾竿、晾架、晾衣裳、晾被单、晾一晾、晾晾干。

宋代《集韵》:"晾,郎宕切,音浪,暴也。"明代《正字通》:"晾,俗字,旧注音浪,晒晾。"很明显,这个"晾"就是放在大太阳下面暴晒的意思。来看看古人的用例。宋代陆游《春日》诗:"迟日园林尝煮酒,和风庭院晾新丝";宋代普济《五灯会元·文殊心道禅师》:"今年雨水多,各宜频晒晾";元代《了堂惟一禅师语录》:"久雨乍晴,各宜晒晾皮草";明代韩奕美食谱《易牙遗意》:"蒜苗切寸段,一斤盐一两,淹出臭水,略晾干,拌酱、糖少许,蒸熟";清代小说《常言道》:"这边蛤蜊相争,渔翁得利;那边三日扳罾,四日晾网"。晾皮草、晾食材,可见这个"晾"字也是古人常用且一直是比较亲民、比较百姓化的。

也有人嫌"眼"字生僻,直接用"浪"替代。明代小说集《欢喜冤家》:"那柳春生把自己道袍脱下,铺在石板上浪着";民国时期的《吴歌乙集》:"隔河浪件白衬衫,远看好像白牡丹"。如果不谙吴语读音,不知道此"浪"实际是彼"眼",在这个"浪"的面前难免会蒙头转向。

还曾有人把沪谚"男要眼,女要囡"中的"眼"也换成"浪",结果情景翻转,寓意大变。把原本表示男孩子不能像女孩子似的躲藏在家里,要多在外面晒晒晾晾、经风雨见世面的善意教诲,生生变成鼓励浪荡浪游、放浪形骸的反面教唆。看来假借他字不能仅凭读音。

粗大笨重曰"躴躿"

上海话中有个老旧的词语叫作"躴躿",读若"浪戆",用来形容东西的体积过于庞大、占地方、碍手碍脚。

"身"字旁的"躴躿"最早是指个子特别高的人。《集韵》:"卢当切,丘冈切,音郎穅";《玉篇》:"躴躿,身长貌"。明代焦竑《俗书刊误》:"呼长人曰躴躿。"清代道光年间的《象山县志》:"身长曰躴躿,音郎糠。"明清时期的许多文献中都能看到这个词的用例,不过大多是以其他同音字代替的。明代《三宝太监西洋记》:"你看长老的法身长有八尺五寸,好不狼抗!"《西游记》:"那呆子生得狼犺,又不会腾挪,这一去凶多吉少。"

《后西游记》:"不料猪一戒身子狼犺粗重,几个人那里扯的他动。"清代戏剧《长生殿》:"身子又太狼伉,舞去冲翻了御筵桌席。"

后来,"躴躿"也用来形容大而笨重的东西。明代《初刻拍案惊奇》:"若不是海船,也着不得这样狼犺东西";清代《野叟曝言》:"却见腰里插着军器,甚是佷伉";《红楼梦》:"胎中之儿口有多大,怎衔得此狼犺蠢大之物",说的正是后来当作命根子一直挂在贾宝玉脖子上那块有传奇色彩的"灵通宝玉"。

上述"狼抗""狼伉""佷伉"应该都是"躴躿"的借音词,并非固定组合,也没有相应的词义。

而"狼犺"原来是指一种像猿猴的动物。《集韵》:"狼犺,兽名,似猴。"明代《正字通》中对"狼犺"有较为详细的描述:"出暹罗之崛陇,短小精悍,目圆睛黄,木食如猿猱,古橄蒙密者,率数十巢,山居夷獠畜之,备驱使。蒙以敝絮,飲以醹酒,食以鲲鲅辄喜,举族受役,至死不避。常令人山采鹤顶,象齿,犀角,皆如期而获,输其主。"就其身形而言,"狼犺"的短小精悍和"躴躿"的粗大笨重刚好相悖。但它被拿来替代"躴躿"的例子之多,甚至超过其本字,以至于近现代一些吴地作家写"躴躿"时,用的依然是"狼犺(抗)"。钱锺书《围城》:"脚夫只摇头说,今天行李多,这狼犺家伙搁不下了";孙树棻《姑苏春》:"箱子这么狼抗,可看样子分量倒不怎么重"。

钱锺书

总之,在历史上留下那么多重要痕迹的词语,是不应该完全消失的;哪怕仅仅保留在像上海话这样的方言里。

(原载 2020 年 3 月 15 日《新民晚报》)

"看冷铺"或"看冷破"

见人患难或遇危难时,不仅不伸援手,还故意袖手旁观、站在一边看好戏,上海人称之为"看冷铺"。民国时的《昆曲大全·红菱艳》:"我是因为唔笃先老爷救个歇我俚阿伯个了,勿便看冷铺,所以走得出来。"

这个被认为大量流行于二十世纪一二十年代上海城区的词语,实际产生的时间可能还要略往前推。自清末以来长期旅居上海的报人陈伯熙在 1911 年前后编著的《上海轶事大观》中,就有对该词的注释:"人罹患难或将蹈危机,故意旁观不为援手者,曰'看冷铺'。铺而曰冷,必无临门之客矣;看者,人弃我取之反词也。"需要拿出来专门注释的词语,正好说明了它的新颖和流行。

而且,其中的"冷铺"由来更久。差不多一千两百年前的晚唐词人李珣有首《浣溪沙》说:"翠叠画屏山隐隐,冷铺文簟水潾潾,断魂何处一蝉新?"如果说李珣词里的"冷铺"未必是固定词组的话,那么元代王仲文的杂剧《救孝子》中:"我是赛卢医,行止十分低,常拐人家妇,冷铺里做夫妻",用得就十分肯定了。冷铺,是古时供往来传递文书的驿卒或地方兵役歇宿的地方。明代的小说集《警世通言》:"才出得县门,被三四个阴捕将麻绳望颈上便套,不由分说,直拖至城外一个冷铺里来。"后来,因为四处流浪的乞丐也常在空置的冷铺中栖身,所以也有用"冷铺"来代指乞丐的住所。明代《金瓶梅词话》里多次提到西门庆的女婿陈经济曾落魄到与叫花子在"冷铺"为伍的境地。

但是,"看冷铺"怎么就成了冷眼看笑话呢?

另有一个元代以来常见的词语:"看冷破"。元代《西厢记》:"怎吃受夫人看冷破,云雨怎成合?"明末拟话本集《醉醒石》:"恭人略不介意,家人媳妇丫鬟,有看冷破挑拨的,都付之一笑。"清末小说《海上繁华梦后集》:"且等他们闹得甚样,要去我们再去,并不是有意看甚冷破,此时去也枉然。"用法和后来冷眼看笑话的"看冷铺"几乎一样。可见,"冷破"就是冷眼看你露破绽、看你冷不丁露出破绽的意思。明代洪楩编印的《清平山堂话本·杨温拦路虎传》中用得更明确:"杨三是行家,使棒的叫做腾倒,见了冷破,再使一合。"

以"看破绽"喻"看笑话"似乎比"看冷铺"更说得通。好在上海话"铺"和"破"同音,口口相传的"冷铺(破)"不妨就一直这么看下去。

(原载 2020 年 8 月 29 日《新民晚报》)

殊途同归言"累堆"

《上海方言词典》收录了一个词语:"累堆",上海话读若"来呆",就是累赘的意思。这个词在明清时期曾有多种形态且用途广泛。明代万历年间的《上元县志》说:"败坏之甚曰垒(累)堆。"明代《二刻拍案惊奇》第三十七卷:"哥子程察看见累累堆堆偌多东西,却是两味草药。""累堆"意为杂乱、混乱。该书第二十一卷:"我们带了累堆物事,如何寻访?""累堆"又作累赘、多余讲。清代宣统年间的《太仓县志》:"纠缠曰啰唆,曰累堆。"明代《西游记》第三十回:"你这嘴脸生得各样,相貌有些雷堆。"这里的"雷(累)堆"是粗笨的意思。清代同治年间的《安吉县志》："作事不便捷者曰雷堆。"还有清代弹词《合欢图》："一味冷腔说冷话，反言我等太擂堆。""擂（累）堆"指无知、懵懂。

虽说这些词义都偏贬义，但其所指还是有较大区别的。追根寻源，感觉它们至少是分别传自三个不同的古汉语词：

南朝时期的字书《玉篇》中，有"黩黮"一词；《广韵》注其音为"落哀切，徒哀切"，读音和上海话"来呆"相近。"黩黮"的意思是很黑、大黑。字的左半表义，右半表音，加倍的黑。由黑衍义为脏乱、败坏，是符合逻辑的，如上述一、二两个例句。

另一个词是"磊谆"。汉代《说文解字》："磊谆，重聚也。""磊"是三个石头垒在一起，"谆"，《集韵》："睹猥切，堆上声"，原义也是厚实堆累，组成词组一看就有积聚得十分沉重、臃肿的感觉。明代赵宧光《说文长笺》："今吴中方言有之，凡事物烦积而无条理曰磊谆。"章炳麟《新方言·释言》："今谓物之重、事之艰皆曰磊谆。"可见，"累堆"凡释为厚重、累赘、多余、拖沓、啰嗦的，其源头当是"磊谆"。明代百科全书《通雅》释"磊谆"说："今方言皆作累堆，'磊谆'累字平声。"

还有一个古词是"褦襶"。晋代程晓有首《嘲热客》诗："平生三伏时，道路无行车。闭门避暑卧，出入不相过。今世褦襶子，触热到人家。主人闻客来，颦蹙奈此何。摇扇髀中疾，流汗正滂沱。传戒诸高明，热行宜见诃。"意思是说大热天也不知道轻装简从。因之，"褦襶"就用来讽喻迂腐、蠢笨的人。清代《土风录》："褦襶，不晓事也。音耐戴，俗转其音为来歹，为累堆。"《吴下方言考》也说："吴谚呼笨人为褦襶（音如'累堆'二字）。"

"黩黮""磊谆""褦襶"简化为"累堆"之后，其词义被各地方言散漫继承。在上海话中，主要就是表示累赘。桂林话指啰嗦，柳州话指麻烦，南京话指愚笨。比较有意思的是无锡方言，据时代文艺出版社 2005

年版的《无锡方言词典》记载,"累堆"解释为"能力强、厉害",和上海话"结棍"相似,不知秉承自哪个古汉语词义。

可以、能干即"来三"

"来三"是上海人经常放在嘴边的用词,表示行、可以、能干;加上否定词"勿(不)",就是相反的意思:不行、不能、不可以。"来三"一词的源出,坊间有各种传说。清代《吴下谚联》中,有源自科举作弊的"来字三号"说;1999年出版的《上海掌故辞典》中,有源自士族衣着的"襕衫身份"说,以及源自山上有寺的"来山来寺"说,等等。笔者以为,源头应该就在这个"来"字上,其余的搭配都只是口语带出、慢慢固化了的词尾后缀。理由有四:

一是"来三"一词并无固定搭配。除了"来三"的写法外,清代弹词《合欢图》写作"来杀":"果然话不虚传,祝枝山实在来杀朵";清代小说《负曝闲谈》写作"来煞":"念到十三四岁,更是来煞了"。更有写成"来事""来四"的,含义也基本相同。可见围绕这个词根"来",搭配完全可以不固定。

二是上海话中有直接用不带词缀的"来"或"勿来"表示"行"或"不行"的现象。至今上海郊区有些地方还能听到这样的说法。询问"行不行"说"来(个)哦?",表示"可以的"说"来(阿)嗒"。2013年出版的《莘庄方言》里注释"来"字的第四种用法,就是"行、能、会",并列举俗语:"手里勿来脚里来",意为手上没能耐,用脚躲避、逃跑的本事倒是有的。

三是在现代汉语中,"来"作为趋向动词跟"得"或"不"连用时,就表示有能力或没有能力、可能或不可能。这和上海话中"来三"的用法相当接近。譬如"来得及""来不及""来不得""做不来",这些词语中的

"来",都和"过来""往来"的"来"不同,分别表示"可以赶上""不能赶上""不可以有""没能力做"等。

四是"来"的这种用法在古汉语文献中也可以见到相关的例证。《左传·文公七年》:"若吾子之德莫可歌也,其谁来之?"意思是说:像你(赵宣子)这样的德行还不加以颂扬的话,可以去颂扬谁呢?"来"解释为值得、能够、可以。元代杂剧《气英布》:"这英布手脚好生来得。""来得"表示能干。明代小说集《二刻拍案惊奇》卷十:"不要说后边输了,就是赢得来,算一算费用过的财物已自合不来了";卷七:"孟沂支吾不来"。两处的"来"字分别表示"可能"和"不可能"。还有清代小说《海上花列传》:"倻几家头打我一家头,勿来,我一定要告诉倻爷娘。""勿来"即不行、不可以。

(原载 2020 年 11 月 8 日《新民晚报》)

出身不雅数"烂污"

方言中有一些来源于民间底层的词语往往出身不雅,譬如这个"烂污"。

"烂污"最初就是指稀屎,软烂的大便。上海话把出恭、大解称作"撒污"。"污"是古汉语"恶"或"屙"字的通俗版。《广韵》等古代韵书注其为"乌何切",音同上海话中的"污"(wu)。《玉篇》:"屙,上厕也。"《清稗类钞》:"屙,粪也。""屙"可以当动词用,且其常被注成"阿""恶"的音,因此,使用这个通俗版的"污"歧义较少,还是比较适合的。

排便叫"撒污",拉稀就叫"撒烂污"。明清以来,吴语小说大量吸收民间方言,并不断拓展其用途;人们把马虎行事致使别人难以收拾也叫作"撒烂污"。后来老舍在《四世同堂》里、茅盾在《话匣子》里、周而复在《上海的早晨》里,都用过"撒(拆)烂污"这个词。1949 年,毛泽东在《为什么要讨论白皮书》一文中说:"两国反动派向两国人民撒了许多谎,拆了许多烂污"。

上海话常用"烂污"一词形容作风不好、男女关系混乱的人,并衍生出一些专指女性的詈词。譬如"烂污货""烂污婊子""烂污淌牌"等。清代《海上繁华梦》:"这种烂污货岂是我乡下人家讨得的吗?"上海人也用"烂污"泛指一些稀烂、不怎么成形的东西,譬如称泥浆、烂泥为"烂污泥"。

比较不可思议的是,这个出典不雅的词语,居然被反复用来指称食物。不过,使用者大多用了在上海话中读音相同的"糊"字来代替"污"字。烧糊煮烂的面条称作"烂糊面",勾芡的白菜炒肉丝称作"烂糊肉丝",边角食料熬成的杂碎浓汤称作"烂糊三鲜汤"。清代苏州吴县人顾禄在其记述地方风土的《桐桥倚棹录》里,提到有一味当地特色菜肴叫作"烂糊甲鱼",只不过被他写成了"烂煳脚鱼"。

老酒实在是"醪酒"

在宋代类书《太平广记》上第一眼看到这个"醪"字,就觉得它似乎应是上海话"老酒"中"老"字的原形。刘民钢在《上海话语音简史》中说:"老和醪音近,老酒即醪酒。"

在蒸馏技术传入中国之前,民间广泛使用的是使粮食自然发酵从而酿制成酒的方法。这种使用土法粗制的酒品如果不经过滤、再酿等

刘民钢

深加工程序，就会带有很多渣滓，看上去比较浑浊。"醪"在古代就是指这种带渣的浊酒。《说文解字》："醪，汁滓酒也"；《集韵》："醪，郎刀切，音劳，浊酒"。

醪虽粗糙，却简便易得，适合足量供应，在当时不失为酒徒间最为多见的饮料。这从古代有众多表示浊酒的汉字，可以看出端倪。这些字包括醰、酚、醯、醓、醴、醜、醨、醢等。因其普遍多见，"醪"便逐渐成为泛指"酒"的代名词。且看《太平广记》中所载。第一百三十六卷："举瓯将饮，顾瓯中水尽为芳醪矣"，第三百六十九卷："因饮以醇醪，醉而究泄之"；"芳醪""醇醪"说的都是上品好酒。又第六十三卷："敢具单醪，以俟憩息"，第一百九十卷："置于食味中，然后饮以浊醪"；"单醪""浊醪"是为劣酒。第二百六十卷："大猪五头，白醪数斛"，第三百二十六卷："又饮白醪酒"；"白醪"是经过过滤的酒。此外，还有第九十六卷："此榼一边美酝，一边毒醪"，第三百九卷："为村醪所困"；"村醪"指的是农人酿制的土酒。

据此可见，"醪"有两种含义：一是特指简单酿制的浊酒，一是泛指各种各样的酒，这和上海人对"老酒"一词的用法相似。上海话"老酒"可以用来特指粮食酿制的黄酒，也可以用来泛指包括黄酒在内的其他酒，譬如"吃老酒"未必是喝黄酒。加上"老""醪"同音，相信现在我们常见的这个"老"，就是由古汉语的"醪"讹化而来的。

呒没血色白醵醵

方言口语有时会比工具书更久、更生动地保留下历史上曾广泛使用的词汇，譬如"醵"这个现代汉语工具书上已经很难见到，但依然存留醶,《广韵》:"力小切",上海话读若"僚"(liao),专指人的脸色苍白。常听到的"面孔白醶醶""面白醶俏""夹醶势白",都是形容脸上没有血色或苍白憔悴的样子。有时"白醶醶"也会拟人活用到其他场合。例如《吴歌甲集》中唱道:"你是正月梅花销金帐里把风寒冒,二月里杏花面上白寥寥(醶醶)";"白醶醶"既指杏花也指"你"。《上海农谚》说:"东闪闪西闪闪,明朝晒得白醶醶",这就是直接指泥土的颜色了。

在古代,"面"字与面食无涉,只关乎脸面。因此,对于这个"面"字偏旁的"醶",《玉篇》《集韵》《正字通》等都清楚标明:"醶醶,面白也。"清代毛奇龄《古今通韵》说:"今越人谓神减而白曰白醶醶。"清代洪亮吉在《晓读书斋初录》中说:"时俗之语,又古今如一者。即以吾乡而言,人面少瘦寡精采则曰'白醶醶'。"明代《后西游记》第十五回:"莫非这和尚的模样有些死眉瞪眼,白寥寥没血色的么?"又第二十八回:"唐长老面上已冻得白了了的,没些神色。"清代《描金凤》第一回:"因何身上衣单薄,面白了了瘦不堪"。这"白寥寥""白了了"当然就是"白醶醶"的讹写。

有魅力的语言,在于拥有更丰富的词汇,在于越过了初始的普适性和通用性需求阶段之后能更精准地表达人们感知的细节。除了表示白色的"醶"之外,古代汉语还有诸多专门用来形容脸色的字:"酣"(han)为红褐色,"䵣"(mo)为青色,"䵆"(ping)为黄色,"䵩"(gan)为黑色,等等。这也反映了古代人脸识别的认知水准。

"街""巷""衖""弄"里中道

上海人把北京人称为"胡同"的小巷叫作"弄堂"。其实弄堂一词由来已久,明代冯梦龙收集的吴地民歌中就有"弄堂"的说法。《山歌》:"姐在弄堂走一遭,吃情哥郎扯断子布裙腰"。而"弄"作为"小巷"讲的历史,则更为长远。唐代李延寿《南史》记录南齐废帝被杀:"及帝出,各欲自奋,帝竟无言,出西弄,遇弑";清代吴乘权《纲鉴易知录》记录了同样的事情:"齐主拔剑自刺不入,舆接而出,行至西弄,弑之",书中注:"今人为小巷及过道屋为弄"。

"弄"的前身就是"巷";"巷"在古代写作"衖"或"𨗉"或"㘎"。《说文解字》释云:"里中道,从邑从共,皆在邑中所共也。"现在"巷"下面的"巳",是"邑"字简化的结果。"行"也可以释为"道路",作为都能行走的道路,"衖"字的理据和"巷"字是一样的。唐代的《唐韵》和宋代的《集韵》分别注"衖"为"胡绛切""胡降切",读音和"巷"相似;而明代的《吴音奇字》则标明:"衖,音弄,小街"。《现代汉语词典》把"衖"注为表示小巷的"弄"的繁写字,有"lòng"和"xiàng"两个读音;其音变的过程不详。

等到二十世纪一二十年代开始流行"弄堂"这个新词时,还有人将之写作"衖堂"或"衖"。1910年上海徐家汇土山湾印书馆印行的《生活方言练习》:"走过山西路个一条衖堂里,碰着一个带刀个流氓";茅盾1928年发表的小说《昙》:"她抄近路走进一条冷衖";也是1928年出版的《吴歌乙集》:"十字衖口阿有高明郎中来一个"。还有张爱玲的散文《爱》:"对街一排旧红砖的衖堂房子,虽是阴天,挨挨挤挤仍旧晾满了一阳台的衣裳。"说到这里顺便补一句,"弄(衖)堂房子"也是上海话词语,专指那种不靠街面、伸入里弄的房子。

弄松、淓淞、淓淞雨

上海话中有个词语叫作"弄松",意思是捉弄、戏耍、恶作剧地欺负人,也写作"弄耸""弄送"等。沪上经典滑稽戏《三毛学生意》:"好,小鬼,你趁此机会来弄松我!"独角戏《钉巴》中也有句台词:"先生,侬弄松我瘪三勿作兴格。"

早先使用"弄松"一词的不只上海人。明代丹徒人吴拱宸的小说集《鸳鸯针》:"我恨他不过,好歹觑个方便与你,弄耸他一番"。明代苏州人褚人获《隋唐演义》:"李大哥为什么这般弄松?倘日后朝廷招安我们还要仰仗他哩。"清代钱塘人陆人龙的话本集《型世言》:"好歹我们替你央及他寻一计较,弄送他便了。"

除了捉弄的意思,先前这个"弄松"还有现今上海话中所没有的玩耍、耍弄、折腾的含义,且其使用范围更是超出了吴方言区。明代《金瓶梅词话》:"见放着不语先生,在这里强道,和那淫妇怎么弄耸,耸到咱晚才回家。"明代《三宝太监西洋记》:"仙师也打不着天师,天师也打不着仙师;弄耸了一会,各人散伙。"清代《水浒后传》:"这两日四月天,农忙停讼,没处弄耸,趁闲来此巡察。"清代《樵史通俗演义》:"那韩氏见李自成虽不俊雅,却也一貌堂堂,料他毕竟有本事会弄耸的了"。

在有感于这"弄松"两字历史悠久的同时,也有个疑惑:以它的字面含义,是怎么会关联上逗弄、捉弄的含义呢?语言学家蒋礼鸿所著《〈义府续貂〉补》一文中说:"《蜀语》又云:'乍晴乍雨曰洴淞雨,音弄送。'按:嘉兴谓作弄人曰弄送,音正如之,盖亦如雨之乍晴乍作,令人应付为难也。"所提到的《蜀语》的作者,

蒋礼鸿

是明代四川合州人。清代光绪时贵州的《黎平府志》也记载:"戏侮人曰洴凇,音弄送。"上海话中的这个"弄松",也许就是来源于传说中的"洴淞雨"。

衣裳拿来繗两针

零星地、粗略地在既有的衣物上补缀针线,上海话说"lin"。

《开埠初期的上海话》是一本供当时外国传教士学习上海方言的练习课本,记录的都是民间最常用的词语。我们不妨看看它是怎么写、怎么用的:"衣裳裾个线脚脱是咾,拉落开来者,叫裁缝繂个一繂。"意思是衣服的缝线开裂了,让裁缝补一补。文中"繂"的注音为"ling"。类似的例句还有:"合缝里繂来勿大服帖"(夹缝缝得不平整),"一条缝繂之点把钟"(一条衣缝缝了个把小时),"担别针别住之末好繂"(用别针别起来容易缝)。其中的"繂"在文中都应念作"lin"(上海话不分前后鼻音)。

但是,"繂"在《集韵》中记为"劣戍切,音律",字义也不对。三国时的孙炎和汉代的李巡在注释《尔雅》时分别说:"繂,大索也","繂竹为索,所以维持舟者"。不论是作名词还是作动词用,恁粗的拴船缆索和缝纫衣物的精巧细致用度之间,距离似乎大了些。以《开埠初期的上海话》的用字规律看,"繂"应该是个假借字。

后来的许多上海话工具书都将之改为"繗"字。从使用古汉字的音义上说,"繗"无疑比"繂"更合适。《集韵》:"繗,离玲切,音邻";《玉篇》释为"绍也"。古代"绍"有两个含义,一是"继也",就是牵索、接引、接续的意思;另一个是"紧纠也",就是把东西凑合在一起。这两个释义放在"繗"字上,用在将脱开缝线的衣物续上、接上、合拢的场合,是完全说得

通的。还有人认为"纏"是纫的方言转读。光绪年间的《宝山县志》记曰:"纫补,俗谓补整旧衣也,纫音如邻。"

虽说《现代汉语词典》中已经找不到"纏"字了,但依然可以在上海人口中听到"纏衣裳""纏两针""纏一纏"这样的说法。因此,这个"纏"暂时还不能退出历史舞台。

纏

追根溯源谈"灵光"

上海话中的"灵光"有一个普通话少有的含义,就是表示感受到的效果十分好。程乃珊曾在《上海探戈》一书中写道:"上海人称好为灵光,其实灵光比好含义更广,包括对其外表到质里到动态到功能效益。"这段描写写得极为贴切。

关于这个"灵光"的来源,大多归于所谓神灵。南朝《玉篇》:"灵,神灵也",汉代《大戴礼记》:"阳之精气曰神,阴之精气曰灵";总之是指神像头部四周的光辉。那么,在各路头上戴光环的尊神传来中国之前,有没有"灵光"这一说? 有的话其所指又是什么呢?

1966 年,在湖北江陵出土的望山楚简上,发现那时已有不少关于"灵光"的记载。楚简形成于春秋战国时期,那时玉皇大帝和释迦牟尼都还在来的路上,民间流行的是祖先崇拜,人和神分得还不是特别清楚。被顶礼膜拜的先圣们除了姓甚名谁,甚至还有户籍属地、亲缘庶嫡;最最不堪的,是他们身上的丑陋缺陷也都历历记录在案。《淮南子》:"盖闻传书曰:'神农憔悴,尧瘦癯,舜霉黑,禹胼胝。'"不只长相,《淮南子》还曾罗列他们的"黑历史":"尧有不慈之名,舜有卑父之谤,汤、武有放弑之事,五伯有暴乱之谋。"哪有什么灵光环绕!因此,古文字研究专家古敬恒教授根据楚简上语法结构的推断,认为春秋战国时的"灵光","必是一种质地优异、色彩鲜艳的织物。"古代楚国和吴越的关系密切,越国最终并入楚国,而吴越地区正是那时纺织业十分发达和先进的地区。"当'灵光'这种新奇的织物刚被创造出来时,楚人因其光洁精细而惊异不已,遂以'灵光'称之。"

未曾想到,上海人今天口中念念不忘的"灵光",执守的原来是千百年前古代吴越劳动人民曾经创造的辉煌。

(原载 2020 年 1 月 5 日《新民晚报》)

邻舍好么赅金宝

《现代汉语词典》里仍录有"邻舍"一词,只不过其已被归入方言。

早先这是一个通用词,最早见于《后汉书·陈忠传》:"邻舍比里,共相压迮。"唐代耿湋有《巴陵逢洛阳邻舍》诗,宋代熊禾有《奉怀明仲旧邻舍》诗。唐代戴叔伦《女耕田行》诗云:"东邻西舍花发尽,共惜余芳泪满衣。"明代吴承恩《西游记》:"云来雾去,走石飞砂,唬得我一家并左邻右舍俱不得安生。""邻舍"一词还被增字扩展成"三邻四舍""东邻西舍""左邻右舍""四邻八舍"等词语使用,这证明了其在历史上也曾影响广泛。

这个过去通用的"邻舍",既可以指邻近居住的人,也可以指隔壁的屋子、房子。五代时期有部笔记小说集《王氏见闻》,说韩伸的悍妻要惩戒沉溺于酒色的丈夫,"领女仆一两人潜至,匿于邻舍,俟其夜会筵合,遂持棒伺于暗处。""匿于邻舍"就是躲在隔壁屋子里。明代冯梦龙《喻世明言》中也有则故事说:"邻舍闲汉已自走过七八个人",偏正结构的"邻舍闲汉"即附近住着的闲汉,"邻舍"不直接指人。再看明代《金瓶梅词话》里的"邻舍",明显是指人。第一回:"(武松让武大)交买饼馓茶果,请那两边邻舍。"第十四回:"西门庆收下他许多细软金银宝物,邻舍街坊都不得知道。"第八十六回:"只教他罄身儿出去,邻舍也不好看的。"清代《野叟曝言》:"姑娘的事邻舍都知道的",也是指人。

上海话还在用"邻舍"一词,不过只用来指住家隔壁的人,和普通话"邻居"的意思相仿,有时也说"邻舍隔壁"。上海话中更有一些相关的俗语。例如"邻舍好,鸡肚饱",意思是说摊上好的邻居,出门在外不必担心养着的鸡挨饿,邻居会主动帮忙照料。当然,邻里关系远不止喂鸡,于是也笼而统之称为"邻舍好,赈金宝",意思是碰到好邻居,如同拥有金银财宝一样值得珍惜。还有说"邻舍碗搏碗,亲眷盘搏盘"的,就是你家送碗汤,我家送碗面,互表善意,礼尚往来的意思。这也是当今社会应该提倡的风气。

辣辣豁豁辣豁豁

五味杂陈,辣是其一。上海人也用"辣"来形容身体和心理上的某种感受。

常听上海人说"辣辣叫":"辣辣叫打伊一顿","辣辣叫骂两声","火辣辣叫冒出来"。"辣辣叫"表示狠狠地、十分厉害地;把一种口感,用成了感受深切的程度副词。这种用法可溯自数百年前的一些明清小说中。明代《金瓶梅词话》第二十八回,春梅对秋菊说:"若是我,外面叫个小厮,辣辣的打上他二三十板";清代小说《九尾狐》第三十四回:"我呒没出门,哪能名气会辣辣响咭?"

还有个常见的说法是"辣豁豁",也有讲作"辣辣豁豁"。相对"辣辣叫"而言,"辣豁豁"偏重肉体疼痛感觉的意味更浓。明代《后西游记》第二十回:"又打了五六下,打得有些辣豁豁的。"清代胡文英《吴下方言考》说,这个"辣豁豁"的"豁"应写作"𧮾":"𧮾,音霍,辣甚也。吴中谓甚辣曰'辣𧮾𧮾'。"明代孙楼《吴音奇字》也说:"辣𧮾𧮾,𧮾音豁,方言,通也。"这"𧮾"在更早的宋代《集韵》中,注为"忽麦切,音划,辣𧮾也",也就是说"𧮾"原先即是和"辣"联合组词的一个词素。弄清"辣豁豁"由"辣𧮾𧮾"而来,并不妨碍今天大多数上海人继续用"豁"来代替生僻字"𧮾"。

在熟悉了有关的生理、心理感受之后,"辣"还被上海人拿来当作动词用:"辣一记头掼","辣辣两记耳光","辣起来一顿生活";这种用法的功用是连动作带后果一并做了交代。

跌得倒要蹽得起

2013年6月2日的《新民晚报》上,有篇题为《本帮老太》的文章,讲近百岁的顾老太太"早上落起来(嘴里)没味道,寻块外国糖吃吃"。姑且不说这老太太的戏谑风趣和健康神态,这个"落起来"就是地道的上海话熟语,这里的意思是起床,只不过"落"字似乎写作"蹽"或"踥"更为妥当,因为"起来"的方向刚好和"落"相反。

在古代,包括上海在内的吴方言区,往上往下的动作都可以用到发类似"落"音的口语词;人们在做文字记录时,所用的字并不统一。有人把涉及手的动作写成"摖"。明代《山歌》:"能会巴檐上屋,又会摖柱爬梁。"也有人把手脚并用的动作写成"踛"。明代《新平妖传》:"用手脚做力,像猴孙踛树一般,踛过了那三丈长一尺光如镜滑如油的一条石桥。"而在《清代末期的上海话》一书中用的"跞"字所表达的动作,也是可上可下的:"马牵来之末,伊就跞上去骑之";"伊个人勿能够走咾,就跞之下来"。此外,还可以看见用"躤""踩""逯""朰"等字的用例。

相信这些字都是借音而注,因为它们其实都各有自己的原义。譬如汉代《淮南子》:"人之忧喜,非为躤,躤焉往生也。"其中的"躤"有人译成感染,有人译成表达。所以,借用这些字无非就是依据其音符、义符和原义的结合。"起来"一般是脚的动作,因此"足"可表义;"鹿""录""乐"古代读音相似,可以形声。当下许多权威的上海话词典多用"跞"字,但电脑上只有"躤"字;"躤"被认作"跞"的异体字。

不少上海人口中至今还能听到"躤起来"(爬起身)、"躤早起"(早起身)、"躤起躤坐"(站坐不定)、"睏勿着躤勿起"(睡不着也起不来)、"跌得倒躤得起"(不怕挫折)这类熟语,因此,用"躤"或"跞"替代容易产生歧义的"落",还是必要的。

一块礅砖搭张瓦

所谓"秦砖汉瓦",记录的是中国建筑文化的悠久历史。古代汉字中,对这个"砖(磚)"是有讲究的。未经砖窑烧制过的土坯砖,写作"墣",烧制过的写作"甄";按《说文解字》的说法,"瓦"是"土器已烧之总名"。那么"砖(磚)"是不是指用天然石材加工而成的?没找到依据。

此外,旧时砖的形状和用途不同,也会被赋予不同的名称。譬如,甓,用于砌井壁;甄,用于铺地面;甏,用于垒城墙;另外,瓴、甋、墼等,都是指砖。还有一种方砖,叫作"鹿專",也写作"甋甀""䃽磚"。清代段玉裁在《说文解字注》中说:"鹿專者,言其方正也。"那么问题来了:为什么这块方砖会和"鹿"字或鹿字旁的字相关联呢?三国时期史学家韦昭在注释《国语·吴语》时说:"先儒以圆曰囷,方曰鹿。""囷鹿"是古代储粮的围囤,圆形的围囤叫"囷",方形的围囤叫"鹿"。用"鹿"字,是以"鹿善聚善散"比喻粮库有聚散功能。

后来,人们用"甋甀"或"䃽磚"来统称经烧制成型的各种砖头。晋代郭璞在注释《尔雅》时说:"瓴甋谓之甓,甋甀也。"《三国志·魏志·胡昭传》:"扈累独居道侧,以甋甀为障。"明代僧人释今无有诗云:"甋磚日飞撵,羽檝分迤逦。"明代冯梦龙《山歌·卷五·美妻》说舍弃美貌的妻子去和邻居丑妇勾搭,是"舍子黄金抱绿砖"。清代王有光的《吴下谚联》中也有相同的熟语:"丢了黄金抱碌砖。""绿砖""碌砖"都是借音指"甋甀"。

"甋甀"或"䃽磚"的说法早已不见于现代汉语,但它在上海话中并未消失。1939年上海土山湾印刷所刊印的《上海方言课本》:"老堂先要拆脱,可以用旧甋砖来打三和土";"墙头上用红甋砖咾青甋砖"。除了日常口语外,上海话熟语中,"乌龟吃䃽磚"(痛在里面)、"自搬䃽磚自压脚"(自讨苦吃)、"碗爿䃽磚有翻身日"(总有出头机会)、"一块䃽磚搭一张瓦"(搭配固定)等,都和这个"䃽磚"有关。

茄子、落苏、昆仑瓜

茄子、落苏、昆仑瓜,说的实在是一回事。

落苏

茄子为什么叫"落苏"?《康熙字典》说:五代时有一本名为《贻子录》的册子,里面把茄子也称作"酪酥",原因是它的味道和酥酪相似。茄子煮熟后确实软绵酥糯,本地俗语"落苏拣软个捏,黄瓜拣嫩个吃"就是由此而来的。

另一种说法流传更广。宋代王辟之《渑水燕谈录》:"钱镠子跛,钱钟爱之;谚谓跛为瘸,杭人讳之,乃称茄为落苏。"明代田汝成在《西湖游览志余》中也写道:"武肃王名镠,讳石榴为金樱,目茄子为落苏。"传说源自五代时期的吴越王钱镠,但是在更早的唐代已经出现过"落苏"的叫法。唐代笔记小说集《酉阳杂俎》记述:"段成式因就廊下食茄子数蒂,偶问工部员外郎张周封茄子故事。张云:一名落苏。"吴越王为避讳,沿用前朝茄子的另名也是可能的。

《酉阳杂俎》在说茄子故事时还提到:"(茄子)又一名昆仑瓜。"宋代《绀珠集》也说:"茄子一名落苏,又名昆仑。"还有明末清初文震亨写的《长物志》:"茄子一名落酥,又名昆仑紫瓜,种苋其旁,同浇灌之,茄苋俱茂。"按照冯玉雷在《夏人尚黑与昆仑的文化意义》中的说法,"昆仑在中国古代除指昆仑山外,还指黑色的东西。"譬如传说颇多的"昆仑奴"或"昆仑人"。茄子生来黑紫色,"昆仑瓜"的别名当是从其外观而来。

相对昆仑瓜而言,落苏的知名度似乎更广,众人的写法也各式各样。除了上述"酪酥""落酥"外,尚有"酪苏""绿素""洛苏"等。直到现在,上海人还是习惯把茄子称作落苏。2019年8月19日《新民晚报》有吴翼民文章说:"菜场营业员拉起腔调吆喝:落苏阿,落苏要哦,落苏要哦?"

衣衫褴褛说"禄簌"

上海人形容衣衫破烂、物件零落、屋宇凋败,都可以说"破紩禄簌"("禄簌"读若"落索"),只不过写法各有不同。冯梦龙《山歌》里说:"方才金光参殿,像个常熟山上新装塑个尊观音佛。郭间破珠捰撒,好像个盘门路里跐乌龟算命个腥臭婆娘。""破珠捰撒"写的是衣着。晚报连载小说《评弹人家》:"一般做不好生意的先生,老板安排到破嘴落索是地方住。""破嘴落索"形容住处。此外,《上海方言熟语》写作"破子落束",《上海方言词典》写作"破支落宿",《吴方言中的冷僻本意字》写作"破紩簏籭"等。

略过明显的假借字,"簏籭"确系既有词组,也读若"落索",但绝非网上将"甜芦粟"讹写成的"甜簏籭"。簏,是一种竹编的筒篓;籭,就是筛子。簏籭合在一起是落下、下垂的意思。唐代李郢《张郎中宅戏赠》诗:"薄雪燕蓊紫燕钗,钗垂簏籭抱香怀。"李贺《春坊正字剑子歌》:"挼丝团金悬簏籭,神光欲截蓝田玉。""簏籭"都是用来形容下垂的流苏。衣衫褴褛也确有碎垂挂落的景象,上海人说"拖一片挂一片"。但这个以竹字为义符的词总让人疑窦丛生。

《吴下方言考校议》列有"禄簌"两字,出典是《南史·陆厥传》:"(王)斌尝弊衣于瓦棺寺听云法师讲成实论,无复坐处,唯僧正慧超尚空席,斌直坐其侧。慧超不能平,乃骂曰:'那得此道人,禄簌似队父唐突人。'因命驱之。"胡文英案曰:"禄簌,衣破零落也。吴中衣破者谓之禄簌。"徐复老先生进一步著按:"禄簌,音转为襕褖、懒撒。"《集韵》:"襕褖,衣破也。"至此,来源明白。"襕褖"的另一路音转,便是普通话"褴褛"一词。由此证明上海话与普通话拥有古代汉语这同一个母亲。

（原载 2018 年 11 月 4 日《新民晚报》）

"开场白"和"落场势"

上海人把收场的台阶或机会称作"落场势"；说"呒没落场势"意即处于下不了台阶的尴尬境地。评弹《战斗中的青春》："连忙扭过头，找个落场势"；小说《繁花》："阿姐我开了口，有落场势吧"；《黄浦春潮》："我不过是开开玩笑，你就火了，叫人没个落场势！"

说起这个"落场势"，它的起源是和戏曲有关的。过去戏曲演出时，开头要有引入本题的道白，也就是"开场白"；落幕结束时要有下场诗，所谓"上场对子下场诗"。下场诗也叫"落场诗"，起到角色收势、剧情段落交代的作用。现代京剧《智取威虎山》里的好几场落幕前，都有这类落场诗的传承。其中最为脍炙人口的，是第六场杨子荣"今日痛饮庆功酒"的四句唱词。郭英德在《明清传奇戏曲文体研究》中说："这种（落场诗的）体例，大概源于宋元话本的篇尾诗。"

这个和"开场白"相对的"落场诗"，之后便成为比喻下台机会、收场借口的民间俗语。明代拟话本集《醉醒石》："莫南轩说不入，见他打了绝板，只得念两句落场诗道：'不贤不贤！我再不上你门。'"明末清初小说集《跨天虹》："略有不到之处，他就不茶不饭，无夜无晨，要争得口口有理，未便就服，还要找几句落场诗。"

"落场诗"的指向形式有限，在运用中就慢慢衍变成了"落场势"，语言、形态、神情……总之收场、下场、落幕的种种做派样貌都可包含在内。清代小说《九尾狐》："这几句话原是水贞的落场势"。此外，与"下场诗"相对应,也有写成"下场势"的。清代小说集《醒梦骈言》:"那眼来的使女也都劝他回家,只得做个下场势道:'你们这般欺负人,我少不得不肯干休!'"

旧时的戏曲程式居然在方言俗语里安身,这样的落场势也许是古代戏剧家们所不曾料到的。

(原载 2019 年 12 月 29 日《新民晚报》)

杂乱无序即"碌乱"

《汉语大词典》收录有"碌乱"一词,意思是忙乱。该词罕见于普通话,倒是流行在上海人口中。上海话说"碌乱三千""碌乱天花""碌乱三官经",都是形容杂乱无序、乱七八糟;还有俗语说"大上勿算,小上碌乱",指瞎忙于细枝末节而缺乏宏观筹划。

"碌乱"一词曾频现于明清时期的文艺作品。小说《杀子报》《九尾狐》《荡寇志》《泪珠缘》,弹词《漏网喁鱼集》《大双蝴蝶》《合欢图》等作品里面都能见到用例。其中较早的有冯梦龙《警世通言》:"碌乱了半夜,周三背了包裹,倒拽上门,迤逦出北关门。"后来也有借音写作"络乱""落乱""六乱""陆乱"等的。

明代《金瓶梅词话》里有一个相近的词"热乱",也表示混乱、纷乱、忙乱的意思。该书第三十一回:"不说西门庆家中热乱";第三十五回:"这里前边小厮热乱不提";第六十二回:"你不早早替他看一副材板儿来预备他,直到那临时到节热乱,又乱不出甚么好板来"。这个"热乱"甚至可以追溯到更早的元代,施惠编写的南戏《幽闺记》第六出:"公使人,干热乱,得引文,去勾唤。"有意思的是苏州人冯梦龙在使用"碌乱"

一词的同时,也使用"热乱"。其《古今小说·史弘肇龙虎君臣会》:"王琇急去禀令公,要就热乱里放了这贵人。"

这两个音近义同的词,是因为其中卷舌音的限制而出现分野?或是相互之间确有音转传承关系?还是原本就各有源头、分别自立的两个词语?不得而知。在现在的上海话里,只说"碌乱"。

拧、绞、折、掐均为"捩"

和"摘"在上海话中主要含义为"掐"不同,"捩"的主要含义是:拧、揪、折、扭,伤害对方时有个扭转的动作。捩,上海话读若"力"(入声);能听到的沪上熟语如:"捩耳朵"(揪耳朵)、"咬捩摘打"(撒泼厮扯)、"捩勿煞鸭"(不易了断)、"猎攞捩欠"(歪扭不正)、"捩转身体"(拧着身子)、"捩脱侬头"(摘下你脑袋),用途比普通话丰富好多。按照《上海方言词典》的注释,"捩"在上海话中至少有四种含义:拧或绞,折,转动,掐。

这个"捩"字也是历史悠久。南北朝《玉篇》:"捩,拗捩也,力结切";《述异记》:"从旁穴中取一人,捩其颈,饮其血而抛其尸";唐代《通幽记》中说窦凝的妾被害变鬼回到窦家,"升堂擒得凝,而啮咬掐捩,宛转楚毒";宋代《太平广记》:"(程)知节回身,捩折其槊"。

明清以后,"捩"字的认同感下降,证据之一是替代它的字多见。明末《二刻拍案惊奇》用"捞",清代《风流悟》用"裂",清末《宝山县志》用"捌",1928年赵元任《现代吴语研究》用"捏",等等。原来明确的字变得不明确了。再一个是该字慢慢栖居吴地等南方一些地区,成为方言而不是通用语的常用字。胡文英《吴下方言考》说:"捩,批而旋转之,使痛而叫也。今吴中凡持物旋转之,皆谓之捩"。这和汉语入声在北方话中消失的状况是相呼应的,因为古代"掞"字发的就是入声。《唐韵》:"练结切";《集韵》:"力结切,戾入声"。

貌不周正力极人

胡祖德1922年编撰的《沪谚》里有句当时的上海话熟语"狗咬力极人,明欺乡下人",意思和"狗眼看人低"差不多。其中的"力极",指人不够端详、样貌贫陋、形容琐贱的样子,也被用来比喻脾气古怪,行为乖戾顽劣、奇邪不正。

相信这个"力极"是古人常用的口语词语,理由一则是多见其在各处现身,二则是多见其有各种形态。

唐代韩愈写有大理评事王适的墓志铭,说他"见功业有道路可指取,有名节可以戾契致"。这里的"戾契"一般被解释为"另辟蹊径",也就是非常规手段、来路不正的意思。百度百科上对"戾契"的注释是:头不正貌,比喻奇邪不正之行,且其读音与"力极"相近,可看作"力极"的同义表达。

宋代《广韵》列有"犛㲉"两字,也读作"力极",胡文英《吴下方言考》解释说:"犛㲉,理不顺也,多节目,谓木理不顺也。"翻译过来就是长得节节疤疤、纹理不美观的木头。清代《越谚》里讲得更清楚:"犛㲉,谓胸次不坦夷,举事拗戾以乖忤人者。"清代《吴门补乘》:"言人呈独见而多忤者曰犛㲉。"

元代是中原文化与北方蒙古文化大融合的年代,在诸多流传下来的元剧中,也可见到和"力极"音义相似的"劣缺"一词。关汉卿《哭存孝》:"可端的凭着他劣缺,端的是今古皆绝。"《拜月亭》:"那一个爷娘不间迭不似俺忒哹嗻劣缺。"秦简夫《赵礼让肥》:"这厮那不劣缺的心肠决奸狡。"李文蔚《圯桥进履》:"左队陈劣缺天蓬,右队拥搊搜甲士。"这"劣缺"有时也写作"劣怯"。刘庭信《折桂令》:"他那里鞍马儿身子劣怯,我这里眉儿眼儿脸儿乜斜。"

到了明代以后,有更多借音、造字以表达"力极"写法,有些音义已有不同。好在该词现在哪怕是在上海人口中,也已很难听到。因此,将其正本清源、正名规范的意义已经不大;只是在阅读古籍时,尚需有相关的考查记录。

无声母

"冶客"原是风尘客

有次在旅游车上,一老者私下打听:"他们称我'老克腊''老冶客'是何含义?"这是两个在上海话中常被混淆,却差别极大的称谓。"老克腊"一般认为源自外来语音译,特指那些消费前卫、打扮摩登、不乏绅士风度的老年人,而"老冶客"过去多指出入声色场所的花花公子。

"冶客"一词,来源于古人所指的"冶游客"。在《说文解字》中,"冶"指"女态";《易·系辞》:"冶容诲淫";《荀子》:"美丽妖冶",就是形容招致淫邪的妖艳女子。所谓"冶游",就是寻花问柳。清代纪晓岚为劝导人们远离声色淫秽,在其《阅微草堂笔记》中,有大量关于"冶游"至祸的描述。如其卷七有故事云:"一宦家子赀钜万,诸无赖伪相亲昵,诱之冶游,饮博歌舞"。因此,冶游之人当然就是"冶游客"或"冶客"。宋代方千里《迎春乐》:"红深绿暗春无迹,芳心荡,冶游客";宋代王洋也有诗句曰:"墙里佳人墙外笑,冶客招悔岂无因"。陈无我在《老上海三十年见闻录》中说:俗称冶游谓之嫖;嫖客也即冶(游)客。

许多古代文献中还可以见到"佚游"或"逸游"的写法。《论语·季氏》:"损者三乐,……乐骄乐,乐佚游,乐晏乐";《李师师外传》:"横被诛戮,事起佚游"。《汉书·王吉传》:"不好书术,而乐逸游";《晋书》中记有东晋武将陶侃的名言:"当惜分阴,岂可逸游荒醉"。因为"佚""逸"各有不同的词义,其行为所指应该更加宽泛,所以也鲜有以"佚客"或"逸客"形容猎艳者的用法。

老克腊

和"冶客"相类似的另一种表达形式,是"狎客";两者的上海话读音相近。《陈书·江总传》记载:这个江总为陈朝宰辅时,"不持政务,但日与后主游宴后庭,共陈暄、孔范、王瑳等十余人,当时谓之狎客";"使诸妃嫔及女学士与狎客共赋诗"。自此,"狎客"一词便常见于日后各代文人笔下。唐代王涣《惆怅诗》:"狎客沦亡丽华死,他年江令独来时。"韩偓《六言》:"春楼处子倾城,金陵狎客多情。"宋代刘克庄《和季弟韵》:"煽宠艳诗多狎客,漏名直笔几牙郎。"

不难看出,古代以赋诗酬歌、花间炫技为能事的"狎客",和只管奸宿嫖娼、寻欢床笫的"冶客"还是有区别的。

"一家门"和"一家头"

在上海话中"一家"指什么?答案:要看后面跟的什么字。

"一家门",说的是全家、一家子,包括家庭每一个成员。明代小说集《欢喜冤家》:"一家门六口,家贫实难度日",指全家一共六个人。清代小说《官场现形记》:"从杭州动身的时候,一家门的行李不上五担,箱子都很轻",说明这一家子不甚富裕。北方人说"不是一家人不进一家门"，这和上海人的"一家门"完全不同。上海人还有句常常挂在嘴边、反话正说、以揶揄方式表示回绝的俗语："谢谢(侬)一家门！"意思是：预先把你们全家都谢到了，就不劳你再多费什么心了。

"一家头"，指独自、一个人。小说《黄浦春潮》："我一家头可以回去"。这时，"家头"变成了上海话中点数人头的专用量词。"两家头、三家头"即两个人、三个人。清代小说《海上花列传》："洪善卿沉吟道：'阿就是四家头？'朴斋道：'四家头忒少。'"《清代末期的上海话》："倷几家头商量到南铁厂个制造局里去看看。"杨绛先生的《我们仨》一书里，也可以看到"倷两家头搭侬开心"这样的句子。不过，这个量词一般仅限于个位数内，未曾听说"两百家头""三十家头"这类说法。

"一家"在上海话中还可以组成"一家一当"的词语，意为所有家产、家里的一切。小说《女大亨》："我一死，这一家一当都会转给你"，《上海方言词典》的例句："伊是个败家子，拿屋里向个一家一当侪卖光了"，说的都是这个意思。

(原载 2020 年 11 月 15 日《新民晚报》)

闯祸只要一歇歇

表示很短的时间、一会儿，上海人说"一歇"；更短的时间、一小会儿、片刻，上海人说"一歇歇"。周而复在《上海的早晨》里多次用到这个"一歇"。第一部中："他出去了一歇就回来"；第二部中："真奇怪！花衣一歇变好一歇变坏！"记得小时候还有段专门嘲讽小伙伴破涕为笑的童谣："一歇哭一歇笑，两只眼睛开大炮。"还有朋友圈常听到有关谨慎驾驶的警示:"闯祸只要一歇歇!"意思是说不注意行车安全的话,事故往往只在一瞬间就会发生。

无论是网络上还是工具书里,这个"一歇(歇)"现在都已被认作吴方言、上海话用词。确实,在诸多明清吴语文学作品里面,都可以看到"一歇"或"一歇歇"的用例。其中包括《水浒传》《初刻拍案惊奇》《缀白裘》《官场现形记》《九尾狐》《海上花列传》《描金凤》等。

但是这个词在最初并非仅在吴地、仅有吴人使用。清代长篇小说《醒世姻缘传》里就有多处运用。如第四回:"李成名下了马,将门用石子敲了一歇";第二十六回:"过了一歇,只见前边鼓乐喧天"。书的作者一说是西周生,一说是丁耀元;然而两人都是山东人。该书也未被列入吴语小说之列。再早些明代的《金瓶梅词话》第四回:"(妇人)再缝了一歇,看看晚来,千恩万谢归去了";第六回:"(王婆)等了一歇,那两脚慢了些,大步云飞来家"。据考证,这本书的作者兰陵笑笑生为山东峄县人。还有更早,元代杂剧《救风尘》:"小闲,接了马者,且在柳荫下歇一歇咱。"众所周知,其作者关汉卿是山西运城人。

关汉卿

由此推测,这个被称作"一歇(歇)"的词语,只是在历史长河的漫游中,到吴地、到上海这块善于留存文化印记的地方停下了脚,作了长长的"一歇"。

(原载 2021 年 1 月 31 日《新民晚报》)

表示重复"咦""夷""又"

明代文学家冯梦龙是个有心人,他曾花了大量时间,搜集、整理了当时民间传唱的歌谣,编辑了乡土气息十足的民歌集《山歌》。集子里有个出现多达五六十次的字——"咦",其含义在句中无一例外都表示"又"。

例如,《山歌·卷一·月上》:"约郎约到月上时,邮了月上子山头弗见渠。咦弗知奴处山低月上得早,咦弗知郎处山高月上得迟",说姑娘约会未成功的原因,是"又"不知我在山脚看月亮升天早,"又"不知情哥哥在山顶看月亮升上天迟,两厢错过了。《山歌·卷一·娘打》:"吃娘打子哭哀哀,咦见情郎蹿搭来",说刚被母亲责骂,转眼间"又"看见心上人走过来。《山歌·卷二·奢遮》:"结识个姐儿忒奢遮,听渠咦讨荷包咦讨鞋",意思是说这个聪明能干的姑娘,听任你"又"是索要荷包"又"是索要绣鞋。《山歌·卷五·嫖》:"有子吹笙咦要箫,有子船行咦要桥,有子鱼吃咦要肉",也是"又"要这"又"要那的意思。

在现今的上海郊区(如松江、嘉定、莘庄、崇明等)一些地方,依然有把"又"念成"yi"的情况。例如褚半农老师的《莘庄方言》:"夷:副词,又。'伊拉夷字相去拉哉。'""夷拉:又在。'上昼落仔半日雨,到夜快夷拉落雨哉。'"只是把冯梦龙惯用的"咦"换成了"夷"。此外还有用以、易、伊、咿等字的情况。例如明代无名氏创作的戏曲《运甓记》:"以有炒田螺、闸篜蟹;以有烧黄鳝、煮泥鳅",其中的"以"就释为"又"。

按照有些学者的说法,"咦"等"yi"音字,都是"又"的方言记音字;就是说,"又"很久前就有"yi"的读音。事实也的确如此。宋代专攻古代音韵的吴棫编撰的音韵书《韵补》里,就有"又"可以读作"yi"的记录:"又,叶(谐)夷益切音,亦复也。"民国时的学者缪天授注释《诗·小雅·宾之初筵》"宾载手仇,室人入又""三爵不识,矧敢多又"两句时说:"又,古读如肄";相同的还有《诗·小雅·小宛》中"各敬尔仪,天命不又"句中的"又"字。

也正是基于此,有些工具书干脆把这个读"yi"的字,依然写回"又"字。例如,《上海方言词典》:"又=夷",同时注上了"yi"和"yòu"两个音;《上海话大词典》:"又加:副词,越加。'伊勿听闲话,睏两日又加㤎了'",其中"又"注音为"yi"。

弗怕掀个冻疮魇

本帮菜中制作各式"响铃"的基础食料是豆腐皮,上海人称之为"豆腐衣"。可是豆腐怎么会有"衣"呢?其实这个"衣"只是古汉字"魇"的讹写。

古人把创口凝结起来的痂称作"魇";《广韵》:"魇,于琰切,音媕,疡痂也。"明代《山歌·捉奸》:"惯说嘴个婆娘结识子人,防别人开口先去骂乡邻。六月里天光弗怕掀个冻疮魇,行凶取债再是讨银精。"意思就是害怕被揭了伤疤。以之类比豆腐、乳品加热冷却时在表面结成的薄膜,还是比较恰当的。

上海人把螺蛳、田螺沿口薄薄的圆盖也称作"衣"。"衣挑脱仔再好嘬","螺蛳衣贴了天花板浪邪气难过"。这里的"衣"也是个被讹化的字,其本字为"靥"。古人造字多有一定的理据,"魇"和"靥"两字上部的"厌"是用来形声的,而下面的"皮"和"甲"则是用来表义的;一个生出的是"皮",一个是软体动物的甲壳。都换成"衣"字,它们成形的理据就模糊了。明代李诩《戒庵老人漫笔》中说天台山有"无肠鱼、无厴螺蛳",应该也是"厴"字之讹。"魘"和"厴"普通话都念"yǎn",上海话"yǎn"和"yi"的读音相似。

还有一些附着在动植物上面的薄膜,上海人也说成"衣"。常见的如花生、莲子、栗子、银杏果,鸡蛋壳内也有一层"衣"。从造字理据分析,这个"衣"用"魘"或"厴"都不甚合适,最多借来表音。有人以为应该是"庡"字。《吴方言中的冷僻本意字》:"庡,指非常薄的膜。如:芦苇内壁的一层膜就叫作芦庡;用芦庡做笛膜最好,笛子吹出来的声音也好听。又如:蛋壳内有一层庡庡头。"在古汉语中,"庡"有掩蔽、隐藏的含义,但尚未见到其他的例证,存之待考。

勩了一只凹瘪宕

说物件因使用日久而产生磨损,老上海人会用"勩"字。"脚踏车齿轮勩平了",意为自行车的齿轮磨平了;"凳面勩了一只凹瘪宕",意为椅子坐久了出现凹陷;"辫只螺丝钉老早勩脱来",意为这个螺丝的纹路早已磨损了。

"勩"上海话读若"夷"(yi)。《说文解字》释为"劳也"。清代朱骏声《说文通训定声》:"今苏俗谓物消磨曰勩。"同时代的另一个大学问家段玉裁也说:"凡物久用而劳敝曰勩。"可见这个现在鲜显踪迹的"勩"字,在古代还是很受重视的。据宋代《集韵》记载,旧时"勩"还被写作勚、勚、肄。

后来,还有一个字也曾被当作"勩"的异体字:"鎞"。1918年的《上海县续志》和1920年陈伯熙的《上海轶事大观》都认定:"鎞,俗呼如异,物渐磨去也。"鋊,确有磨销的含义,但其最初的解释是铜屑,在意的是磨砺后产生的碎屑。《史记》《汉书》等史书都记有"磨钱取鋊"的故事,就是不法官吏、商家故意克扣铸币的碎屑,以私铸更多分量不足的钱币来满足贪欲。此外,"鋊"的读音为"yu"(《唐韵》:"余足切"),《说文解字》:"鋊,读若浴,一曰铜屑。"因此,这个"鋊"只是"勛"的异读近义词。1940年,李劼人的长篇小说《大波》用过这个字:"这些麻筋麻肉的话,你表婶娘的耳朵早听鋊了。"作者注释道:"鋊,音御,损坏的意思。"据此,笔者以为记录上海话"yi"音的,当是"勛"字。1930年《嘉定县续志》:"俗谓物消磨曰勛,……按前志作鋊",这就是作了纠正。此外,如今《上海方言词典》《上海话大词典》等工具书用的也是"勛"。

谦礼之辞"意勿过"

上海一地,受中西文化长期影响,视执仪奉礼为至要。"意勿过"就是沪人常用的一句谦礼之辞,意思是情意上过不去、良心上有亏欠,总之感到不好意思。

"意勿过"的词源是"过意"。这个"过意"就是超过常例、超过了应得的程度、被赋予了更多的情意。汉代《史记·平津侯主父列传》:"今臣弘罢驽之质,无汗马之劳,陛下过意擢臣弘卒伍之中,封为列侯,致位三公";唐代陈子昂《谏用刑书》:"臣本蜀之匹夫,宦不望达,陛下过意,擢臣草莽之下,升在麟台之阁";宋代陈师道《答秦觏书》:"再惠诗,雍雍有家法,诵之数日不休,固为足下贺,不图过意,责以师教,阙然无以为报,惟愧而已"。其中的"过意"都是这个意思。

如果将"过意"改为否定式,那就是过不了常例、过不了应得的这个限度。因为这个否定式也被用作谦辞,所以它越过了"按照常例""符合应得""正常赋予"这个层面,表达的是一种自忖达不到被赋予哪怕是正常情意的程度。这种感觉就是难以心安理得、就是不好意思。来看看历代文人用例。宋代欧阳修《与李留后书》:"初深欲自书,屡试书数本,皆自嫌不过意,遂已";明代冯梦龙《量江记·宫眷北行》:"迎新弃旧,我心下不过意";清代《红楼梦》:"这里宝二爷不过意,要替他认一半"。

这一自谦式的礼仪用词也被写作"意不过"。宋代金朝的董解元《西厢记诸宫调》:"更不辱你爷,便不羞见我?我还待送断你子箇,却又子母情肠意不过。"当然,"意不过"到了上海人口中,就变成了"意勿过。"清代吴语小说《九尾龟》:"多花几千洋钱,耐方大人自然是吭倷稀奇,不过倪自家像煞有点意勿过。"1985年,《方言》杂志发表的《上海方言的熟语》:"侬待我介好,我真意勿过。"

上海人传承了这个否定式的谦礼之辞,却很少用它的肯定式;若要用时也都用于问句:"侬意得过哦?"如同普通话说:"你好意思吗?"

(原载 2020 年 8 月 9 日《新民晚报》)

出恭之物 "恶" "屙" "污"

吃喝拉撒,有进有出,人们总避不开这个形容出项的字。上海人把粪称作"wu","wu"的写法很多,譬如恶、屙、污等。

《简明吴方言词典》说:该字"在古书里常写作'恶'"。汉代《吴越春秋·勾践入臣外传》:"适遇吴王之便,太宰嚭奉溲恶以出,(越王)即以手取其便与恶而尝之。""越王从尝粪恶之后,遂病口臭。"文中便、粪、恶兼用,"恶"指人粪无疑。《汉书·武五子传》:"陛下左侧谗臣众多,如是青蝇恶矣";颜师古注曰:"恶,即矢也"。如果说《吴越春秋》作者赵晔是浙江绍兴人善用吴语,那么《汉书》作者班固出身陕西咸阳,是标准的北方人,因此,"恶"的用法未必止于南方。清代《康熙字典》也以"恶"又义"粪秽"入释。直到现在"恶"仍保留有"wu"的发音。

"屙"的历史也不谓短。南朝《玉篇》:"屙,乌何切,音阿,上厕也。"注音为"阿"实读为"wu","阿"也有"wu"的发音。从"上厕"的含义讲,"屙"是个动词,只是专门用于表示排泄粪便。宋代庄绰《鸡肋编》载绝句云:"欲识为人贱,先须看四般。饭迟屙屎疾,睡易着衣难";明代《西游记》:"养儿不用屙金溺银,只是见景生情便好";清代《双冤报》:"你自己屙稀屎前去照影"。其中的"屙"都是用作动词。至今扬州、盐城人们依然管"拉屎"叫"屙(wu)屎"。

也有把"屙"当作名词用的。清代《醒梦骈言》:"又去屋后窖坑内捞起些屙来逼他吃。"这种用法有时会招致异议。金圣叹批注《续西厢记》使用该字时说:"人言屙臭极矣。此并非'屙',然吴语是去声,当从'恶'字。"

受"恶"字音义易惑、"屙"字略显生僻之累,人们选用"污"字来记录上海话中现在依然绕不开的这个"wu"。譬如,《明清吴语词典》的"拆烂污"(不负责任)、《上海人学普通话手册》的"污坑棚"(粪坑)、《上海话大词典》的"污连头"(大便)、《崇明方言词典》的"把尿把污"(哺育小孩)、《上海话方言词典》的"污腾苍蝇"(粪坑边的绿头蝇)、《解说上海话》的"污尿潎潎潎"(屁滚尿流),等等;音义兼顾,一目了然。

褕巾、褕身、褕袋袋

冬天围在脖子上的围巾,上海人读若"yu jin"。

早先人们把它写作"余巾",譬如 1964 年的《汉语方言词汇》、1986 年的《简明吴方言词典》等,专注了音,模糊了义。后来更多的是写作"围巾",但把其读音注为"yu jin"。音义两端只能顾一头的话,对方言记录而言确实是一个两难的问题。更何况在上海话中用到该字的远不只"围巾",围身、围裙、围馋、围袋袋等都与此相关。

有人找出古汉字"牏",试图解决这个问题。牏,《说文解字》:"从片俞声",读音问题可以解决。至于字义,先看《史记·万石张叔列传》中一句颇引争议的话:说万石君的儿子"取亲中裙厕牏,身自浣涤"。因为"牏"也可释为"筑墙短板",从东晋大儒徐广开始,许多人就用洗涤的场所来诠释、理解。笔者以为,这里的"厕牏"指的应该是上身内衣。隋唐时期的颜师古注曰:"厕牏者,近身之小衫,若今汗衫也。"在句中,"厕牏"和指"近身下裳"的"中裙"并列,泛指贴身衣裤。这种说法在清代王晫《今世说·德行》中可以看到印证:"下至中裙厕牏,皆自涤之。"西晋晋灼考注《史记》时,还提到了"牏"类服饰的另一种形态:"今世谓反闭小袖衫为侯牏。"反闭,就是反着穿戴的意思。《释名》:"反闭,襦之小者也,却向着之领反于背后闭其襟也。"据此,上海话可否写成"牏身""牏裙""牏袋袋"?因为它们都是反着穿戴、把扣子绑带系在背后的。清代《越谚》中"围身"用的就是"牏"字:"牏身,雇工人外裳,蓝布为之,御秽浊者。"惟其不足,是"牏"字另有音义,难免误判,如上例之"厕牏"就多被释为厕所矮墙。

绕了一个大圈子,问题可能出在偏旁上。衣字旁的"褕"也可释为短便衣,"襜褕"即是系在衣前的围裙,和上海话"围馋"读音颠倒,词义相近。我们来看另一个被忽略的衣字旁的字:"褕"。褕,有"yu"的读音。《集韵》:"邕俱切,音纡";《康熙字典》:"委羽切,音伛"。《集韵》《广雅》都注明:"小儿涎衣也"。扬雄《方言》说:"繄袼谓之褕";郭璞注曰:"即小儿涎衣也"。《吴音奇字》:"褕,音妪,小儿围涎也。"这样看来,写作"襥袋袋"是最忠实于古汉语的,虽说未见"襥巾""襥身""襥裙"的例证。此处的正名,须待业内专家商定。

沪语把"爹"叫作"爷"

上海人称"叔父"为"爷叔"(ya so)是有缘由的。和叔嫂关系、大叔控之类称呼中的"叔叔"不同,这个"爷"字起到了亮明辈分的作用,因为"爷"在上海话中表示父亲,"爷叔"就是从父亲那儿论起的叔叔。

不要以为现代汉语中祖父的称谓用在父亲身上,是上海人把辈分搞混了,古时候人们就把父亲叫作"爷"。南朝《冥祥记》说史世光与女婢飞上天时,"其家有六岁儿见之,指语祖母曰:阿爷飞上天婆为见否?"唐代《玄怪录》中有首诗:"愿爷相念早相见,与儿买李市甘瓜。"宋太祖赵匡胤甚至在三司衙门关于截用木料的奏折上批示:"截你爷头,截你娘头!"怒斥属下的奢侈浪费的建议。明代《金瓶梅词话》写西门庆为儿子治病拜神,李瓶儿说:"只是做爷的吃了劳碌了。"例中"爷"与"儿"或"娘"相对,指的都是父亲。

这个缘由还可以从"爷"的字面上找到。最初,当作父亲讲的"爷"字写作"耶"。北朝民歌《木兰诗》里所有表示父亲的"爷",在唐代人编辑的《古文苑》中都写作"耶":"军书十二卷,卷卷有耶名。阿耶无大儿,木兰无长兄。愿为市鞍马,从此替耶征。"还有杜甫著名的《兵车行》诗句:"耶娘妻子走相送,尘埃不见咸阳桥。"所以宋代《韵补》说:"俗谓父曰耶。""爷"的繁体字就是加上义符"父"的"耶"——"爺"。古籍中记为"爺"(爷)或"耶"表示父亲的情况兼而有之,并不鲜见。

在宋代以前,甚至还有把父亲称作"爷爷"的。前例《玄怪录》那首诗的前面有一句就是："忆爷爷,抛女不归家。"隋代《启颜录》记录一则故事,说晋朝五岁的王绚读《论语》,读到"郁郁乎文哉"一句时,家人和他开玩笑,让其改为"耶耶乎文哉","绚拱手对曰:'尊者名,安得为戏?'"故事是说王绚很小就懂得礼仪,不能把对父亲的称呼当作玩笑。后来宋代的李昉等人注释这则故事:"吴蜀之人,呼父为耶。"据清代钱大昕考证,有明确证据把祖父称作"爷爷"的,始于宋代,因为在宋代的佛寺石幢上,同时出现了"亡耶耶王安、亡父清"的字样。

钱大昕

用"爷"来指代父亲的习惯依然保留在上海话里。《上海民间故事》:"小剃头是个呒爷呒娘的苦恼囝";小说《女大亨》:"娘早就死了,爷在码头上做小工"。更多的是"爷娘"两字连用,表示父母亲。王安忆《寻找上海》:"她说叫阿兰便是,家里爷娘从小叫惯的。"还有沪谚:"远烧香勿如敬爷娘","爷娘相打两边亲","要求子孝,先敬爷娘","爷娘勿正,带坏子孙","爷娘有勿如自家有",等等。

(原载2020年7月5日《新民晚报》)

相迎、躲避均可"迓"

古汉语当中一字兼两义的现象相当普遍,但一字兼两种截然相反含义的情况虽然有却比较少见,譬如"逐",既表"赶出去",也表"追回来"。这个"迓"字是另一个例子。

迓,《集韵》:"鱼驾切,音讶";《说文解字》:"相迎也"。就是表示欢迎、应接、前趋相承的意思。《左传·成公十三年》:"及侯丽而还,迓晋侯于新宫";唐代《原化记》:"公到此境,未为,今方欲奉迓";宋代《梅妃传》:"妃拽衣迓上,言胸腹疾作";清代《阅微草堂笔记》:"节妇至,冥王改容,冥官皆振衣竚迓"。该字这种表示"相迎"的用法多见于古籍,但也可偶见于今人。现代画家、散文家丰子恺在其《宴会之苦》一文中写道:"每来一位,我都要站起来迓迓一次,寒暄一次。"以上各例中"迓"奉迎的含义相当明确。

元代以后,这个"迓"字开始用于躲避、隐藏、后撤溜走等语境,与之前所用的含义刚好相悖。最著名的是《西厢记诸宫调》里的这句词:"何曾敢与他和尚争锋,望着直南下便迓。"这一用法在其他元曲中还可以见到,例如《鸳鸯被》:"我正欢娱忘了把门扎,可擦的似有人来迓",意为躲着、藏着一个人。按照《吴方言词典》作者吴连生的说法,释为躲藏、隐匿的"迓"的词源,是蒙古语"牙不约儿赤",其原义是离开、行走;"这是元代的蒙古语在今天吴方言中的遗留。"这样也就说明了元代以后"迓"的含义之变的缘由。

现在,"迓"作为奉迎的词义鲜见有用,但其躲藏的词义却依然保留在上海话的日常口语中。上海人不说"藏"字,人主动藏起来多说"迓"。譬如"迓避"(逃避)、"迓脱"(藏起)、"迓起来"(躲起来)、"迓迓叫"(悄没声地)、"迓发迓发"(蹑手蹑脚)等说法,我们还是能经常听到的。

"坏分""坏钞"都破财

古代人们把花了钱、破费了钱财称作"坏钞",且多用于客套话、恭敬语。虽说纸币创自宋代,但以"钞"名之并完善、普及、使之更接近于真正意义上的货币,是在元代。因此,它被用于民间的通俗语中,也就是元末之后了。

元末明初《水浒传》第七回:"什么道理,叫你众人们坏钞";第四十二回:"老子道:'阿也,什么道理,教师父坏钞'"。明代《金瓶梅词话》第二回:"今日再喜得叔叔来家,没事坏钞做甚?"明代拟话本集《石点头》:"难道真个独教王家哥坏钞。"

原来的金属货币,无论金银铜铁,不是刻意破毁,一般只会失落,不易损坏;而且古代的金属货币,论重量不论形态,银锭凿下一块后,依旧可按余下的重量使用,坏而不废。真正能"坏"掉的只能是纸钞。可见,称破费为"坏钞"是很形象的。

这个"坏钞"有时也写作"坏钱"。《水浒传》第十五回:"那里要教授坏钱,我们弟兄自去整理";第二十三回:"柴进知道(宋江出银两),那里肯要他坏钱"。

"坏钞"的用法今天还保留在上海话中。但因为上海话中另有一个词"惠钞"(付账),读音容易混淆,所以除了说"坏钞",上海人更多的是说"坏分",而"坏钱"则一般不会说。2005年10月11日,《新民晚报》上刊登程乃珊的文章《老小囡贺友直》,说:"那天,谢春彦半开玩笑地对我说,侬坏了贺老的分!"上海人说的"坏分",除了破费而外,还有一层输钱、亏本、损失的意味;因此这个"坏分"到底是谦恭用词还是真心懊恼,是要区分当时语境而定的。

(原载 2021 年 5 月 2 日《新民晚报》)

旺火引出"炀""烊""焬"

炀,有时也被写作"烊""焬",在上海话中也读"yang"。当作形容词用的时候,表示旺盛、火光炽烈的样子;当作动词用的时候,意为熔解、熔化。这和古汉语中该字的用法是一致的。

不论从观察的顺序还是技术的角度讲,火势猛烈应是人们首先感受得到的。因此,汉代《说文解字》说:"炀,炙燥也";晋代郭璞注释扬雄《方言》说:"今江东呼火炽猛为炀";《战国策》中,复涂侦对卫灵公说:"(灶)前之人炀,则后之人无从见也";柳宗元《夏夜苦热登西楼》诗句:"探汤汲阴井,炀灶开重扉"。"炀"形容的都是炉灶内燃烧旺盛的火。今天上海人说的"太阳炀来"(大太阳天)、"火头炀"(火势旺)、"自来火鐴勿炀"(火柴划不着),用的也都是这层意思。

炽烈的火可以熔化坚硬的矿岩、金属,这是人们在生活实践中的重要发现。于是,这个"炀"随着火焰温度的提高,又被用来表示熔炼金属。宋代《广韵》:"释金也";《集韵》:"烁金也";唐代《法苑珠林》:"铁钳开口,灌以烊铜";宋代《太平广记》:"具大镬油煎亦不死,炀铁汁,方焦灼";明代《型世言》:"铜铁可烊,石也做粉"。之后,人们也把"炀"(烊)字用来表示其他物质的解体、分化。明代《欢喜冤家》:"把沥青火上熬烊";清代《水浒后传》:"周围一看,只见烧炀了丈余雪地"。这样一来,"炀"被释为熔化的同时,还可释为融化、溶化。在上海人口中,巧克力、冰淇淋、盐糖、冰雪等,都是可以"炀脱"的。

这个"炀"在上海话中另有几个特殊的用法。一是用来比喻打牌、下棋之类活动时手风顺、运气好。"今朝牌炀了勿得了"(今天牌运极好),"靠手炀勿靠水平"(凭手气没技术)。二是"炀勩",就是消耗、磨损的意思。小说《何典》:"几乎连阶沿砖都踏炀易(勩)了。"据陈源源的研究,二十世纪八十年代前的浦东俗语里,仍有"炀勩"的说法。三是"打烊",用来表示晚间店铺闭门停业。据说是因为忌讳说"关门"两字,便借用那时家用煤炉晚间封炉、用湿煤面自上压住火头的做法,称之为

"打住烊头",即"打烊"。"打烊"的煤炉隔天捅开,火头照样是旺的。

(原载2021年1月3日《新民晚报》)

相对"阴沟"是"阳沟"

考古发现,早在春秋战国时代中国就有比较发达的城市排水系统。当时的齐国首府临淄城内,已有排水的沟槽和陶制的管道,这实在就是古代版的"阳沟"和"阴沟"。五代时丘光庭写的考据笔记《兼明书》说:"凡沟,有露见其明者,有以土填其上者。土填其上者谓之阴沟,露见其明者谓之阳沟。"

"阴沟"一词沿用广泛,含义明确,而"阳沟"则渐显式微,其源出也似乎迷离恍惚。晋代崔豹撰写的《古今注》说:"长安御沟谓之杨沟,谓植高杨于其上也。"明代李诩在《戒庵老人漫笔》中说:"今人檐头下沟称羊沟,其名甚古";因为唐代冯缟《中华古今注》中说:"羊喜觝触垣墙,为沟以隔之,故曰羊沟",就是说,门前的明沟是为了防止爱用觭角顶撞屋墙的羊而挖掘的。当此种解释让人觉得牵强时,也有人将之写作"洋沟"。明代《山歌》:"娘道丫头耍个响,小阿奴奴回言道,是蛇盘蛤蚬落洋沟";《金瓶梅词话》:"(蒋竹文)仰八叉跌了一跤,险不倒栽入洋沟里"。此外,也有"屋下者为阴沟,檐下者为阳沟",以及"山南水北谓之阳"等的解说。

"阳沟"一词在上海话,甚至更广泛的吴方言里,都并未走远。清代吴县人刘献廷《广阳杂记》说:"盖潜行地中者曰阴沟,则显性地面者为阳沟。"阴阳相对,意味明确无误。上海人孙漱石《续海上繁华梦》:"忽然迎面来了乘塌车,要紧让他,几乎跌到大阳沟里头去";反映沪上早期工商行业的小说《市声》:"停几天再来,我定然翻得转,这叫做阳沟里失风了"。虽说城市排水管网早就埋入地下,连阴沟也已有了"下水道"的升级版名称,上海话里依然能听到"阳沟"的说法。例如,"淀清阳沟水"(较真认死理)、"阳沟里翻船"(意外失误)。近期看到网络上有广告说可以帮助疏通阳沟洞,如此念念不忘"阳沟"一词,想来这一定是一家上海的公司吧!

黄六本应是"隍鹿"

但凡上了点年纪的上海人,多会记得上海话中"黄六"一说。所谓"黄六",用现在的话讲,就是不靠谱、事情黄了。"事体到末脚就黄六了",意思是事情到最后还是落空。该词的含义没有异议,但其出处颇值推敲。

明代有个曾为皇帝讲授经史制度的学问家张萱,在其著作《疑耀》中说:"黄六,今京师勾阑中诨语言给人者,皆言黄六。余初不解其义。后阅一小说,乃指黄巢兄弟六人,巢为第六而多诈。故诈骗人者为黄六也。"自此,用排行第六而狡诈阴险的黄巢,喻指事情不实而落空的注释,便成为权威,后人引用者甚众。

这个来自张萱所阅小说的解读,说服力并不很强。于是,许多人将该词写作"黄落""王六""黄绿""黄陆"等,并对其源出赋予各自的猜测。

其实,在《疑耀》问世前约两千年、黄巢起义前约一千年的战国时期,汉语中就有了这个词语,不过该词写作"隍鹿"。《列子·周穆王》:"郑人有薪于野者,遇骇鹿,御而击之,毙之。恐人之见之也,遽而藏诸隍中,覆之以蕉,不胜其喜。俄而遗其所藏之处,遂以为梦焉。"说的是有个郑国的樵夫,把打死的鹿藏在壕沟里,结果忘了藏的地方,以为自己只是做了个梦。可见,形容事情虚假不实、终成画饼的,最初是"隍鹿"两字。

历史上也有多人以虚妄不实、梦幻落空的含义,运用这个"隍鹿"。宋代文天祥《挽龚用和》诗:"名利无心付隍鹿,诗书有种出烟楼";宋代朱晞颜《满江红》词:"算人生,得意待何时,蕉隍鹿";元代马瑑《述怀》:"梦疑隍鹿在,机息海欧眠";明代黄澜《赫德铜像歌》:"十要事误隍中鹿,七命雄麈殿下㹇";出生在上海青浦的近代诗人王德钟在其《十九岁述怀》诗中,也不用"黄六"用"隍鹿":"得失浑忘隍下鹿,餐眠应笑栅中豚"。

当然,现在不管是"隍鹿"还是"黄六",都很少再有人提及了。本文也只是做个笔记,留个念想。

(原载 2020 年 7 月 19 日《新民晚报》)

蛇吃鳗鲡䁅长短

这个"䁅"字念出来上海人一定不会陌生,它在上海话中读若"厌",是比量长短的意思。年轻妈妈见到年龄相仿的孩子,总会让他和自家孩子"䁅䁅看啥人高",意思就是比下高矮;说"勿䁅勿晓得",意即不丈量一下不知道(长短);说"拿把尺䁅一䁅",意即用尺量一量。《沪谚》中有句上海熟语:"蛇吃面杖䁅长短",也有人说"蛇吃鳗鲡䁅长短";意思

是长条的蛇吞下也是长条状的擀面杖或者鳗鱼，就能立马分出孰长孰短，寓意有比较才能鉴别。

南北朝时顾野王编的字书《玉篇》里就有这个字："赝，物相当。"后来宋代的韵书《广韵》《集韵》也都有类似注释。到了清代，翟灏在他的《通俗编》中进一步阐明："今以两物较其长短曰赝。"可见，上海人口中这个用于比较、丈量的字，是有正经出处的。

依今天可见的资料看，比"赝"字略晚点，还有个同音同义的字"㫰"面世。金朝韩孝彦编的《四声篇海》："㫰，于艳切，音厌，比长短也。"鉴于《篇海》是在《玉篇》等基础上编撰的，"㫰"可以看作"赝"的异体字。明代《吴音奇字》也有引用："㫰，音厌，方言，㫰长㫰短。"

虽然还可以在口语中听到，但后世的许多工具书，包括今天的《现代汉语词典》《汉语大词典》等，都已不再收录"赝"或"㫰"这两个字了。许多书籍在记录时，只好随意借用同音字。例如《吴县志》："以身度物曰偃"；《张江镇志》："倚，站在一起比较长短"。从总体上说，笔者是赞同"方言消亡论"的，但在消失之前，它们理应享有维护其本来面目的尊严。

嫌弃鄙视曰"嫌鄙"

"嫌鄙"也写作"嫌避"，上海话读若"盐闭"，就是嫌弃、鄙视、讨厌、不喜欢、看不起的意思。

该词早可见于元代编的《宋史·舆服志》："（哲宗）进大安辇而皇太后嫌避竟不制造。"说十岁即位的宋哲宗在二十岁时开始有自己主张了，于是引起了"权同听政"的皇太后不满，借车辇发泄情绪。明代凌濛初的两本《拍案惊奇》中,多次用到这个词。《初刻拍案惊奇》第二十四卷:"是必要拣个十全毫无嫌鄙的女婿来嫁他";第二十九卷:"有心嫌鄙了他,越看越觉得寒酸";《二刻拍案惊奇》第十八卷:"宗仁心里毕竟有些嫌鄙春花不足他的意思"。清代《海天鸿雪记》:"倘然陈大人心浪嫌鄙倪待慢,也拜托汤老爷告诉倪声"。清代小说《九尾龟》《续海上繁华梦》等,也都能见到该词,只是有时写成了"嫌比"。

这种"嫌鄙(避)"的用法,与普通话嫌怨、嫌恶、嫌隙、嫌恚、嫌憎等词相比,分量要轻一些。讨厌但并不憎恶,鄙视也仅避开而已;这是符合上海人处事风格的。因此,这个普通话已经不用了的"嫌鄙(避)"至今仍是上海话中的常用词。《崇明方言词典》:"自家个小囡总管弗会得嫌鄙个";《上海闲话》:"侬嫌避货色勿好,侬就勿要买";《上海话大词典》:"我嫌比挮地方勿清爽"。

除了表示讨嫌、不满外,"嫌鄙(避)"还可当作谦辞使用。沪语小说《繁花》:"陶陶摸出信封放到台面上说,这是小意思,请大师不要嫌避多少。"这和三百多年前褚人获在《隋唐演义》中的用法如出一辙:"此物不足供先生清玩,若不嫌鄙,当供奉案头。"

(原载 2021 年 3 月 28 日《新民晚报》)

"现世报"与"现世宝"

上海人说的"现世报(宝)"有两种含义:

其一是表示做了善恶之事得到相应的回报。唐代张读的传奇小说集《宣室志》:"李生悲泣久之,乃曰:'常闻释氏有现世之报,吾知之矣。'"可见,这个相对来世再报而言的"现世报",是随佛教而来的,所谓

"祸福随善恶",前世今生做的好事或坏事,等不到来世就有了报应。许多书籍中,把"现世报"当作诅咒、骂人话用,实际上它是两种不同用法的省略。一种用法的完整表述是:因为我作了孽,现世报让我碰上你这个索孽债的人。明代《鼓掌绝尘》:"你与我再上楼去,唤那第二个现世报下来",薛理勇《上海闲话》说:"世俗借以比喻孩子不孝或作孽,是自己上世作孽在现世的报应",说的就是这个意思。另一种完整的表述是:你作了孽,你今世就会得到报应;这是用来诅咒对方没有好下场。清代《醒风流》:"冯畏天气得没摆布,羞得没体面,连忙把衣袖掩面飞跑回去,把憨哥千现世报,万现世报骂个不停。"

其二是用来讥讽对方是那种出丑、丢脸、让人笑话的宝货,和报应一说没必然联系。因此,它应该写作"现世宝",突出的是"宝"而非"报";也有写作"献世宝"的。明代《牡丹亭》:"怕朝廷之上,这样的献世宝也多着";清代《红楼梦》:"咱们金玉一般的人,白叫这两个现世宝玷污了去,也算无能"。后来有人将"现世宝"写成"盐书包",然而这只是以上海话谐音"现世宝",讽喻那些读不进书、成天背着书包丢人现眼的

王安忆

孩子,本质上全无糖、盐什么事。

"现世宝"当作动词或形容词用时,也可直接用"现世"两字。沪剧《罗汉钱》:"区里出丑还不够?还要到县里去现世!"王安忆《长恨歌》:"王琦瑶笑说:真是现世,对不起长脚,今天没办法招待你。"这是用作自

谦,表示自己很不好意思。

总之,"现世报"和"现世宝"还是有所不同的。上海话俗语说:"大欺小,现世报(宝)",如果暗指另有强人会来收拾你,应写"报"字;如果只是数落对方没羞、不害臊,那就应写作"宝"。

沪语"回头"含义多

"苦海无边,回头是岸。""回头",这个言简意赅的词语,在上海人嘴里却保留着一些古代留下来、已不见于普通话的其他含义。

例如,表示拒绝、回绝。"拨我回头脱了",意为被我回绝了;"勿好硬劲回头伊",意为不能一味拒绝。明代《二刻怕案惊奇》:"若等他下了轿,接了进来,有多一番事了。不如决绝回头了的是",清代《官场现形记》:"鲁总爷因为是庄大爷的面子,不好回头,暂时留用",都是表示回绝。

再如,表示报告、汇报。"我要去回头老师了",意为我要去告诉老师了;"侬覅回头爷娘",意为你不要去父母那里告状。《歇浦潮》:"现在奶奶偏要叫他回头巡捕",那就是叫他去报警。

又如,表示告辞、道别。"我去回头伊一声",意为我去向他告别一下;"走了也勿回头一声",意为离开也不打声招呼。清代《缀白裘》:"看起来还有点弗局拉丑来,等吾去回头哩声介";清代《九尾狐》:"宝玉因向芷泉等回头了一声,方才同阿金出了胡宅"。

另如,表示回答、答复。"我呒没闲话回头",意为我无话回答;"用勿着我回头伊",意为不必由我答复他。明代《绿牡丹》:"你没回头,只得另寻主顾";《清代末期的上海话》:"伊个媳妇埋怨伊,但是伊勿回头啥,不过叹气"。

还如,表示解雇、辞退。"我拨老板回头生意了",意为我被老板炒了鱿鱼;《歇浦潮》:"出门时候,连如玉的包车夫荣生都给回头脱了"。此外,过去还有"回头人"(改嫁的寡妇)、"回头香"(烧香日回祭灶王)、"回头货"(商贾顺道带回的货物)等说法。

拗断、拗分、拗造型

拗,《正韵》:"于教切,坳上声",意思是折、掰、弯曲、弄断等。战国时《尉缭子·制谈》:"将已鼓,而士卒相嚣,拗矢折矛";"拗"与"折"同义并用。南北朝时乐府有胡吹歌:"上马不捉鞭,反拗杨柳枝";唐代温庭筠《达摩支曲》诗:"捣麝成尘香不灭,拗莲作寸丝难绝";李贺《酬答》诗:"试问酒旗歌板地,今朝谁是拗花人"。其中"拗"当作"折"的意思清晰无误。宋代《增韵》讲得更清楚:"拗,折也。"元代以后,"拗"在北方话中折、掰的含义式微,转去南方安顿了。陶宗仪在其《南村辍耕录》中注明:"南方谓折花曰拗花";清代《吴下方言考》:"凹上声吴中谓折枝为'拗'"。

这个传自古汉语的"拗"字在上海话中依然大行其道。除了依然执着于折、掰、弯曲、弄断等字义外,更由此繁衍派生出了许多想象丰富甚至画面感十足的新词。

譬如"拗断",超出攀花折枝的意境,可以形容人与人关系、情感上的割断、决裂。小说《繁花》:"小毛说,我死我活,我自家本事,从今以后大家拗断";2005年4月7日《新民晚报》文章:"不久前,公司居然和他拗断劳动关系"。有形的折断,活用为无形的截止,而且是带有生硬、无情、决绝等感情色彩的截止。

再譬如"拗分",指敲诈勒索、强行抢钱;曾在青少年中十分流行。2004年3月10日《解放日报》讲述未成年人违法、校园霸凌事件:"小文的话引起邻座几个少年的注意,其中一名女子小王提议对她实施拗分。"生夺硬抢的情形都体现在一个"拗"字上。

又譬如"拗手劲",这既是指普通话讲的"扳手腕",也常常拿来借喻两方比试能力、互较高低。2003年7月8日《新民晚报》报道当时电脑领域的竞争:"电脑的同质化竞争正朝着为用户提高附加值方面转型;IBM和惠普这两位IT巨人真的要拗手劲了。"

还譬如"拗造型",就是摆pos,多是指那种勉强、违和、做作的姿态。2006年4月27日《新民晚报》就载有《拗造型》一文。

方便简餐"奥灶面"

江南吴地的"奥灶面"脍炙人口,也有人把它写作"鏖糟面",网络上甚至可以查到用"鏖糟"两字作面食招牌的出典故事,还说得有声有色。"鏖糟"一词表示肮脏、不洁。西晋时晋灼注《汉书·霍去病传》说:"世俗谓尽死杀人为鏖糟";清代学者横连进一步注曰:"尽死则不洁,故用之"。宋元明清各类文献中此项用例颇多,都不外是肮脏、污秽、不干净的意思。古典文学家顾学颉在注释元代《辍耕录》中"鏖糟"一词时说:"'鏖糟'是南方人说法,犹北人说'俺臜',一音之转。一作鏖槽,或作熬糟、鏖头、齷龊头。"总之,用这个一贯肮脏的词来称呼面条,再有什么民间传说,也是让人大倒胃口的。

想来用"鏖糟"是因为它作为词语比较现成,那么,有没有"奥灶"的说法?"奥灶"又是什么意思呢?为了给这碗人民群众喜闻乐见的面条正名,弄清"奥灶"的来历还是很有必要的。

奥,古代是指宜居的地方,也指室内歇息、隐秘之处;灶,就是炊具。"奥灶"和厨房的炉灶不同,是在内室燃火的小型、便携式、可移动的灶具,主要用来生火驱寒。汉代刘向《新序》写宛春规劝卫灵公不要天寒起役:"君衣狐裘,坐熊席,奥隅有灶,是以不寒。"是说坐在室内穿着皮衣烤火的卫灵公,不知道体恤外面天寒地冻的劳役者之苦。其烤火取暖的东西就是"奥灶"。在《礼记·礼器》中,也有"燔柴于奥"的说法;也是指在内室动火燃灶。借用这样火力有限的火炉煨煮食物,一定不是正餐,不是有排场、合规仪的宴席,而面条、汤饼恰恰是非正餐的便食、点心、简餐。唐代白居易《问刘十九》诗:"绿蚁新醅酒,红泥小火炉。晚来天欲雪,能饮一杯无?"宋代丘葵《煮粥》诗:"清晨扫松叶,旋复烘于煤。汲井手自渐,咄嗟香满鬻。母子共一饱,茅檐乐愔愔。虽无瀡随奉,庶不愧此心。"其中的"红泥小火炉"和烘松叶的"煤",指的都是"奥灶"。

今天,实惠简单、荤素搭配、有干有湿的"奥灶面",依然是这样的传承。

历来风筝称"鹞子"

鹞子是一种属鹰科的小型猛禽的统称。鹞子还有一层释义,被《现代汉语词典》归入方言词,指的是风筝;上海人就把风筝称为"鹞子",并由此衍生出一些熟语。如"放鹞子",除了表示放风筝外,在旧时还暗喻某种投机赌博的方法;"鹞子翻身",形容摔了个幅度较大的跟斗,也可以指一种武术或杂技动作。《沪谚》中有句谚语说:"放仔三日响鹞,十七八代祖宗铲倒";意思是行为不端将会辱及祖上,其中的"响鹞",指的是可以发出声响的风筝。

据《韩非子·外储说》记载，两千多年前的墨翟就发明了用木料制作的类似风筝的东西，而且，就以鹞来命名："斫木为鹞，三年而成，飞一日而败。"唐末五代轶事小说集《唐摭言》中，贾泳不无炫耀地拒绝来访的裴相赟说："主公尚书邀放鹞子，勿怪"；意思就是要陪皇帝去放风筝，没时间接待。宋代笔记小说集《类说》中也有记载："杨德干为万年令，有宦官放鹞，不避人禾稼，德干擒而杖之"。

作为一种禽鸟，鹞有时也被称作"雉"。《玉篇》："鹞，五色雉"；《广韵》："鹞，大雉名"。"鹞"和"雉"的合称可能就是"鹞子"一词的源头。先秦时期的辞书《尔雅·释鸟》中就有"鹞雉"的称谓，说其"青质五采"；明代李时珍的《本草纲目·禽部二》也可见得"鹞雉"一词。雉本是一种不能高飞的长尾野鸡，那条彩色的长尾巴用来突显拖在风筝后面的平衡尾翼十分贴切。

鹞子

把"鹞雉"写作"鹞子"肯定更加大众化。北宋郭茂倩编的《乐府诗集·企喻歌辞》："鹞子经飞天，群雀两向波"；明代郎瑛撰写的《七修类稿·辩证》："纸鸢，本五代汉隐帝与李业所造，为宫中之戏者……俗曰鹞子者，鹞乃击鸟，飞不太高，拟今纸鸢之不起者"。果真如此，则"鹞雉"最初的意思应该是飞不起来或飞不太高的风筝。

总之，上海人口中的"鹞子"，在古代汉语中是有案可稽的。

（原载 2020 年 10 月 11 日《新民晚报》）

挜取搚予本不同

搚,百度百科上注为 ya 音,上海话读若"喔"(o);明代大字典《字汇》的解释是"强与人物也",上海话中也是不由分说、勉为其难、迫使接受、强人所难的意思。《上海话大词典》:"善意强予,强加。我勿要辩本书,伊硬劲搚拨我。"

该字的用例不算少。明代《醒世恒言》:"将银子搚在秦重袖内,推他转身";明代《今古奇观》:"苦苦里搚他吃酒";清代《荡寇志》:"我的女儿须不臭烂出来,一定要搚与你";茅盾 1932 年的《故乡杂记》:"而我呢,则是生客,又且像是一个少爷——所谓吃惯用惯,因而就认为是有缝可钻的蛋,拼命的来向我搚卖了";1986 年发表的小说《小店员》:"年夜饭,饭一定要吃,硬搚也要搚下去";1997 年出版的小说《亭子间嫂嫂》:"东西你不要可以搚你要,你不买可以搚你买,可是一个女子,人家不要,岂能够搚人家要呢?"这里的搚,都是强予、硬塞的意思。

和它比较容易混淆的是"挜"字。挜,上海话也读"喔",和"搚"的读音一样。但"挜"的基本含义是伸出手指抓取。因此,一个进、一个出;挜是抓取,搚是塞予,念头和动作都刚好相反。可见,两字是不能相混,也不宜通用的。即便是常听到的"搚饭",看似是向里的动作,但它是相对因故而不太接受食物的胃而言的,实则是表示强行向胃里进食。

此外,我们还可以体会下一些使用"搚"字的上海话熟语:"搚放债",强行逼迫对方借债,就是"套路贷"之类;"搚上门",即自己送上门;"搚相知",意为主动套近乎;"搚求苦恼",意思是凑上前去苦苦哀求;"搚赖勿得",表示贴着、赖着也求之不得;"丫头要搚",指旧俗父母要主动为女孩子托媒相亲,张罗婆家。还有一句从同学老阿哥那里听来的礼仪俗语"请吃酒揢拜生",是说婚庆喜宴要等待邀请,而为长者祝寿拜贺,则要主动前往。

(原载 2018 年 8 月 19 日《新民晚报》)

俗谓手爬物曰搲

搲,上海话读若"喔";形容用手抓物,也表示手指聚拢成碗状(或用类似工具)扒拉东西。《集韵》:"搲,乌瓜切,音蛙,手捉物也;吴人谓挽曰搲,或作擭。"《类篇》:"吴俗谓手爬物曰搲。"清代《宁海县志》:"爬取曰搲,音蛙"。元代《陈州粜米》:"他那边又搲了一些米去了","我量与你米,打个鸡窝,再搲了些"。

除了"擭"之外,这个"搲"还被写作各种形态。譬如写作"掴",黄侃《蕲春语》:"掴,掴取也,乌括切;今吾乡有此,音作窊,字作挖"。又如写作"椏",冯梦龙《山歌》:"你弗要拨个粗枝硬梗屑来我,连起子罗裙凭你椏"。再如写作"抓",《吴下方言考》:"吴人谓剜出为抓"。除此之外,《何典》作"扝",《海上花列传》作"拗",《简明吴方言词典》作"握",《张江镇志》作"斡";此外还有"斜""抠""挖"等写法。说明这个"搲"曾经是个常用词。

还有不少人写作"掗",以为"搲与掗通"。其实,"搲"和"掗"虽然读音一致,含义是有区别的,"掗"的基本含义是硬塞、迫使接受,相对"搲"而言,一进一出、一取一给,可以说意思是截然相反的。上海话中有大量使用"搲"字的熟语,都不能和"掗"互换,诸如"搲空"(抓不到)、"搲死空"(梦想落空)、"搲拉勿出"(憋屈难言)、"搲尿搲污"(尽心伺候)、"搲肠食落"（饿得发慌）、"搲迷露做饼"（不切实际）、"碗里搲春饼"（歇后语——稳吃）等。

"哑子"原应是"瘂子"

普通话管不能说话的失语者叫"哑巴"，上海人则称之为"哑子"，读若"o zi"（喔子）。

"哑子"的说法并不是上海人发明的。溯源历史，清代《儿女英雄传》："他们也只好是哑子吃黄连，又如何敢自己声张呢？"《文明小史》："别的我都不开口，装作哑子如何？"明代《传习录》："哑子魑苦瓜，与你说不得。"元末明初《水浒传》："你从明日为始，并不要说话，只做哑子一般。"

百度百科上说，"哑子"的出处是元代郑廷玉的《后庭花》第一折："有个孩儿唤作福童，是个哑子，不会说话。"其实再早些的唐宋时代，也已能见到该词。宋代释道原《景德传灯录》："十道不通风，哑子传远信"；唐代有首署名何仙姑的《望梅花》词，其下阕云："除是沉沉烂醉，忘惊悸，又忘乘坠。乘也不知，坠也不知，齐生死，一同天地。这些意味，悟难知，却如同，哑子做谜"。可见，早年这个"哑子"使用广泛，并非《现代汉语词典》所归入的方言用词。

除了词的后缀不同，上海话中那个"哑"字的读音也和普通话不同；后者念"yɑ"，前者近"o"。这个区别要从"哑"字的源出说起。

哑，最初并非表示不语或无声，相反，是指笑声、鸟鸣、小儿学语。《说文解字》："哑，笑也"；《淮南子》："鸟之哑哑"；《集韵》："哑呕，小儿学言"；迄今仍有"哑然失笑""哑哑学语"的成语。就是多本工具书引用的《战国策》"吞炭为哑"的出典，故事中的实际效果也仅仅是起到"变其声"的作用,使刺客豫让的妻子辨不出他的声音来,而不是消其音、灭其声、让他不会说话。

古人把丧失说话能力看作一种病症,因此,最早用的是病字头的"瘖"。《集韵》:"瘖,瘖也";《玉篇》:"瘖,瘖也。瘖,就是"不能言病"(《说文解字》)。"瘖"的读音和上海话"o"相近,《广韵》:"乌下切"。此后在书写时"瘖"慢慢归并入"哑",而上海人却依然把它读作"瘖"(o)。

(原载2020年5月3日《新民晚报》)

沪上缝针叫"引线"

在《汉语成语词典》里,"穿针引线"是线头穿过针眼的意思,也比喻从中联系撮合。上海话把其中动宾结构的"引线"当作固定词组,释为缝纫用的针。相应地,把针尖叫作"引线头",针鼻儿叫作"引线眼"或"引线屁股"。传统沪剧《卖妹成亲》里有句戏词:"拾着笠帽勿能当啥盾牌用,引线装枪难出阵"。还有沪谚说:"引线屁股倒戳痛"(反向被击),"拾只引线当铁鎝卖"(不自量力),"七石缸有勿得引线眼"(蚁穴能溃坝),"引线刺是痛,尖刀凿子一样痛"(结果相同)。2020年7月23日的《新民晚报》还刊载了一篇名为《引线》的文章,说"买引线只有上海人才懂得"。

这个即便在上海新一代年轻人中,也已然未必全懂的词,在一些明清文献中倒是常见的。清代小说《双鼠奇冤》:"私刑来拷打,引线刺背心";《海上繁华梦》:"向账房先生借了一只引线,又要了些洋棉纱线,把被头缝好";明代《山歌》借一顶破帽的自述唱道:"板刷常常相会,引线勿曾离身"。

"引线"一词借以表述的是针的作用,纤细尖锐的绗针牵引着棉绒丝线,辗转迂回穿过织物,便成就了我们的各式衣帽裤袜。在上海话中,这种以物件的功用、动作甚至特征指代物件名称的情况并不罕见。譬如"落袋"(桌球)、"架梁"(眼镜)、"百搭"(可任意搭配的牌)、"冲头"(鲁莽之人)、"克里克"(小气)等。从这个角度理解,有人将"引线"写作"绲线"就会有理据上的疑问了。

明代杨慎的《俗言解字》:"绲线,今俗云穿针绲线是也。"唐代《俗务要名林》:"绲,缀絮",宋代《集韵》:"绲,缝衣相着";意思都是在已成的衣物上缝制或绣缀些什么。唐代张鹭《游仙窟》:"线因针而达,不因针而绲",杜甫《李监宅》诗说:"屏开金孔雀,褥绲绣芙蓉";"绲"都是当动词用的。顺便说说,也许是因为这个"绲"过于生僻,包括杜甫诗在内的许多文献都以"隐"字借代。譬如元代童童学士《紫花儿》词:"屏开孔雀,褥隐(绲)芙蓉";清代李慈铭《十六字令》:"宜平视,绣褥隐(绲)芙蓉"。现在网络上凡是原作"绲"的,基本都显示为"隐"。

总之,"绲"是缝、绣、缀、鳞的意思,是动词;五代时期的《开蒙要训》"缉续缝绲"归类明晰。依笔者看,即便曾经确有偏正结构的"绲线"一词,也是指"缝线""绣线"等,不能指代那枚上海人口中的缝针。

(原载 2020 年 12 月 6 日《新民晚报》)

勿冷勿热温吞水

上海人把不烫不冷的温水叫作"温吞水",也把性子黏滞、不干脆利落比喻作"温吞水"。2003 年 8 月 12 日《解放日报》评论某场足球赛:"比赛的场面很沉闷,缺乏激情,越来越像杯温吞水了";金宇澄的小说《繁花》描写周文珠:"有温吞水之号,从来不动气,从来不发脾气"。

早年曾有人在《新民晚报》上发文认为"温吞水"音译自蒙古语"兀

秃"。笔者所见到的金元戏曲中,用"兀秃"表示温吞的例子仅见《生命阁》中的一句台词。张涛卿本:"酿些兀兀秃秃的酒与他吃";武汉臣本:"我如今可酾些不冷不热、兀兀秃秃的酒与他吃"。兀兀秃秃(兀秃)在里面的意思一样。清代《醒世姻缘传》中倒是还能见到"兀秃"。第六十九回:"半生半熟的咸面馍馍,不干不净的兀秃素菜";第九十九回:"不冷不热的兀秃茶呷了两盅"。

源自蒙古说未必准确。早在蒙元文化大规模影响中原之前,汉语中即有"温吞"的说法和用法,只不过多写作"温暾"。《广韵》:"暾,他昆切,音炖,日始出",即指温和微暖的旭日,音义敦笃。唐代王建《宫词》:"新晴草色绿温暾,山雪初消渐水浑";白居易《开元寺东池早春》诗:"池水暖温暾,水清波潋滟";又《别毡帐火炉》诗:"婉软蛰鳞苏,温炖冻肌活",温炖即温暾。宋代《致虚阁杂俎》:"今人以性不爽利者曰温暾,言汤不冷不热也。"明代田艺蘅杂记社会风俗、艺林掌故的《留青日札》里说:"温暾两字,唐诗常用。"

据国学大师徐复考证,古代汉语还把"温暾"写作"浟洒""蠮托"等多种形式。其中最早的可以溯至东汉许慎的《说文解字》。而"温吞"的见用,也迟至元前。宋代吕居仁《轩渠录》录有家书云:"天色汪囊,不要吃温吞蠮托底物事。"此外,明清以降,温吞的写法各取所信。明代冯梦龙《山歌》:"结识私情好像茶注能,冷热温炖待子多少人";清代《风流悟》:"身材又俊俏,言语又伶利,更且吃得温吞耐得热";清代李斗《扬州画舫录·小秦淮录》:"性温暾,寡言笑,偶一雅谑,举座绝倒";民国时期沙汀《困兽记》:"天空也似乎因为这一群不幸者而变色了,忽然阴云四合,掩蔽了正当中天的温暾的太阳"。

总之,"温吞"一词确是古代汉语的传承。

(原载 2018 年 10 月 21 日《新民晚报》)

自家种菜味"恶糯"

有次在青浦自由市场,一老妪在摊位前推销说:自家种的青菜味道"恶糯"!意思是她的菜吃起来味道十分酥糯可口,"恶糯"就是"很糯"。以"恶"(o,入声)作为程度副词表示"很""非常""十分"的用法,在上海话中是听到过的。例如"恶大"(非常大)、"恶痛"(疼得厉害)、"恶难看"(很丑)、"恶好吃"(非常好吃)等。

这种在现代汉语中已经不再看见的用法,在古代汉语中也确实存在过。汉代《淮南子·地形训》:"其人大面短颐,美须恶肥","恶肥"就是很肥、非常胖的意思。唐代张泌《江城子》:"早是自家无气力,更被你,恶怜人","恶怜"即是很爱惜。北宋理学家邵雍有《自咏吟》云:"平生积学无他效,只得胸中恶坦夷";《汇释》注:"恶,甚辞,恶坦夷,犹云极坦夷也"。类似的例子还有黄庭坚《步蟾宫》词:"虫儿真个恶灵利,恼乱得、道人眼起";陈允平《丹凤吟》词:"过了几番花信,晓来划地寒意恶";陆游《钗头凤》:"东风恶,欢情薄",等等。

依然把"恶"作程度副词的不只上海话。譬如胡曜汀等编著的《南阳方言词语考证》证实,河南南阳方言中就有"恶躁""(庄稼)长得恶""(干活)干得恶"等词语。再譬如叶航在新浪博客发表的《贵溪方言"恶"之小考》,列出了江西贵溪方言中"恶好""恶穷""恶发财""恶聪明"等十余种习惯用法。商务印书馆出版的《辞源》至今仍有"恶"形容程度的注释:"副词,甚,很";这让青浦老妪充满乡土气的口语词有了源出的依据。

(原载 2020 年 12 月 13 日《新民晚报》)

参考书目

徐嘉瑞:《金元戏曲方言考》,商务印书馆1956年2月版

《汉语常用字典》,浙江人民出版社1973年4月版

陆澹安:《小说词语汇释》,上海古籍出版社1979年10月版

许宝华等编辑:《上海方言的熟语》,《方言》1985年第2—4期

龙潜庵:《宋元语言词典》,上海辞书出版社1985年12月版

闵家骥等编:《简明吴方言词典》,上海辞书出版社1986年5月版

《辞源》,商务印书馆1988年7月版

许宝华、陶寰编纂:《上海方言词典》,江苏教育出版社1997年12月版

本书编委会编纂:《汉语大词典》,汉语大词典出版社1998年12月版

薛理勇主编:《上海掌故辞典》,上海辞书出版社1999年12月版

辞海编辑委员会编:《辞海》,上海辞书出版社2000年1月版

石汝杰、[日]宫田一郎主编:《明清吴语词典》,上海辞书出版社2005年1月版

项行编辑:《无锡方言词典》,时代文艺出版社 2005 年 5 月版

钱乃荣等编著:《上海话大词典》,上海辞书出版社 2007 年 8 月版

刘玉刚:《中华字海》,上海古籍出版社 2008 年 6 月版

褚半农:《莘庄方言》,学林出版社 2013 年 3 月版

李蓓、陈亚玲编辑:《四川方言词源》,巴蜀书社 2014 年 7 月版

陈国宾:《吴方言中的冷僻本意字》,古吴轩出版社 2016 年 5 月版

中国社会科学院语言研究所编:《现代汉语词典》,商务印书馆 2018 年 10 月版

程造之:《黄浦春潮》,新文艺出版社 1960 年版

周而复:《上海的早晨》,人民文学出版社 1979 年版

袁家骅:《汉语方言概要》,文字改革出版社 1983 年 6 月版

余秋雨:《秋雨散文》,浙江文艺出版社 1994 年 10 月版

王安忆:《长恨歌》,作家出版社 1996 年 2 月版

陈无我:《老上海三十年见闻录》,上海书店出版社 1997 年 1 月版

张爱玲:《张爱玲作品集》,花城出版社 1997 年 3 月版

周天籁:《亭子间嫂嫂》,安徽文艺出版社 1997 年 6 月版

胡祖德编辑:《沪谚》,上海古籍出版社 1989 年 5 月版

顾颉刚等辑:《吴歌·吴歌小史》,江苏古籍出版社 1999 年 8 月版

薛理勇:《上海闲话》,上海社会科学院出版社 2000 年 1 月版

陈伯熙:《上海轶事大观》,上海书店出版社 2000 年 6 月版

本书编委会编:《中国歌谣集成(上海卷)》,中国 ISBN 中心出版 2000 年 12 月版

穆时英:《穆时英小说经典》,经济日报出版社 2002 年 4 月版

杨绛:《我们仨》,生活·读书·新知三联书店 2003 年 7 月版

钱乃荣:《上海语言发展史》,上海人民出版社 2003 年 8 月版

刘民钢:《上海话语音简史》,学林出版社 2004 年 3 月版

《张江镇志》编纂委员会编:《张江镇志》,汉语大词典出版社 2006 年 12 月版

胡文英:《吴下方言考校议》,徐复校议,凤凰出版社 2012 年 2 月版

游汝杰主编:《上海地区方言调查研究》,复旦大学出版社 2013 年 1 月版

金宇澄:《繁花》,上海文艺出版社 2014 年 1 月版

严歌苓:《芳华》,人民文学出版社 2017 年 4 月版

何九盈:《中国古代汉语史》,商务印书馆 2017 年版

陈源源:《汉语史视角下的明清方言吴语字研究》,浙江大学出版社 2017 年版

褚半农:《话说绞圈房子》,上海书店出版社 2017 年 12 月版

[汉]司马迁:《史记》,(网络电子书)2020 年下载

[宋]李昉等编撰:《太平广记》,(网络电子书)2020 年下载

[宋]曾慥编撰:《类说》,录自清代《四库全书》,(网络电子书)2020 年下载

[明]冯梦龙辑:《山歌》,(网络电子书)2019 年下载

[明]瞿佑撰:《剪灯新话》,(网络电子书)2019 年下载

[明]李诩:《戒庵老人漫笔》,中华书局 1982 年版

[明]孙楼:《吴音奇字》,江苏省立苏州图书馆印影

[明]兰陵笑笑生:《金瓶梅词话》,里仁出版社

[辽]释行均编:《龙龛手镜(高丽本)》,中华书局 1985 年 7 月版

[清]张南庄:《何典》,人民文学出版社 1981 年 5 月版

［清］张春帆:《九尾龟》,上海古籍出版社1994年版

［清］韩邦庆:《海上花列传》,岳麓书社2014年1月版

《老乞大》(朝鲜李朝时期汉语教学书),(网络电子书)2017年下载

［清］黄生撰,黄承吉按:《字诂义府合按》,中华书局1984年11月

［清］纪晓岚:《详注阅微草堂笔记》,上海会文堂书局印

《纲鉴易知录》,扫叶山房发行民国十四年石印

笔画索引

一画

一家门	272
一家头	272
一歇	273

二画

入舍布袋	231
刀头	035
力极	269
又	275

三画

廿	222
下饭	187
朳	078
门枪	149

四画

廿	222
牙	233
日逐	229
日脚	230
介	068
亢	083
爿	026
引线	301
邓	060

五画

末甲	214
打相打	170
占	112
白眼	028
刋	045

六画

圹	055
巩	073
朾	040
夷	275
扚	045
过	067
吇	146
吃	127
回头	293
肉麻	228
肉痛	228
伛	174
华	173
伉	083
合扑	191
爷	282

309

污	279
汏	054
米米小	199
寻相打	165
寻相骂	165
艮	096
阳沟	287

七画

弄	254
弄松	255
麦檽	216
韧	226
坏分	284
坏钞	284
来三	250
轩格格	158
轩跄剌	158
扶	048
投子	059
抗	083

扱	142
迓	283
别	031
吵相骂	165
囥	083
伺	174
邻舍	259
朋	226
饭糍	138
庌	068
冷破	247
冷铺	247
冶客	271
灵光	258
坕	020
刬	010

八画

现世报	291
现世宝	291
奅	209

枪篦	119
转	101
抲	087
拖	048
拗	294
响	175
物事	215
佮	078
侪	146
念	222
受	152
昏图	178
狎客	272
炀	285
泹	042
诔诅	166
陒	094
叁	136
紅	062

九画

| 赵 | 151 |

荐	112	活络	194	浜淞	255
胡咙	184	洵	177	浜	002
面	204	迹泾	115	浜瓜	002
枵	159	陡	020	涎唾	147
斫	103	绒线	224	浪	243
挓	298	绗	062	鸾	036
捋	101			屙	279
拘	163	**十画**		娖	105
背脊	003	垠	243		
冒野	209	恶	279	**十一画**	
哑子	300	捽	159		
咦	275	热乱	267	埲	027
骂山门	210	捘	100	埭	055
钝	060	剒	098	靪	062
剞	010	哩啰	238	黄	169
匍	022	赆	069	勗	277
饶头	223	铀	057	欶	145
怵	124	脉	006	毅	105
烌	285	俸	098	排门板	023
烂污	251	胅	045	捷	032
迷露	202	烊	285	捆	074
				捼	219

捌	045	泅浴	180	睏	088
惣浴	181	隍鹿	288	眵瞜	077
㩒	159			嗒	041
捩	268	**十二画**		跍	090
掮	131	赸	117	跑	095
捷	131	落苏	263	蛐蟮	129
掇	043	落场势	266	喥	065
眯觑眼	200	鼻	236	閛	013
眼热	234	敨	111	弄	110
眼痒	234	颩	146	奥灶	295
哴	244	揻	155	街	254
晚	208	揪	125	尴尬	071
跋	048	搩	033	馋唾	147
筀	117	搜	105	馋獠	148
铳	109	揟	163	猲狃	197
脃	211	搣	142	旎	290
脧	163	搭	087	敲	049
庹	052	揩	082	愀	124
涿	042	揎	162	湁	198
淘饭	017	煞	120	温暾	303
涠	042	喫	128	滑汏	193

浧	154	搒	014	窠	081	
渧	033	搛	111	禄蕨	265	
滒	141	搝	299	嫌鄙	290	
跛	047	摇	098	嫌避	290	
寒热	189	嘎饭	188	戤	094	
裥	070	跷	121	缠头	150	
䇸	203	喞	144			
绲线	302	骰子	059	**十四画**		
		槀	108	敳	084	
十三画		筹	152	椅	111	
趫	059	鈉	005	揸	117	
敲	126	腻	221	瞑	163	
楔	069	腊	060	踶蹋	046	
槎鳊鱼	108	䘵	096	嘀	068	
勠	139	痘子	300	赚头	149	
毹	047	意勿过	278	偷	281	
碌乱	267	煠	154	僭	113	
雾露	202	煾	047	躴躿	245	
摵	131	煏头	205	僎	146	
搨	050	滗	007	餕	092	
捻	125	溻	076	鲊	085	

313

孵	022	踏板	064	嚓	041
馒头	212	㘃	163	赞	099
誏	243	墨漆黑	213	䇎	104
辣齻	260	僻儦	157	篾笪	001
糁	143	鋊	277	儴偰	217
滵	004	鹞子	296	餕	093
寙	183	甋甋	263	䫭顄	132
裉	047	熯	177	膯	037
頤	096	潛	011	鮂	125
黜	134	襹襫	249	鮕鰎	227
		厳	156	瓣	063
				劇破	075

十五画

槽头肉	153			劗	139
樏	107	### 十六画		褔	280
霉头	205	髼	024	壁角	008
霉黵	206	薨	085	縍	257
磊墥	249	霍	179		
撬边	123	霍闪	179	### 十七画	
鏊	016	磣磚	262	壎	171
撸	239	賵	289	櫒	107
踔	058	蹗	261	檞	161
		蹳	065		

擤	176	霉黵	206	縈	022		
檬	185	鎛	196				
摘	044	飆膷	079	**二十画**			
鎝	091	儭顒	188	蠳	038		
镦	039	臑头肉	153	瀔	170		
鏾	182	蠣	168	礜疡榍	161		
瓯	236	繑綖	123	穰	152		
鎦	139	爨	257	饙饭	188		
擘	006	癫麠格博	242	馕	038		
				瀹	154		
十八画		**十九画**		瀺唾	147		
髽	025	醰醑	034	孼	100		
颡	018	攦	240	孼	030		
醪酒	252	攉	131				
颥	170	髂	014	**二十一画**			
履	276	鹼蟹	118	醵	253		
曘	276	蹩	029	攥	142		
矘䁯	180	翦	175				
蹿	261	麠糟	295	**二十二画**			
默矗	249	爝	085	虉䴗	186		

笔画索引

315

二十三画

辗轹	238
罨	012
鐾	021

鐴	021
欞	016
趲	100

二十四画以上

蠿蛛	114
爨粥	018
齾	235

图书在版编目(CIP)数据

沪语古韵：上海方言中的古代汉语成分探究 / 叶世荪著 .— 上海：上海社会科学院出版社，2021
ISBN 978-7-5520-3699-2

Ⅰ．①沪… Ⅱ．①叶… Ⅲ．①吴语—方言研究—上海 Ⅳ．①H173

中国版本图书馆 CIP 数据核字(2021)第 196875 号

沪语古韵：上海方言中的古代汉语成分探究

著　　者：叶世荪
插　　图：叶世荪
书　　法：朱传淼
责任编辑：陈慧慧
装帧设计：璞茜设计
出版发行：上海社会科学院出版社
　　　　　上海顺昌路 622 号　邮编 200025
　　　　　电话总机 021-63315947　销售热线 021-53063735
　　　　　http://www.sassp.cn　E-mail:sassp@sassp.cn
照　　排：南京理工出版信息技术有限公司
印　　刷：上海天地海设计印刷有限公司
开　　本：890 毫米×1240 毫米　1/32
印　　张：10.375
字　　数：248 千字
版　　次：2021 年 10 月第 1 版　2021 年 10 月第 1 次印刷

ISBN 978-7-5520-3699-2/H·062　　　　　　　　　　　　定价：50.00 元

版权所有　翻印必究